그러므로
떠남은
언제나 옳다

그러므로
떠남은
언제나 옳다

오소희 여행에세이

북하우스

CONTENTS

| 남미여행기 2부 |

route • 6

 **COLOMBIA**

고양이 구하기 대작전 • 10
이 저녁 속에 당신을 풀어놓으세요 • 30
비바 대니얼! 비바 콜롬비아! • 44
따뜻함이 식을 새가 없다 • 57
콜롬비아, 그 폭력의 뿌리 • 67
최고의 바리스타가 건네준 에스프레소 • 72
우리는 모두 착하고 평화로운 존재들 • 87

ECUADOR

오, 에콰도르! 완전 맘에 들어 • 103
장터의 아이들이 던진 질문 • 108
Global Care Chain, 세계는 하나로 연결되어 있다 • 123
종탑에서 맹세한 사랑 • 139
헤매는 것조차도 여정의 일부 • 155
극적으로 들어가 극적으로 나오다 • 163
굿바이 에일린, 행복의 씨앗을 뿌리는 사람 • 193
비를 맞으며 바람 길을 걷다 • 206
JB, 선생님이 되다 • 225
우노, 도스, 트레스, 그것만으로 충분한 시작 • 239
갈라파고스보다 아름다운 눈망울들 • 255

CHILE

엄마가 나를 사막에 버린다고요? • 271

BOLIVIA

'유한'한 인간이 '무한'을 깨우치는 곳 • 284
사막의 부엌 여신, 크리스티나 • 305
진흙 자국 같은, 인연의 따뜻한 흔적들 • 320
어머니 지구의 눈물을 만나다 • 339
천국의 밤, 지옥의 밤 • 363

CHILE

그래서 떠남이 소중해진다 • 385

아디오스, 순수! • 394

epilogue • 398
그 길에서 만난 사람들 • 400

ROUTE

| 남미여행기 2부 |

콜롬비아
(보고타 → 빌라 데 레이바) →
산힐/바리차라 → 메데인 →
엘 페뇬 → 마니살레스 →
이피알레스 → 루미차카 → 국경

에콰도르
국경 → 툴칸 → 오타발로 → 키토 →
적도 → 푸에르토 키토 → 오타발로

칠레
칼라마 → 산 페드로 데 아타카마

볼리비아
아타카마 사막 → 우유니

칠레
칼라마 → 산티아고

이것은 무슨 신비일까?
처음 보는 사람과 사람이, 한 번 보고 말 사람과 사람이,
문을 열어준다. 앉게 해주고 안아준다.
팔을 벌리고 쉬게 해준다.
손을 잡아주고 잠들게 해준다.
내가 받은 체온이 다시 다른 이에게로 옮아간다.
따뜻함이 식을 새가 없다.
호주머니에 손을 넣은 채로 주저할 새가 없다.

COLOMBIA

고양이 구하기
대작전

San Gil,
Barichara

산힐은 콜롬비아에서 각종 레저 활동의 천국으로 각광받는 곳이다. 강과 산이 어우러진 자연환경 덕분에 동굴탐험, 카야킹, 패러글라이딩, 래프팅, 등산, 승마 등 실로 다양한 스포츠 활동을 우리나라의 3분의 1정도의 가격에 즐길 수 있다.

    그러나 대부분의 저렴한 숙박시설들은, 강과 산이 아닌, 시내의 콘크리트 건물들 사이에 자리 잡고 있다. 우리는 하룻밤만 묵고 떠날 예정이라 눈에 띄는 숙소 아무 데나 들어섰다. 껌을 질겅질겅 씹는 아가씨가 위아래로 우리를 훑더니, 무엇이 못마땅한지 대충 키를 집어던졌다. 방문을 열자 곰팡내가 매캐했다. 그도 그럴 것이, 불필요하게 넓은 콘크리트 방에 환기구처럼 작은 창문이 달랑 있을 뿐이었다. 그나마 완강하게 열리지 않았다. 두툼한 창틀의 먼지가 화석이 되었기 때문이다. 커다란 창문으로 풍성하게 볕이 쏟아져 들던 빌라 데 레이바의 어여쁜 고택을 생각하자, 폐쇄 공포증이라도 생길 것 같아 밖으로 나섰다. 곧장 여행사로 가 패러글라이딩을 예약했다. 물론, 교관이 함께 날아주는 패러글라이딩이다. 여행사 직원은 중빈의 나이를 묻더니, 신청 가능하다고 했다.

다음 날 아침, 승합차를 타고 일행과 함께 근교의 산으로 향했다. 야트막한 산 정상에 차를 세우니, 왜 이곳이 패러글라이딩에 적합한지를 알겠다. 정상에 50여 미터 폭의 평지가 있었다. 달려서 도움닫기를 하는 활공장으로 딱 맞는 지형인 것이다. 평지가 뚝 끊어지는 곳 아래로는 푸른 들판이 펼쳐져 있었다. 그리고는 다시 산맥, 다시 들판, 다시 산맥이었다. 그 일대는 치카모카 국립공원으로서, 미국의 그랜드캐니언처럼 콜롬비아에서는 협곡으로 유명한 곳이었다. 푸른 들판을 가로질러 상쾌한 바람이 불어왔다. 시속 10~15킬로미터 정도의 맞바람이 패러글라이딩에 꼭 필요한 바람이라고 했던나. 시원하면서도 부드럽다. 스태프들이 기구를 꺼내고 캐노피를 펼치고 줄을 풀었다. 그리고 헬멧과 장갑 등 안전장비를 착용했다. 그동안 우리는 보고타에서 온 콜롬비아 가족과 친해졌다. 그중엔 11살 소년 우이안도 있었는데 녀석은 중빈만큼이나 들떠 있었다.

첫 번째 지원자는 콜롬비아 여성이었다. 그녀는 헬멧을 쓰고 커다란 등짐 같은 하네스를 착용했다. 그녀가 조종사의 무르팍에 하네스를 얹듯 앉자, 두 명의 스태프들이 달려들어 가슴과 다리 사이에서 버클을 채웠다. 준비가 끝나자, 조종사와 여자가 보조를 맞춰 달렸다. 바람이 캐노피를 잡아챘다. 두둥실 떠올랐다. 드라마틱하게 멀어졌다. 우와, 멋지다!

문제는 이때부터였다. 여자가 비명을 지르기 시작했다. 미친 듯이. 패러글라이더가 바이킹처럼 위아래로 움직였기 때문이다. 꺄악! 꺄아아아아악! 꺄아아아아악! 애처로운 비명이 하늘을 찔렀다. 패러글라이더가 뚝 떨어졌다. 쑥 올라왔다. 롤러코스터처럼 돌고 돌았다. 끔찍한 비명이 하늘을 가리가리 찢었다. 지상에 있는 스태프들은 즐거워 죽겠다는 듯 낄낄거렸다. 다음 차례는 중빈과 나였다. 나는 머릿속이 하얘졌다. 뭐야? 원래 이런 거야? 다른 사람도 다? 나는 독수리처럼 우아하게 협곡 위를 활공하는 상상을 했을 뿐이다. 까마득한 협곡 위에서 자이로드롭을 타는 상상이 아니라! 하얀 머릿속에서 번개처럼 빠르게 계산이 시작되었다. 여기서 못 한다고 내가 자빠지면 환불을 해줄까? 돈도 돈이지만 너무 창피한데, 간신히 용기를 내고 있는 꼬마들 앞에서.

"중, 중빈아, 넌 무섭지 않니?"

"오오, 엄마! 난 죽었어. 난 죽은 몸이라고. 마지막 기도나 올려야겠어. 내가 죽으면 아빠한테 그동안 고마웠다고 꼭 전해줘! 내 장난감은 누굴 주냐면……."

"탈, 탈 거야?"

"당연하지!!!"

깨갱. 중빈이 헬멧을 쓰고 큼직한 하네스를 맸다. 조그만 몸이 발라당 뒤로 젖혀질 것 같았다. 나는 아이를 저 여자처럼 태우면 절대 절대 절대 안 된다고 신신당부를 했다. 조종사가 대답 대신 손을 들어 엄지와 검지로 동그라미를 만들어보였다. 중빈이 조종사의 무릎에 하네스를 얹고 앉았다. 중빈의 말이 점점 빨라졌다.

"엄마, 그동안 고마웠어. 짧지만 멋진 인생이었어. 그리고 그, 그, 책이랑 장난감은 사촌동생들을 주는 게 좋겠어. 이렇게 빨리 갈 줄 알았으면 착한 일을 더 많이 할 걸. 내가 천국에 갈 수 있을까? 설마 지옥에 가진······.”

조종사가 웃으며 냅다 달렸다.

“으악, 으악, 잠깐만요! 아저씨, 잠깐만······. 유후~!!! 엄마!!! 최고야~!!! 최고~!!!”

아이는 삽시간에 멀어졌다. 높아졌다. 조종사는 약속을 지켰다. 적당한 높이까지 올라간 뒤엔 열기구를 탈 때처럼 평화롭게 순항했다. 공중에서 약속된 시간은 12분이었다. 여행사에서 예약할 때 12분은 '고작'이었다. 여자가 비명을 지를 때 12분은 영원이었다. 아이가 까마득한 구름 속으로 날아올라 들릴 듯 말 듯 나를 부르고 노래를 부르고 깔깔 웃는 지금, 12분은 '쾌감이 행복으로 유지되기에 가장 적당한' 시간임을 알겠다.

내 순서가 되었다. 캐노피가 두둥실 부풀어 오르자마자 나도 모르게 아이처럼 소리를 질렀다.

“유후~!!!”

세상에, 저 풍경이라니! 버스로 달리며 볼 때도 아름답기 그지없던 콜롬비아의 초록 들판들이, 능선이 되고 고원이 되어 대지의 끝까지 펼쳐졌다. 세상의 모든 초록을 모아 잔치를 벌이는 듯했다. 저편 하늘은 뻥 뚫려 해가 쨍쨍했다. 또 다른 편 하늘은 우릉우릉 소리를 내더니 샤워기처럼 비를 쏟아냈다. 높고 넓게 본다는 것의 쾌감이 온몸을 꽉 채웠다. 육지에서 마찰하던 발이 떨어지니 이렇게 부드럽게 공기를 타는구나. 순식간에 새처럼 가벼운 환희에 도달했다.

우이안도 의젓하게 잘 해냈다. 한 명씩 솟아오를 때마다 똑같이 “유후~!!!” 탄성이 터졌다. 그리고 똑같은 미소를 지으며 땅으로 내려왔다. 오전 내내 '12분'만 날고 나머지 시간은 대체 어떻게 보낼까 했던 것은 기우였다. 사람들의 탄성을 듣는 것만으로도, 미소를 보는 것만으로도 12분은 매번 새로웠다. 협곡을 건너는 구름은 시시각각 다른 하늘을 변주했다. 간간이 빗방울이 떨어졌다가 새파란 하늘이 되었다가. 바람이 초록 계곡과 평원을 지나 싱그러운 파도처럼 밀려왔다. 마음속 한 톨 먼지까지도 깨끗이 씻어주면서.

오후엔 바리차라로 이동했다. 산힐에서 콜렉티보로 한 시간이 채 안 걸리는 거리였다. 빌라 데 레이바가 1500년대에 생긴 스페인 양식의 마을이라면, 바리차라는 1700년대의 마을이다. 그 첫인상이 빌라 데 레이바에 비하면 한결 세련됨이 덜한, 숙박업소나 식당도 훨씬 적은, 진짜 투박한 시골동네 그대로다. 자연스러운 일이다. 바리차라 사람들의 주된 수입원은 관광이 아니라 담뱃잎 재배이므로. 어른들은 퉁명스런 시선으로 우리를 맞았다. 아이들만이 순서대로 우리를 기웃거렸다.

짐을 풀고 동네를 산책하기 시작했다. 붉고 넓적한 돌들이 깔린 길을 따라 흰 담벼락의 집들이 나란했다. 약속이나 한 듯 파란 대문에, 동글동글한 붉은 기와를 지붕에 얹었다. 우리는 광장에서부터 점점 높아지는 언덕 쪽으로 걸어 올라가다가 어느 고택 앞에서 걸음을 멈췄다. 정말 멋지게 손질된 집이었는데, 호텔로 사용되고 있었다. 스페인에 그대로 옮겨놓는다면 고가의 부티크 호텔이 되어도 손색이 없을 정도였다. 주인 남자가 우리를 보고 들어오라 손짓했다. 빳빳하게 다림질 된 흰 와이셔츠에 검은 정장팬츠를 입은 야윈 남자다. 나는 이럴 때 홀라당 염치를 버리고 냉큼 들어간다.

흰 회벽 칠을 한 내부에는 그동안 내가 머물던 곳에서는 한 번도 본 적 없는, 그러나 박물관에서는 종종 보았던 품격 있는 가구들이 적재적소에 있었다. 너른 거실을 지나면 짧은 복도가 나오고 그 복도를 건너가면 손님용 침실과 화장실이었다. 눈 같이 흰 리넨으로 덮인 침대 곁에는 골동품이 된 검은 화병에 새빨갛게 입을 벌린 난蘭 한 송이가 담겨 있었다. 품격이라는 것은 아름다움이 모자라지도 넘치지도 않는 균형 상태에서 은은하게 뿜어져 나오는 분위기 같은 것이다. 먼저 세월을 입어야 하고, 그 세월 속에서 살아낸 내용이 격이 있어야 한다. 그 공간이 딱 그랬다. 야윈 남자는 주인이었다. 그러나 격을 갖추기에는 손님이 너무 없었다.

"8만 페소까지 깎아드리죠."

"6만 페소까지 깎아드리죠."

묻지도 않은 가격이 싹둑싹둑 떨어졌다. 6만 페소면 3만 5천 원 정도의 파격가이다. 그러나 나는 그 마을에서 가장 저렴한 곳에서 그 절반 가격에 묵고 있었으니 어차피 격을 갖출 수 없는 손님이었다. 남자는 그 두 마디 뒤에 우울한 표정으로 입을 다물었다. 후두둑 빗방울이 떨어지더니 이내 억수같이 퍼부었다. 그가 우리에게 앉을 것을 권했다. 그의 가족은 대대로 그 집에 살았다고 했다. 할아버지도, 할아버지의 할아버지도. 그가 그 집을 호텔로 바꿔 운영한 것은 20년 남짓 되었다고 했다. 할아버지의 할아버지 때부터 시골마을 바리차라에서 그런 집에서 살려면 당시 이곳에서 지주쯤 되었을 것이다. 야윈 남자에게는 정체해 있는 물에 오래 괴어 있는 존재의 무기력함과 나른함이 있었다. 그 고택에 가득한 골동품처럼. 그리고 그것은 차 한 대 다니지 않는 시골마을의, 빗소리에 모든 것이 파묻혀버린 밤과 잘 어울렸다. 남자는 움직임 없이 내 앞에 앉아 있었다. 그리고 한참 만에 무언가 생각난 듯 일어서더니 대대로 물려받은 보물상자 같은 것을 들고 왔다. 실로 그곳에서는 상자 하나까지도 골동품 아닌 것이 없는 듯했다.

"나는 전 세계의 돈을 모아요."

상자 안에는 세계 각국의 지폐와 동전이 있었다. 남미와 유럽은 물론, 중국과 일본 것까지. 내가 그의 컬렉션에 찬사를 보낸 뒤에 말했다.

"한국 돈이 없군요."

그가 고개를 끄덕이며 나를 응시했다. 골동품이 아닌 생기 있는 사람의 눈을 하고.

"제 가방에 한국 동전이 몇 개 있을 거예요. 찾아보고 있으면 내일 드리죠."

남자가 환하게 웃었다. 비는 그칠 기미가 보이지 않았다. 도리어 점점 더 거세졌다. 이미 완벽한 어둠이 내렸다. 이 빗속에, 이 어둠에, 숙소를 찾아 돌아갈 수 있을까? 우리는 두 시간 전에 바리차라에 도착해 무작정 언덕 위로 올라왔을 뿐인데……. 어쨌거나 더 지체할 수는 없었다. 남자가 크고 튼튼한 검은 우산을 빌려주었다. 나는 내일 동전과 함께 돌려주겠다며 고마움을 표하고 길을 나섰다.

대문을 나서자마자, 우리는 비명을 질렀다. 길이 휩쓸려 나갈 지경이었다. 몇 걸음 만에 신발이 물에 잠기고 바지가 홀딱 젖었다. 겁이 덜컥 났다. 이거 대체 여기가 어디쯤인지조차 모르겠다. 여차하면 나뭇잎처럼 떠내려가겠다. 골목엔 아무도 없다. 폭우 때문에 일시적으로 정전이 된 듯 일대가 다 칠흑이다. 집집마다 대문은 물론 창문의 덧문까지 꽁꽁 닫혔다. 작은 마을이니 설마 길을 잃으랴. 일단 마을의 중심인 광장을 찾아내려가기로 했다. 그런데 쉽지 않았다. 길 곳곳이 보수 중이었고 거기서 흘러내린 흙모래가 신발을 덮치거나, 낮에 파놓은 구멍이 발목을 비틀었다. 광장 쪽으로 내려올수록 빗물은 흙물이 되었고 점점 깊어졌다. 중빈은 종아리 절반까지 잠겼다. 아이가 겁에 질려 자꾸 나를 불렀다.

"엄마아~!"

"뭐 이런 비가 다 있다니?"

광장에 이르자 사람들이 보였다! 스페인풍 처마는 이런 날씨에 매우 유용했다. 우리처럼 집으로 돌아갈 때를 놓친 사람들 몇몇이 처마 아래 오종종 모여 있었다. 재난 속에서 사람들은 한 팀이 된다. 외지인에게 퉁명스럽던 시골 사람들은 간 곳 없었고, 서둘러 처마의 한 곁을 내어주며 미소 짓는 이들이 거기 있었다. 사람이 안도감을 느끼려면 '함께 있는 것' 그리고 '처마'만으로 충분하다는 것을 알았다.

한참이 지났다. 폭포처럼 쏟아지던 빗줄기가 가늘어졌다. 사람들이 하나둘 집으로 돌아갔다. 우리도 징검다리 건너듯 몇몇 급물살을 건너 어느 식당으로 들어갔다. 신발을 털어 벽에 세워두고 물이 뚝뚝 떨어지는 양말은 나무의자에 걸어두었다. 의자 위에 양반다리를 하고 앉아 주문을 했다. 손님은 우리뿐. 무뚝뚝한 주인 아낙이 부엌으로 가자, 이내 숯불에 익는 고기 냄새가 젖은 대기 속에 퍼졌다. 열린 나무 덧문 사이로 어딘가에 숨어 있던 사람들이 서둘러 귀가하는 모습이 보였다. 처마에서는 졸졸 빗물이 흘렀다. 불현듯 무한한 마음의 평화가 찾아왔다.

주인 아낙이 옥수수와 당근이 든 야채수프를 내왔다. 뒤이어 숯 향기가 밴 소고기와 파삭하게 구운 카사바를 접시에 담아왔다. 허기진 우리는 조용히 먹는 데 집중했다. 한참 만에 아이가 말했다.

"이런 날은 처음이야. 재수 없는 날이야."

아이는 폭우를 재해로만 받아들인 모양이었다.

"아주 특별한 날이기도 해. 날씨 하나로도 잊지 못할 추억이 생기니까.

나중에 엄마와 오늘 밤에 대해 두고두고 얘기하게 될 걸."

계산을 하면서 주인 아낙에게 아는 단어를 건넸다.

"리코." (맛있어요.)

무뚝뚝한 얼굴에 어색한 미소가 어렸다. 호기심 많은 그녀의 아들딸들이 길가에까지 나와 배웅해주었다. 호스텔로 돌아와서야 젖은 양말을 식당 의자에 걸어두고 온 것을 알았다.

고요한 바리차라에 아침이 왔다. 우리는 먼저 골동품 남자에게 한국 동전과 우산을 전해주었다. 그리고 마을 전망대로 갔다. 마을 끝자락 가장 높은 언덕에 만들어놓은 소박한 나무 정자였다. 전망대에서 바라보니 마을은 참 작고 둘러싼 자연은 참 거대했다. 거대한 산과 들에서 수많은 생명들이 새 아침을 맞은 환희를 노래했다. 기쁘기도 할 것이다. 폭우에서 살아남았으니. 격하게 우는 새, 둥글둥글 우는 새, 뽀송뽀송 우는 새, 간질간질 우는 새, 찌르찌르 풀벌레…….

하늘은 그렇게 퍼붓고도 아직 못 다한 이야기가 있었던 걸까. 남쪽에서부터 슬금슬금 안개를 밀고 왔다. 일대 지형을 뒤덮는 거대한 안개였다. 이내 전망대 건너편 산을 가리고 아래쪽 벌판을 채웠다. 아이도 나도 안개에 잠겼다. 설마, 설마, 하는 결코 길지 않은 사이, 세상천지가 새하얀 안개로 휩싸였다. 한 걸음 떨어져 있는 아이가 보이지 않았다.

"엄마, 완전히 구름 속에 갇혔어!"

어릴 적 방역차를 뒤쫓을 때와 같은 스릴과 갑갑함에 사로잡혔다. 작은 생명들도 긴장한 모양이었다. 환희의 노래가 딱 멈췄다. 안개 속에 깊은 정적이 흘렀다. 매 한 마리만 안개 속에서 검은 형체를 나타냈다 사라졌다. 바리차라는 정말 희한한 곳이구나. 비로, 안개로, 낮이나 밤이나 사람을 오도 가도 못하게 하는구나.

그때였다. 날카로운 울음소리가 정적을 깼다. 아기 고양이였다. 갇힌 것이 두려운 듯 요란하게 울어댔다. 고양이 울음이란 게 본디 날카롭지만, 불안과 두려움을 가득 담은 어린 것의 그것은 특히 더 날카로웠다. 그러나 한 치 앞도 보이지 않아 어디쯤에 아기 고양이가 있는지 방향조차 감 잡을 수가 없었다.

차고 선선한 바람이 불어왔다. 조금씩 조금씩 안개가 바람에 쓸렸다. 전망대 아래쪽 초원이 흐릿하게 푸른 색채를 드러냈다. 그러고는 휙, 마술사가 지팡이라도 휘두른 듯 안개가 사라져버렸다. 동시에, 마술사가 남겨놓은 검은 아기 고양이가 노란 눈을 동그랗게 뜨고 우리를 쳐다보고 있었다. 다섯 걸음쯤 떨어진 곳에서, 여전히 격렬하게 야옹거리며.

어미는 없었다. 길을 잃은 모양이었다. 중빈이 다가갔다. 고양이는 다가가는 만큼 뒷걸음질 쳤다. 중빈이 주저앉아 손을 내밀었다. 뒷걸음질을 멈춘 채 또 야옹야옹. 앙상한 몸이 굶주려보였다.

"고양아, 이리 와! 이리 와!"

뾰족한 귀를 쫑긋 세우고 고양이는 중빈을 똑바로 바라보기만 했다.

"엄마, 스페인어로 고양이가 뭐지?"

"가토."

중빈은 고양이가 다가오지 않는 것이 한국어로 부르기 때문이라 생각한 모양이었다.

"가토! 가토! 가토!"

줄기차게 불러댔지만 고양이는 다가올 생각을 하지 않았다. 아이도 주저앉은 엉덩이를 뗄 생각을 하지 않았다. 이런 상황에서 먼저 포기하는 건 언제나 어른이다.

"가자, 중빈. 우린 데려갈 집도 없잖아."

"엄마 혼자 가! 난 끝까지 이 고양일 구할 거야!"

어린아이들은 집중하면 시간을 잊는다. 중빈은 족히 한 시간 동안 '가토'를 불렀을 것이다. 고양이가 아주 조금씩 중빈에게 다가왔다. 중빈의 언저리에 다 와서도 한참을 이리저리 탐색한 뒤에 마침내 손으로 들어왔다. 중빈이 고양이를 안아들었다. 얼굴을 보니, 지구를 구하러 나선 슈퍼맨이 따로 없다. 사명감이 훨훨 불탄다.

"엄마, 가자! 빨리 사료를 사줘야 해!"

아이가 가게를 찾아 성큼성큼 걸었다. 내가 그 뒷모습을 카메라에 담자, 대노했다.

"엄마는 지금 이 상황에 사진이 중요햇!!! 빨리 왓!!!"

흐음, 그러니까 지금 이 상황이란, 엄마가 전시戰時의 포토저널리스트들처럼 존재론적 고민을 해야 하는 상황인 거냐? '찍느냐 구하느냐, 이것이 문제로다.' 그러나 아이를 뒤따라가는 그 길은 아름답기 그지없었다. 새파란 하늘 아래 키 작은 집들이 붉은 기와를 맞대고 나란히 이어졌다. 정방형의 돌들이 정갈하게 깔린 길에는 가장자리마다 붉은 흙을 비집고 고양이 귀 같은 풀들이 쫑긋쫑긋 솟아 있었다.

마을의 상점에는 기꺼이 조언을 해줄 여인들이 여럿 모여 있었다.

"사료 있어요?"

"당신 고양이에요?"

"아뇨."

"엄마, 내 고양이 맞잖아."

"으이구, 좀 가만히 있어봐."

"사료는 이렇게 대용량으로밖에 안 팔아요. 게다가 사료 먹기엔 너무 어려서……."

"빵을 줘 봐요."

"빵이요? 고양이가 빵을 먹을까요?"

"그럼요!"

"우리 집 고양이도 빵을 아주 좋아한다우."

우리는 빵 하나와 생수를 샀다. 상점 앞에 빵 조각을 내려놓으니, 가토는 부스러기 몇 개만 핥을 뿐 계속 긴장을 풀지 못하고 야옹거렸다. 전망대로 돌아가서 계단에 빵과 물을 놓아주자, 그제야 내 신발과 다리를 오르락내리락하며 빵을 먹고 장난을 쳤다. 한 입 먹고 자전거 소리가 나면 계단 위에 올라가 보고, 한 입 먹고 개가 지나가면 숨어서 쳐다보았다.

"중빈, 얘 먹는 거 너랑 똑같다. 아이고, 심란해라. 얜 또 언제 인간이, 아니, 고양이가 된다니?"

중빈이 깔깔 웃는다. 의심 많던 처음과 달리, 가토는 금방 손을 탔다. 중빈은 가토를 쓰다듬고 어르고 열심히 물과 빵을 먹였다.

"아이고, 얘 때문에 오늘 하루 더 여기 묵어야겠구나."

내 말을 아이가 간절하게 붙잡았다.

"엄마, 얘 데려갈까? 데리고 다니면서 여행하면 안 될까?"

세 돌짜리를 데리고도 여행을 다녔는데, 우리 둘이 어떻게 고양이 한 마리를 못 돌볼까? 그런 생각을 잠깐 하긴 했다. 하지만 곧 장거리 버스 속에서 고양이가 열 시간 내내 야옹거리는 장면이 떠올랐다. 아이고, 말도 안 돼.

그때였다. 도사견처럼 커다란 개 세 마리가 전망대의 계단을 뛰어내려왔다. 우리는 너무 놀라 엉덩방아를 찧듯 주저앉았는데, 글쎄, 요 조그만 고양이가 털과 발톱을 있는 대로 세우고 개들에게 대드는 게 아닌가. 개들은 금방이라도 고양이를 삼켜버릴 듯 다가갔다. 한입 거리도 되지 않을 터였다. 우리가 비명을 질렀다. 개 주인이 나타나 휘파람을 불렀다. 개들이 와르르 올라갔다. 나는 가토를 번쩍 안았다.

"안되겠다. 나도 모르겠다. 여기 두면 얘 죽는 건 시간문제일 것 같아."

마을로 데려가 혹시라도 키울 사람을 찾아보는 게 좋을 것 같았다. 정 임자가 안 나타나면 장거리 버스 속에서 내내 야옹거리거나. 중빈이 환호하며 뒤따랐다. 그런데 전망대를 벗어나자 가토가 다시 버르적거리기 시작했다. 발톱을 세우고 품에서 벗어났다. 안으면 벗어나고, 안으면 다시 벗어났다. 그러고는 처음처럼 똑바로 쳐다보며 다가오지 않았다. 아무리 불러도 빼꼼히 쳐다보며 뒷걸음질만 치다가, 마침내 더는 쳐다보지 않고 멀어졌다. 중빈은 안타깝게 "가토!"를 부르다, 결국 입을 다물었다.

나는 중빈의 어깨에 손을 얹었다.

"네가 지금 느끼는 것을 엄마도 느껴. 그런데 동물들에겐 본능적으로 선택하는 운명이란 게 있어서, 그걸 사람이 억지로 바꿀 수는 없어. 가토는 익숙한 장소에 머물길 선택한 거야. 너무 걱정하지는 말자. 아까 큰 개들에게 대드는 것 보았지? 가토는 스스로 앞가림하면서 용감한 고양이로 자랄 거야."

터덜터덜 마을로 돌아왔다. 자그만 소리만 나도 뒤돌아보면서.

"돌아가면 검은 고양이 한 마리 키우자. 길냥이 입양해서."

"응. 우리 그 고양이 이름은 가토라고 짓자."

"그래, 꼭 그러자."

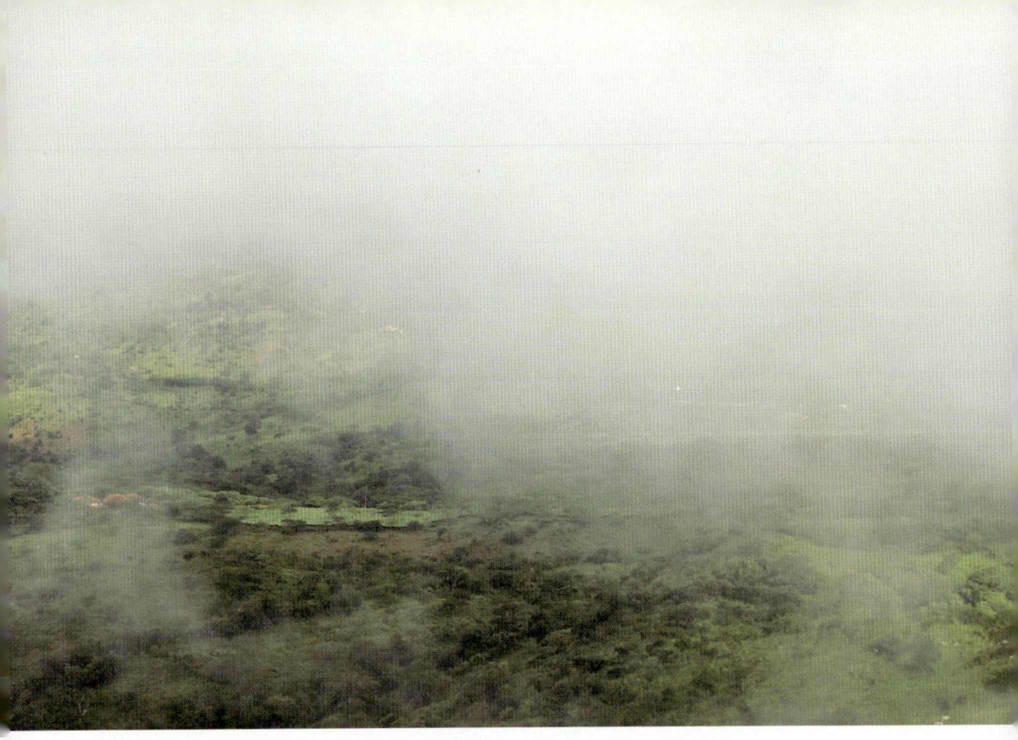

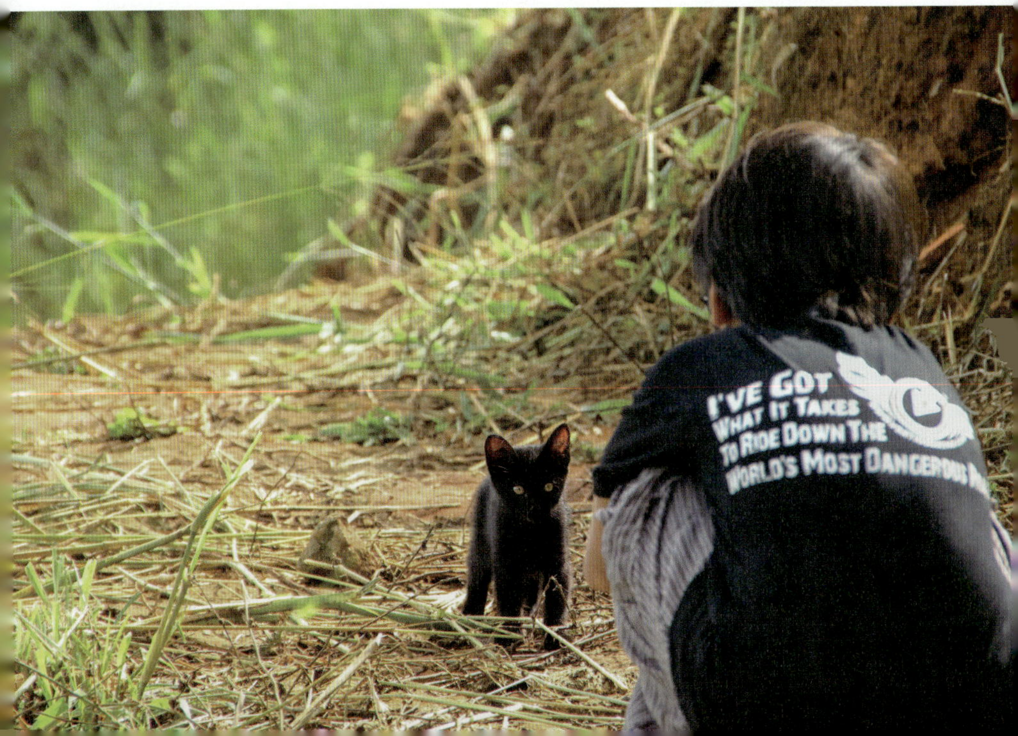
I'VE GOT
WHAT IT TAKES
TO RIDE DOWN THE
WORLD'S MOST DANGEROUS

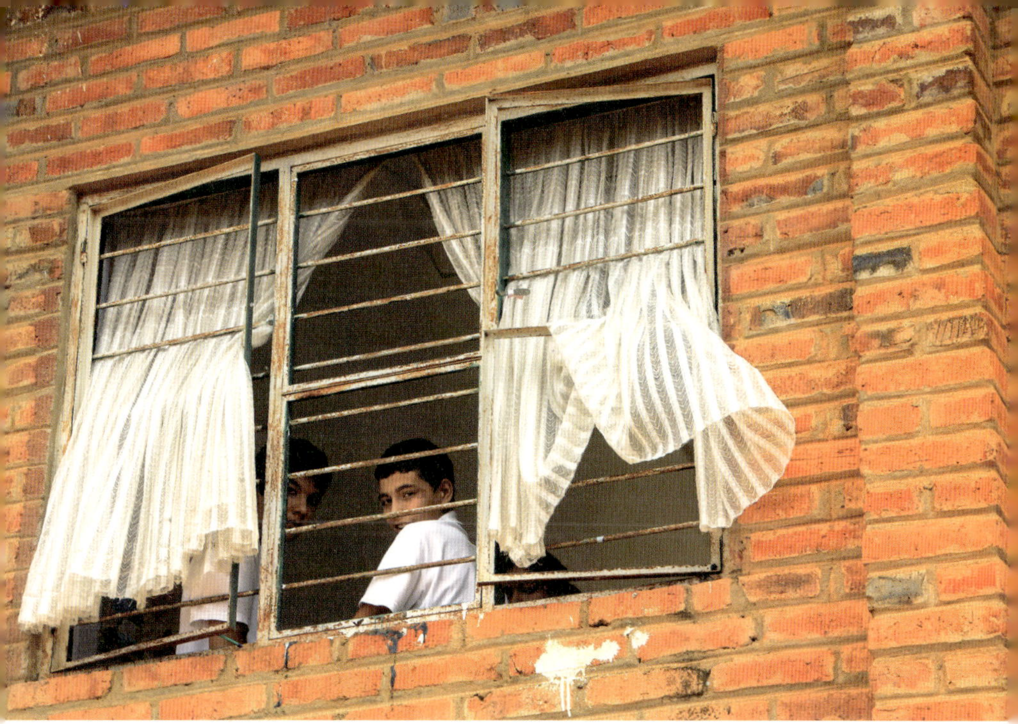

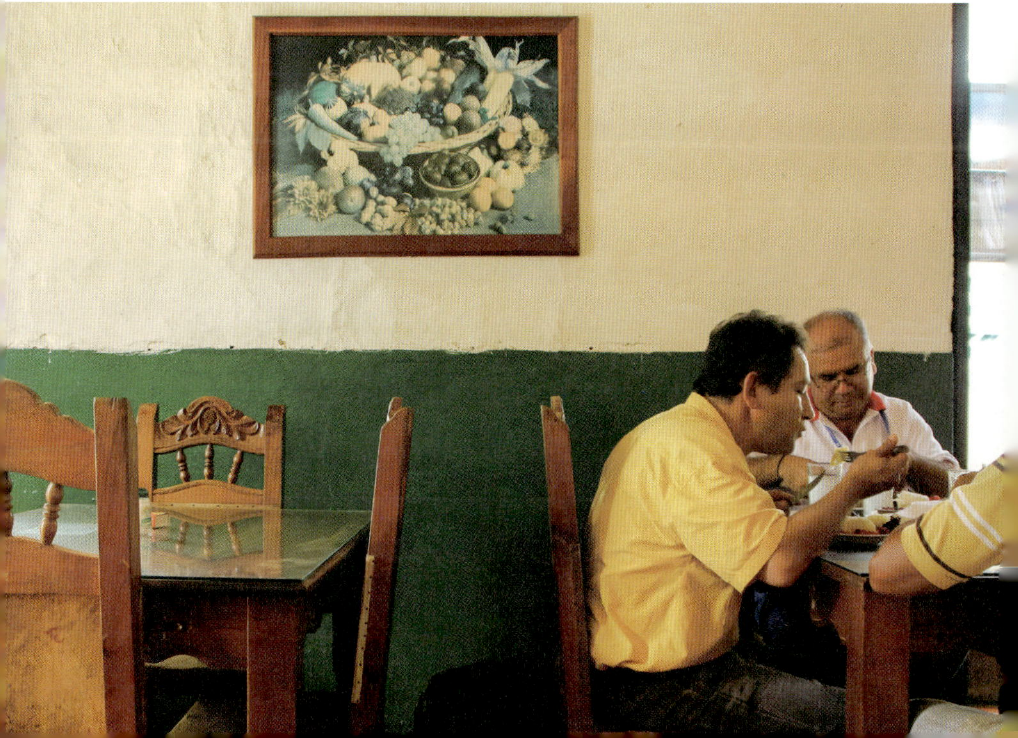

이 저녁 속에
당신을 풀어놓으세요
Medellín

메데인은 콜롬비아에서 두 번째로 큰 도시이다. 처음 메데인을 발견한 스페인 정복자는 가져갈 것도 딱히 없는데다 인디오들은 퉁명스럽기 짝이 없는 이 '계곡'에 별 의미를 두지 않았다고 한다. 그러나 이후 금광이 발견되면서 메데인은 빠르게 성장했다. 천일전쟁 이후 처음으로 콜롬비아 산업혁명이 일어난 곳도 보고타가 아닌 메데인이었다. 특히 콜롬비아에서 유일무이한 메데인의 지하철은 시민들의 자랑거리로 큰 사랑을 받고 있다.

리우에서 산타 테레사를 찾았던 것처럼, 메데인에서 우리는 시간 날 때마다 산토 도밍고를 찾았다. 산토 도밍고는 메데인 지하철의 역 이름이자 산동네 이름이다. 지하철에서 내려 연계 케이블카로 갈아타면 해발 2,000미터에 자리한 이 산동네에 떨어뜨려준다. 케이블카는 6인승인데 사방이 유리로 되어 있어 밖이 훤히 보인다. 지하철역에서부터 산동네 꼭대기까지 연결된 두 줄의 케이블, 즉 상행선과 하행선을 따라 여러 대의 케이블카가 택시처럼 오르락내리락한다.

처음으로 그중 하나에 올라탔을 때, 이미 내 가슴은 두근거렸다. 케이블카란 것이 대개 관광지에 걸려 있어 주로 '관광지 풍경'을 보여준다면, 산토 도밍고의 그것은 완전히 날것이었다. 다짜고짜 발아래 산동네 풍경이 펼쳐졌다. 다닥다닥 붙은 집들, 옥상 위 빨래를 너는 여인, 창문 밖을 내다보는 웃통 벗은 남자, 지붕을 고치는 사내들, 거리마다 넘치는 아이들……. 메데인의 혈관 속을 달리는 기분이었다.

케이블카에서 내리자, 가슴이 더 두근거렸다. 엄청난 음악소리가 울려퍼졌다. 한군데서 나오는 음악소리가 아니었다. 빨간 벽돌 집집마다 최대한 볼륨을 높인 듯했다. 온 동네가 잔칫집 분위기였다. 카페에 앉은 할아버지들은 시가를 물고 카드놀이를 했다. 전화박스 아래로는 빨간 스키니 진을 입은 아가씨의 배꼽이 보였다. 그 배꼽이 음악에 따라 살랑살랑 흔들렸다. 여기저기서 고소하게 음식을 튀겼다. 메뉴판 가격은 저 아랫동네의 절반이었다. 모든 집들의 창문과 현관문이 활짝 열려 있었다. 안이 훤히 들여다보이는 창문에서 원색 꽃무늬 커튼이 형식적으로 펄럭였다. 이 정도 시끌벅적함이야 일상이라는 듯 늙은 개가 열린 현관문에 드러누워 심드렁히 밖을 내다보았다. 아이들은 순진한 눈을 하고 다가와 말을 걸었다. 중빈이 말했다.

"딱 엄마 취향인데."

나는 대답 대신 커다랗게 미소 지었다.

과일가게에서 딸기를 샀다. 문간에 나와 앉아 숙제하는 예쁜 여자아이들에게 딸기를 좀 씻어달라고 했다. 착하게도 연필을 내려놓고 딸기를 씻어 왔다. 여자아이들과 나란히 앉아 딸기를 나눠 먹었다.

두 소년이 다가와 인사를 건넸다. 열일곱 살 에디슨과 열세 살 마테오였다. 에디슨은 키가 크고 껄렁껄렁한 여드름쟁이였고, 마테오는 조금 작고 통통했다. 우리는 그들이 인도하는 대로 산동네의 숨겨진 좁은 계단을 내려갔다. 계단을 내려가는 동안 저 아래 메데인 시내가 통째로 내려다보였다. 계단 아래에서 넓은 축구장이 등장했다. 중빈이 감탄했다.

"우와, 잔디 축구장이다!"

브라질에서도, 콜롬비아에서도, 동네에 관공서가 없을지언정 축구장은 반드시 있다. 달동네도 예외는 아니었다. 유소년 축구팀이 시합을 하고 있었다. 때마침 스콜이 쏟아졌다. 유소년 축구팀은 조금도 개의치 않고 홀딱 젖으며 시합을 계속했다. 전반전이 끝나고 쉬는 시간. 비에 흠뻑 젖은 선수들이 우리에게 몰려왔다.

"어디서 왔어요?"

"이름이 뭐예요?"

"나이는요?"

어린 사람들아, 늙은이 나이는 알아서 뭐에 쓰게. 소년들이 질문을 많이 던지면 던질수록 에디슨과 마테오는 우쭐해졌다. 에디슨은 중빈을 어깨 아래 끼고 다니며 아이들에게 일일이 소개시켰다.

스콜이 그치고 해가 뜨자, 산동네 구석구석이 물걸레질을 해놓은 듯 반짝거렸다. 하지만 메데인 시내 쪽 하늘은 여전히 얼룩덜룩 먹구름이 끼었고, 군데군데 하늘과 땅을 잇는 물기둥이 보였다. 스콜이 쏟아지는 곳일 터다. 장관이다.

아이들과 헤어져 도서관으로 갔다. 이 도서관은 케이블카와 더불어 산토 도밍고의 자랑거리다. 세 개의 검은 주사위를 비뚤게 놓아둔 것 같은 진보적인 디자인의 건축물인데, 내부는 현대적인 설비와 문화시설들로 가득하다. 산토 도밍고는 메데인으로 상경한 시골 사람들이 저렴하게 살 곳을 찾아 산비탈에 둥지를 틀었던 곳이다. 지금도 때때로 당나귀에 짐을 싣고 내려가는 이들로부터 옛 흔적을 볼 수 있다. 그런데 가난하고 소외되었던 이 산동네가 케이블카로 도심과 연결되고, 첨단 도서관으로서 도심 못지않은 문화시설을 가지게 된 것이다. 주민들은 이 두 시설에 굉장한 자부심을 지니고 있다.

내가 도서관에서 시간을 보내는 동안, 중빈은 도서관 앞에서 새로 사귄 동갑내기 친구, 세바스티안과 다니엘과 축구를 하고 있었다. 갈색 머리에 갈색 눈동자를 지닌 세바스티안은 퍽 총명해서 우리의 부족한 스페인어에도 불구하고 우리 여행에 대해 궁금한 것들을 쏙쏙 알아냈다. 한쪽 입술을 씩 올려 미소 지을 때마다 상대방을 빨아들이는 매력이 있는 소년이었다. 세 소년은 호흡이 척척 맞았다. 저녁이 올 때까지 축구는 계속되었다. 나는 그 도서관의 새하얀 책상과 의자에 앉아 편지를 쓰기 시작했다.

산토 도밍고의 저녁에 대해…… 당신께 말씀드리고 싶습니다.
평범한 일상이 편안하고 자유로운 품성을 지닌 사람들과 만날 때
얼마나 특별한 감동이 되는가에 대해서 말입니다.

저녁이 가까워짐에 따라,
케이블카가 속속들이 퇴근하는 사람들을 실어 나르고 있어요.
케이블 선은 공원 위쪽으로 지나가죠.

아이들은 머리 위로 날아다니는 케이블카를 보면서 풍선을 날립니다.
바닥에 주저앉아 체스를 하거나,
삼삼오오 '꼬마야 꼬마야'와 똑같은 줄넘기를 해요.
그네를 타며 솜사탕을 먹는 아이도 있어요.
그저 즐겁고 평화로운 풍경입니다.
케이블카는 신나는 전언과도 같죠.
'사랑하는 이가 곧 도착할 것이다.'
케이블카에서 아빠가 내리면, 놀던 아이들은
비명을 지르며 뛰어가 매달립니다.

산토 도밍고 사람들은 약속이라도 해놓은 모양이에요.
저녁에는 모두 공원에 나와 놀 것.
놀 때는 어른 아이 할 것 없이 무조건 놀 것.
그래서 아이들이 노는 모습만큼이나,
어른들이 노는 모습을 볼 수 있습니다.
총각들은 뺀질뺀질하게 머리를 만지고 술집에 앉아 있어요.
처녀들은 행복하게 가슴을 출렁거리며 그 앞을 걸어갑니다.
그들은 서로의 진한 시선을 즐기죠.
노인들은 조금도 어색하지 않게 젊은이들과 아이들 사이에 지팡이를 내려
놓고 앉아 있어요.
가끔 말썽꾸러기 손자가 그 지팡이를 휘두르며 칼싸움을 합니다.
저녁거리를 사러 나온 엄마는 딸과 팔짱을 끼고 바짝 붙어 걷습니다.
엄마가 양파를 고르는 동안,

딸은 재재거리며 하루 동안 있었던 일들을 보고합니다.

공원 가운데는 유아들을 위한 공간입니다.

아기 엄마들은 허리가 꼭 끼는 탱크톱을 입고,

살이야 늘어지거나 말거나,

아기들을 그곳에 풀어놓은 채

퇴근한 아기 아빠 무릎에 올라타 키스를 합니다.

중년의 부부는 유치원생처럼

새빨간 아이스크림을 물고 어깨동무를 하지요.

하염없이 메데인 시내의 야경을 내려다보면서요.

진종일 음악은 크게 울려요.

사람들은 방심한 가운데 마냥 즐기기만 하면 되는 것처럼,

이 저녁 속에 스스로를 풀어놓습니다.

이곳에서 집이란, 종일 일과 공부에 지친 이들이 고꾸라지듯 쓰러져

잠만 자고 다시 끌려 나가는 곳이 아닙니다.

이곳은 집도 골목도 흡사 유원지와 같습니다.

그저 나와서 걷고 놀고 포옹함으로써,

팔다리가 있는 사람이라면

누구라도 당장 할 수 있는 그런 것들을 함으로써,

삶이 축제가 되는 곳입니다.

사람들은 이 저녁에 딱 어울리는

그런 옷차림과, 그런 걸음걸이와, 그런 표정을 하고 있어요.

군인들조차 군복 차림으로 헐렁한 춤 스텝을 밟으며 걸어다니네요.

중빈과 세바스티안과 다니엘은 바닥을 구르며 놀아요.

헤딩을 하고 호르르르 혀를 굴립니다.

웃고 또 웃어요.

저는 이 경박함과 얼빠짐과 순정한 유희의 분위기에

순식간에 매혹당합니다.

세바스티안과 다니엘은 집으로 돌아갈 생각을 하지 않아요.

그 아이들의 엄마들도 이 공원 어딘가에 나와 놀고 있겠죠.

중빈 역시 오랜만에 만난 또래 친구를 놓고 떠나기 싫어

"오 분만 더!" 합니다.

저도 "오 분만 더!" 하며 주저앉았죠.

둘러보면, 놀라게 돼요.

모두가 웃고 있어요.

'Life is not easy' 라고 누가 말했던가요?

이곳에 올 때, 다른 여행자들은 그렇게 위험한 산동네에

뭐 하러 가느냐고 했습니다.

가거든 카메라는 꺼내지 말라고도 했지요.

그러나 모두가 각자 즐기고 행복하느라, 제 카메라 따위엔 관심도 없네요.

이곳에서 '행복하다'는 특정한 상태를 나타내는 형용사가 아닙니다.

바로 눈앞에서 행동으로 펼쳐지는 동사입니다.

사람들은 마냥 '행복하고' 있지요.

제가 꿈꾸는 조촐한 행복이란,

아마도 이 풍경에 가장 근접한 무엇인 것 같습니다.

내일이나 내년을 근심하며 두 배로 일하는 것이 아니라,
딱 오늘 하루 치의 일만 충실히 마치고 집으로 돌아오는 것.
돌아와 사랑하는 이들과 밥을 짓고 손을 잡고 별 아래를 걷는……
그것 말입니다.
이런 생각을 해봐요.
한 사람이 평생 자기가 웃었던 웃음을 보따리에 짊어지고
하늘나라로 갈 수 있다면,
아마 이곳 사람들의 웃음보따리는 가장 크고 뚱뚱할 겁니다.
훨씬 홀쭉할 제 웃음보따리도 상상이 되네요.
하느님은 물으시겠죠.
"똑같은 시간을 주었는데, 너는 무얼 그리 심각하게 살았느냐?"
아니, 하느님은 모든 걸 다 보고 계셨으니,
그냥 이렇게 일갈하실지도 모르겠어요.
"그래, 그중 하나라도 예까지 가져올 수 있는 것이 있더냐?"

   어둠이 더 깊어졌을 때, 마침내 아이들과 미련 많은 "차오!"(안녕!)를 했다. 서로서로 꼭 끌어안았다. 땀에 젖은 조그맣고 예쁜 등에 손바닥을 얹으니, 다시 보지 못할지도 모른다는 생각에 짠해졌다. 우리는 돌아보고 또 돌아보며, 수십 번 차오를 했다.
   중빈이 땀 젖은 얼굴에 가쁜 숨을 몰아쉬며 말했다.
   "여긴 뭔가 특별해. 천사들이 하늘 위를 날아다니는 것 같아."
   천사들이 하늘 위를 날아다니는 곳이라. 옳다. 나는 감동적인 작품 앞에 선 사람처럼, 풍광에서 눈을 떼지 못한 채 고개만 끄덕했다.

비바 대니얼!
비바 콜롬비아!

Medellín

메데인에서 우리가 묵은 곳은 팜트리 호텔이라는 가정집을 개조한 곳이었다. 일대에서 가장 저렴한 곳이라 장기투숙자가 많았다. 그들은 메데인에 머물며 스페인어도 배우고 일자리를 찾기도 했다. 그러다보니 저녁이면 진짜 가정집처럼 정겨운 분위기가 났다. 서로가 서로를 아는 이들이 많았기에 그날 있었던 소식들을 주고받거나 함께 비스듬히 누워 TV를 보거나 하면서.

하지만 아침이면 투숙객에게 매일 한 개씩 제공되는 달걀을 혹시 더 가져가는 사람이 있을까 감시하기 위해 찬장에 자물쇠를 채워놓는 곳이기도 했다. 계란 하나를 자율적으로 먹지 못해 열쇠를 얻고 반납하는 절차가 내겐 내키지 않는 일이었는데, 대니얼은 아침마다 군말 없이 열쇠를 받아왔다.

그리고 '딱 한 개'의 계란으로만 아침식사를 했다.

대니얼은 40대의 미국인이었다. 브라질 아가씨 베로니카처럼, 중남미 사람들이 일자리를 찾아 북미로 향하는 것은 현대사의 해묵은 풍경이었다. 그러나 2008년의 대금융위기 이후, 새로운 행렬이 생겨났다. 바로 북미에서 남미로 일자리를 찾아 내려오는 사람들이다. 취업의 기회와 낮은 생활비를 찾아서.

대니얼의 재정 상태를 눈치챈 뒤에, 나는 착실히 열쇠를 받아왔다. 그리고 내 것과 계란을 좋아하지 않는 아들 몫까지 두 개의 계란을 그에게 건네곤 했다. 그러면 대니얼은 "정말? 정말 너희 안 먹는 거 확실해?" 묻고는 기꺼이 계란 프라이 한 가지로만 아침식사를 했다.

그는 한때 월스트리트에서 일했던 금융인이었다. 그리고 금융위기 때 해고당했다.

"지금의 날 보면 잘 상상이 안 되지?"

대니얼은 어깨를 으쓱하며 자조적으로 물었다. 그의 라운드넥 셔츠는 어느덧 늘어져 깊게 팬 브이넥이 되어가고 있었고, 목소리는 아픈 사람처럼 기어들어갔다. 그 모습에서 눈이 반짝반짝하고 머리가 획획 돌아가는 수천 달러짜리 슈트 차림의 월스트리트맨을 상상하는 건 사실 쉽지 않았다.

대니얼은 아침마다 내게 말했다.

"대학과 어학원에 들러볼 거야. 오늘은 좋은 소식이 기다리고 있다면 좋겠는데……."

그는 벌써 몇 달째 메데인에서 영어강사 자리를 알아보는 중이었다.

"좋은 소식이 있을 거야. 힘내!"

나는 그를 응원했지만, '셔츠만 좀 새로 사 입고 가도 좋은 인상을 줄 텐데……'라는 말은 차마 입 밖에 내지 못했다. 대신 어느 저녁 다른 정보를 주었다.

"영어강사 자릴 찾는다면 콜롬비아보다 한국이 더 기회가 많을지도 몰라."

한국은 어느새 그 분야에서 세계적으로 유명해졌다. 많은 영어권 여행자들이 여행 중 경비가 떨어지면 한국에 들러 사교육 시장에서 경비를 마련한 뒤 여행을 마저 떠나곤 한다. 대니얼도 벌써 알고 있었다.

"나도 그 얘길 듣긴 했어. 그런데 한국은 어머니가 사시는 플로리다와 너무 멀어. 내가 남미의 다른 나라가 아닌 콜롬비아에 계속 있는 이유도 그나마 여기서 플로리다가 가깝기 때문이야. 난 어머니와 너무 멀리 떨어져 있는 게 싫어."

연약한 대니얼에게 더 이상의 이동은 힘들어보였다. 사람마다 비등점은 다르기 마련이다. 어떤 이는 아주 높은 온도에서도 열기를 안으로 다스릴 수 있고, 어떤 이는 조금만 뜨거워져도 밖으로 부글부글 흘려버리고 만다. 대니얼은 이미 비등점에 다다른 것 같았다. 더 무리하면 죄다 쏟아버리고 말 것이다. 그렇구나, 하고서 나는 입을 다물었다.

하지만 대니얼은 저녁마다 말했다.

"오늘도 좋은 소식은 없었어. 통장 잔고가 점점 줄어들고 있는데……. 뭔가 새로운 결단이 필요해."

그런 다음 날, 투명한 아침햇살 아래 계란 프라이가 담긴 접시를 앞에 두고 우두커니 앉아 있는 그를 바라보는 것은 안타까운 일이었다. 약해져 있을 때 우리는 종종 결단이 시급해지지만, 약해져 있기 때문에 도리어 결단을 내리지 못하곤 한다. 이 악순환의 고리를 끊기 위해선 차력사가 1톤 트럭을 들어 올릴 때만큼이나 온몸의 힘을 쥐어짜내야만 한다.

어느 저녁, 대니얼이 평소와 달리 힘찬 목소리로 말했다.

"내일 아침 일찍 여길 떠날 거야. 콜롬비아 남부로 더 내려가려 해. 그쪽에 가면 자리가 많다는 얘길 들었어. 너도 남은 여행을 잘 마치길 바라."

우리는 굿바이 포옹을 하고 서로의 앞날에 축복을 빌어주었다. 이후로 대니얼이 보이지 않았다. 나는 그가 새로운 곳에 잘 안착하고 있으리라 생각했다. 그런데 이틀 뒤, 우리가 호스텔을 떠나기 위해 짐을 내놓고 있는데 대니얼과 마주쳤다!

그의 창백한 얼굴은 반쪽이 되어 있었다. 목소리는 한층 더 기어들어가 잘 들리지 않을 정도였다.

"아팠어. 배가 아팠고, 설사도 있었고, 열도 높았고, 목도 부었고……."

그가 열거하는 증세는 끝이 없었다. 며칠 동안 계란 프라이마저 먹지 못한 모양이었다. 침대와 여행가방 하나면 발 디딜 틈 없어지는 팜트리 호텔의 비좁은 방에서, 정말로 내내 앓았던 게 틀림없었다.

"왜 내게 오지 않았어? 진즉에 약을 주었을 텐데!"

도로 짐을 풀어 약을 꺼냈다. 우리는 자주 아프지 않았으므로, 소화제, 설사약, 해열제, 목 부음에 좋은 죽염까지 최소한의 비상약만 남겨놓고 왕창 대니얼에게 건넸다. 하루이틀치의 약으로는 회복될 것 같지 않아 보였기 때문이다. 짐작할 수 있었다. 대니얼이 왜 하필이면 떠나기 전날 떠날 수 없을 만큼 아프기 시작했는지.

나는 약 복용법을 설명한 끝에 덧붙였다.

"푹 쉬면 좋아질 거야. 그럼 또 좋은 생각들이 떠오르겠지. 떠나는 건 그다음에 생각해. 정말로 준비가 되었을 때."

대니얼은 어깨를 축 늘어뜨리고 한숨을 푹 쉬었다.

남미를 여행하는 동안, 나는 또 다른 대니얼들과 종종 마주쳤다. 그들은 명백히 이전보다 가난하고 불안정해진 자들이었으나, 그렇다고 반드시 불행해 보이기만 했던 건 아니다. 생에는 굴곡이 있는 법이고, 그 리듬을 타며 춤을 추느냐 엎어지느냐 하는 것은 자신이 속한 국가의 경제적 성쇠에 못지않게, 그가 일생을 통해 구축해온 내면의 긍정성에 더 많이 좌우되기 때문이다. 우리는 시련 속에서만 진정한 자신의 '강도'를 실험 당한다.

　　대니얼과 헤어지고 일주일쯤 지났을 때, 메일이 한 통 도착했다. 대니얼로부터 온 것이었다. '고마웠다, 회복되었다'는 내용과 함께, 마침내 '남쪽으로 떠났다'는 것이 그 주된 내용이었다. 나는 심해에서 힘겹게 부상하는 대니얼에게 기쁜 마음으로 응원의 메시지를 보냈다.

　　　축하해, 대니얼! 드디어 1톤 트럭을 들어올렸구나!

　　팜트리 호텔에는 또 다른 친구들 아드리아나와 프랜시스가 있었다. 부부인 그들은 8개월의 긴 여행을 마치고 메데인을 끝으로 고국 캐나다로 돌아갈 예정이었다. 장기배낭여행을 마친 여자가 가장 먼저 하고 싶은 건 무엇일까? 의외로 단순하다. 구질구질함을 벗는 것. 너덜너덜한 옷을 집어던지고 '내' 스타일의 옷을 입고 내내 질끈 동여맸던 머리를 풀어 제대로 손질하는 것이다. 내 경우는 그렇다. 아드리아나도 그랬다. 여행의 마지막 며칠을 남겨두고 그녀는 이미 본국 모드로 돌아와 있었다. 예쁜 옷에 화장을 하고 아침마다 곱게 머리를 손질한 채 나타났다. 단연 팜트리 호텔의 퀸카였다. 본국 모드이긴 프랜시스도 마찬가지여서, 그는 콜롬비아의 이마트인 '엑시토'에서 매일 장을 보다가 오랜 시간에 걸쳐 정성스럽게 샐러드와 스파게

티를 요리했다. 과일까지 갈아 주스를 만들어 먹었으니 웬만한 사람들의 본국 모드를 능가한다고나 할까. 그들은 부지런히 다녔던 걸음을 쉬며, 하루에 한 번쯤만 메데인 시내에서 산뜻한 나들이를 했다. 일요일에 있는 축구시합 얘기를 꺼낸 것도 그들이었다.

"지금 표를 사러 가는 길이야. 너희들 것도 사다줄까?"

중빈이 발작적으로 뛰었다.

"네! 네! 네 네 네!"

스포츠를 좋아하지 않는 나는 아이 표만 부탁했다. 그리고 아이를 데려가줄 수 있느냐고 물었다. 그들은 흔쾌히 오케이했다.

일요일이 되었다. 중빈은 아침 일찍 빛의 속도로 밀린 숙제를 마쳤다. 밥도 태어나서 가장 빨리 먹었다. 팜트리에서 만나는 모든 이들에게 말했다.

"저 오늘 축구시합 가요! 같이 갈래요?"

프랜시스가 뒤늦게 중빈의 나이가 만 아홉 살임을 알고서, 만 열 살까지는 무료인데 열여섯 살 이하 청소년 표를 구매했다며 아까워했다. 시합은 오후 한 시 반이었다. 아드리아나가 물었다.

"우리가 시합 볼 동안 다른 계획 세워놨어?"

"아니."

"그럼 같이 갈래?"

하긴, 축구는 좋아하지 않지만 축구광 콜롬비아인들의 모습이 궁금하긴 했다.

"그런데 이미 표가 다 매진됐잖아?"

"청소년 표는 아니야. 열여섯 살 흉내를 내 봐. 넌 아시아 사람이어서 나이를 알 수 없을 거야."

하하하, 나는 크게 웃었다. 말도 안 돼. 하지만 나는 마침 머리를 두 갈래로 묶고 있었다. 게다가 글래머러스한 여자들이 입으면 섹시할, 그러나 내가 입으면 딱 아동복처럼 보이는 멜빵 청바지를 입고 있었다. 사람의 사고는 로마에서 로마식으로 전개된다. 그러니까 남미에선 남미식으로다가.

"되, 될까?"

"JB의 누나라고 해. 어때, 프랜시스, 통할 것 같지 않아?"

프랜시스가 회의적인 표정을 지었다. 예의상 입을 다물고는 있었지만, 그 표정은 딱 정곡을 짚어주고 있었다. '아무리 아시아인 얼굴을 못 알아본대도…… 무려…… 열여섯 살…… 소…… 녀…… 흉내를……?'

나는 아드리아나를 따르기로 했다. 재미는 있고 밑질 건 없는 시도니까.

"그럼 해보지 뭐. 난 어차피 시합이 궁금한 건 아니니까, 못 들어가더라도 경기장 주변 분위기를 보는 것으로 충분해."

그렇게 길을 나섰다. 뉴요커 변호사 에릭이 동행해 다섯이 되었다. 메데인의 아타나시오 축구 경기장까지는 따로 길을 찾을 필요도 없었다. 초록 옷을 입은 사람만 따라가면 되었다. 그날은 메데인 사람들이 열광적으로 사랑하는 팀 '나쇼날'이 뛰는 날이었는데, 팀 유니폼이 초록색 줄무늬였기 때문이다. 어제 프랜시스는 중빈에게 절대 초록색 옷을 입히지 말라고 주의를 주었다. 이들의 초록 광란에 휩쓸리면 골치 아픈 문제가 생길 수도 있다면서.

한 시간 이상 일찍 도착했지만 경기장 밖에는 이미 겹겹의 줄이 늘어졌다. 온통 초록색이다. 초록 셔츠, 가슴이 깊숙이 팬 초록 탱크톱, 초록 모자, 초록 머리띠……. 경기장 입구에 배치된 경찰들이 온몸을 더듬더듬 수색하며 무기가 될 만하거나 투척할 위험이 있는 물건들을 모조리 압수했다. 신발바닥까지 검사했다. 월드컵에서 자살골 넣은 선수를 총으로 쏴 죽인 나라가 아닌가. 남성들은 심지어 팬티 안쪽까지 철저히 검사했다. 대형 셰퍼드 마약견이 수색에 동참하고, 앰뷸런스도 들어가고, 말 탄 경찰들이 무례하다 싶을 만큼 초록 줄을 마구 헤집으며 좌우로 지휘를 했다. 흥분한 젊은이들이 몸수색 중인 경찰을 향해 소리 질렀다.

"빨리 해, 빨리!"

여자와 미성년자 줄은 비교적 빨리 줄었다. 드디어 우리 차례. 나는 중빈 옆에서 최대한 '방긋' 웃었다. 너무 크게 웃으면 주름 잡히니까. 여경관이 아주 친절하게 그리고 아주 쪽팔리게 말했다.

"이 아이는 무료예요. 그리고 '엄마'는 가서 표를 사오세요."

아흑, 미쳤지, 미쳤어. 콜롬비아 사람들은 모두 장님인가. 네댓 살도 아닌, 열 살도 아닌, 한 세대를 뛰어넘을 시도를 하다니.

"넵!"

나는 아주 착하게, 한마디 토도 달지 않은 채 뒤돌아 나왔다. 그들은 내가 외국인이라 표 사는 법을 잘 모른다고 생각한 듯 자세히 알려주려 했다. 어휴, 됐어요. 저는 얼른 사라지렵니다. 아는 사람이 없길 천만다행이지요. 뉴요커 에릭에게 중빈을 잘 보살펴 달라고 부탁했다. 중빈은 신이 나서 손을 흔들었다. 남미에서도 가장 '논다' 하는 콜롬비아에서 축구 경기를 보게 되다니. 설마 총부림은 안 벌어지겠지? 아가야, 무사해라.

나는 잠시 경기장 밖에 앉아 사람들이 마저 입장하는 것을 지켜보았다. 밖에서 간신히 통제된 듯 보였던 관중들은 입장하자마자 우리를 탈출한 말들처럼 뛰었다. 경기가 시작도 안 되었는데 함성을 질렀다. 노래했다. 풍선을 날렸다. 폭죽을 터뜨렸다. 경기장 제일 꼭대기 난간에까지 위태롭게 올라앉았다. 아까 무례하게 줄을 가르던 경찰마가 안에서 폭죽이 터질 때마다 발작하듯 앞발을 쳐들었다. 이제 경찰은 시합이 끝날 때까지 광란 속에 시민들을 놓아둘 수밖에 없을 것이다. 미친 파티가 시작되었다.

전반전 시작. 응원가 함성이 메데인을 뒤흔들었다. 관중들이 발을 구를 때마다 스타디움이 쩍 갈라질 듯 천지가 진동했다. 관중들은 한 몸이 되고 한 목소리가 된 듯 합창했다. 바로 그때, 방송국 카메라를 든 남자가 내 앞에 떡하니 섰다. 생기발랄한 남성 진행자가 마이크를 내게 들이댔다.

"어디서 왔어요?"

"이름은요?"

"메데인에는 어떤 일로?"

"축구를 좋아하나요?"

"콜롬비아 축구선수들에게 응원의 한 말씀 해주세요!"

방송 팀 덕분에 나는 경기장 밖에서 "비바, 콜롬비아!"를 한 번 크게 외쳤다. 더 이상 열여섯 살이 아니어도 되는 관계로, 주름이 잡히도록 활짝 웃으며.

따뜻함이
식을 새가 없다
El Peñón

엘 페뇬은 200미터 높이의 거대한 화강암 덩어리다. 이 바위 꼭대기에 올라가 내려다보면, 사방을 거대한 호수가 에워싸고 있고 거기 앙증맞은 섬들이 비정형으로 흩어져 있다. 그 풍광이 사랑스러워서 사람들을 엘 빼뇬_{흔히 엘 빼뇰로 잘못 알려져 있다}을 찾는다. 메데인 북부 버스터미널에서 시외버스를 타고 한 시간 반 정도면 이곳에 도착한다.

 월요일 아침, 우리가 탄 버스 안에는 애절한 보사노바가 흘렀다. 땅콩 장수 아저씨가 차에 올라타 "땅콩 사요, 땅콩 사"라고 중얼대는 운율과 신기하게 딱 맞아 떨어지는 음악이었다. 하늘은 비를 흩뿌렸다가 쨍하니 빛을 내려보내기를 반복했다. 보사노바의 리듬은 그 날씨와도 아주 잘 어울렸다.

콜롬비아에서 비 온 뒤 차를 타고 달리면, 정말 '떠남'이 '옳은 일'임을 실감하게 된다. 산 위에 낮게 깔린 구름 아래, 나는 초록색 수영복으로 갈아입고 물에 뛰어든 듯 전신에 꼭 들어맞는 촉촉한 싱그러움을 느끼게 된다. 싱그러움은 강력한 각성제처럼 온몸에 탄력을 불어넣는다. 그러면 갑자기, 스스로 생기와 긍정으로 가득 찬 사람이 되고, 그 순간 그 길 위에 존재하는 것도 옳은 일이 되어버린다. 삶의 많았던 우회들, 작은 성취나 작은 방황들, 만남과 이별들, 그 모든 것이 그 순간 나를 그 길에 있게 하기 위해 준비물처럼 존재했던, 의심할 여지없이 옳은 일들이 되어버리는 것이다. 자신을 열렬히 긍정할 수 있는 그런 뜨거운 순간은 살면서 자주 오지 않는다. 콜롬비아에서 비 온 뒤 차를 타지 않는다면.

유리창에 맺힌 빗방울들을 더듬는 동안 또 해가 떴다. 대로는 끝나고 구불구불한 길로 접어들었다. 시골이다. 호수가 보인다. 우리는 차에서 내려 언덕 위 거대한 바위 엘 페뇬으로 향했다. 저 위에 거대한 밥공기를 엎어놓은 듯 시커먼 바위가 보였다. 저 무게가 천만 톤 정도라지. 바위 꼭대기까지 올라가야 하는데, 아직 바위엔 도착도 안 했는데, 헉헉, 시작부터 숨찬 오르막이로구나. 나는 거대한 바위를 가리키며 중빈을 놀렸다.

"우리 저기 암벽등반으로 올라가야 돼."

"농담도 재밌게 하셔."

이젠 잘 속지 않지만, 그래도 살짝 얼굴에 긴장이 어린다. 조금 더 가까이 가자, 바위의 가운데에 수직으로 갈라진 틈이 보였다. 틈은 지그재그 형태의 콘크리트 계단으로 메워져 있었다. 마치 재건축 직전의 낡은 아파트 비상용 계단처럼 흉측하게.

"아무리 잘 안 보이는 틈이지만, 영험한 바위를 저렇게 망쳐놔도 되는 거야? 여기서 보니까 꼭 엄마가 바느질로 꿰매놓은 것 같잖아."

푸하하, 아이가 웃었다. 내 비뚤비뚤 바느질 솜씨는 유명하다. 아이는 어쨌든 계단의 존재에 안도한 눈치였다.

"저 계단이 모두 몇 개라더라? 우리 세면서 올라가볼까?"

"그래!"

"스페인어로?"

"으악, 엄마! 그럼 난 아마 죽고 말 거야!"

입장료를 내고 계단을 오르기 시작했다. 중빈은 정말로 계단을 세기 시작했다. 물론 한국어로. 조금씩 위로 올라갈수록 섬들의 윤곽이 더 분명해졌다. 풍경은 그만큼 더 멋져졌다. 사실 저 호수는 페뇰 구아타페 수력발전소 때문에 생긴 드넓은 인공호라고 한다.

"중빈아, 농담이었어. 계단 같은 건 세지 말고 풍경을 좀 봐."

"아냐, 엄마, 우리 풍경 보지 말자. 그리고 꼭대기에 올라가서 깜짝 놀라자."

"좋아! 것도 재밌겠다."

점점 더 높아졌다. 슬쩍슬쩍 곁을 내려다보면 무서웠다. 바야흐로 못생긴 시멘트 계단의 실용성에 대해 실토하지 않을 수 없었다.

"이 계단 말이야. 앞뒤 꽉 막힌 콘크리트로 짓기 진짜 잘했다. 쇠나 나무로 슬림하게 만들었어 봐. 밑이 다 보일 거 아냐."

중간에 상행 계단과 하행 계단이 만나는 지점이 있었다. 중빈이 전혀 내려가고 싶지 않은 얼굴로 엄살을 부렸다.

"아이고 다리야. 엄마, 우리 여기서 그냥 내려갈까?"

"그럼 엄마가 평생을 두고 얘기하겠지. (늙은 목소리로) 얘야, 그때 엘 페논에서 너 때문에 정상을 코앞에 두고 내려왔잖니……."

"맞아 맞아. 정말 괴롭겠다."

"(늙은 목소리로) 이제 늙은 에미가 죽기 전에 거길 올라가 보는 게 마지막 소원이란다. 엄마를 좀 업고 올라가주련?"

"난 엄마 안 업는 게 소원입니다! 지금 바로 올라갑시다!"

중빈은 톰에게 쫓기는 제리처럼 후다닥 계단을 오르기 시작했다.

"난 와이나픽추 때처럼 힘나는데? 엄마도 빨리 좀 와."

아이와 반대로 내 속도는 점점 느려졌다. 마침내 중빈은 보이지 않았다. 계단 중간에 커플들이 서 있으면 반드시 진하게 '쪽쪽' 소리가 났다.

드디어 정상. 어김없이 한 쌍의 연인들이 오붓하게 사랑에 빠져 있었다. 하지만 우리는 분위기 팍팍 깨며 "우와!" "크아!"를 연발하지 않을 수 없었다. 저 아래 새파란 호수와 수많은 섬들! 그 풍경이 어땠느냐고 묻는다면, 나는 허술한 힌트 몇 개를 드리기보다 차라리 이렇게 대답하겠다.

"꼭, 꼭, 연인과 함께 올라가세요."

참, 계단에 대한 힌트는 드릴 수 있다. 아주 구체적으로.

649개였다.

돌아오는 버스를 기다리는데, 하얀 중절모를 쓴 콜롬비아 할아버지가 우리 앞에 낡은 자동차를 세웠다. 어디서 왔느냐, 엘 페뇬은 어땠느냐, 질문한 후에 중빈을 감싸 안더니 조수석을 열었다.

"여기서 기다리렴."

계단이 649개나 되는 동네 명물을 구경하느라 다리가 아팠을 꼬마 손님에 대한 배려였다. 중빈은 '이게 웬 횡재인가' 어리둥절한 채 특급친절을 받았다. 그리고 할아버지와 내가 길가에 서 있는 동안 멀뚱멀뚱 왕자님처럼 조수석에 앉아 있었다.

우리가 탈 버스보다, 할머니가 탄 버스가 먼저 왔다. 할아버지는 할머니가 버스에서 내리자마자 다정하게 '쪽' 뽀뽀했다. 그리고 짐을 받아 트렁크에 실었다. 아이가 차에서 내렸고 두 어르신이 자동차에 올랐다. 우리는 차가 보이지 않을 때까지 손을 흔들었다.

뒤이어 메데인으로 가는 버스가 왔다. 우리가 자리 잡고 앉은 뒤 몇 정거장 지나지 않아, 두 갈래로 머리를 깜찍하게 묶은 네댓 살짜리 여자아이가 올라탔다. 중빈이 나를 쳐다보았다.

"엄마가 안아주지?"

내가 자리에서 손을 내밀자, 여자아이가 냉큼 팔을 뻗었다. 이름은 타마라. 꽁꽁 묶은 머리가 단단했다. 타마라는 방심한 채 내 손 위에 자신의 작고 부드러운 손을 올렸다. 다른 손에는 귤을 쥐고 있었다. 야무지게 껍질을 벗기더니 오목조목 알차게 씹어 먹었다. 다 먹은 끈적한 손을 내 바지에 문질러 닦고는 생긋 웃는다. 오래 알고 지낸 이모에게처럼. 버스가 조금 더 달리고 타마라가 이내 끄덕끄덕 고개를 흔들었다. 내 어깨에 머리를 놓아주니 편히 잠이 들어버렸다.

밖에는 어둠과 함께 또다시 비가 내렸다. 나는 생각했다. 이것은 무슨 신비일까? 처음 보는 사람과 사람이, 한 번 보고 말 사람과 사람이, 문을 열어준다. 앉게 해주고 안아준다. 팔을 벌리고 쉬게 해준다. 손을 잡아주고 잠들게 해준다. 내가 받은 체온이 다시 다른 이에게로 옮아간다. 따뜻함이 식을 새가 없다. 호주머니에 손을 넣은 채로 주저할 새가 없다. 이 신비한 곳의 배경음악은 '쪽쪽'이다. 나는 모락모락 솟아오르는 아이의 달큰한 살내를 맡으며, 신비의 비밀을 끝끝내 밝히지 못하더라도 그저 머물고 싶다는 생각을 했다.

비슷한 마음의 기류 속에서 중빈이 제안했다.

"엄마, 좀 깜깜하지만, 우리 산토 도밍고 들렀다 가자."

"응? 비도 오는데……."

"젖으면 되지!"

"그래. 그러자."

콜롬비아,
그 폭력의 뿌리

콜롬비아에 머무는 시간이 길어질수록 나는 굉장히 궁금해졌다. 남미를 여행하는 사람들 가운데에는 치안 문제로 콜롬비아를 건너뛰는 사람이 많다. 하지만 콜롬비아를 거친 여행자 중에는 남미 최고의 나라로 콜롬비아를 꼽는 이들이 많다. 이유는 한 가지.

'사랑이 넘치는 사람들!'

이처럼 사랑이 많은 사람들이 어째서 이토록 불안한 치안 속에서 살아가는가? 역사의 어느 부위와 아픈 화학작용을 일으켜서, 도시에서는 항시 철문을 걸어 잠그거나 밤마다 동물우리처럼 철창을 내리고 살며 곳곳에 군인과 경찰이 깔려 있는가? 남미의 치안은 어느 곳이나 안심할 수 없는 수준이기는 하다. 정치가 불안정하고 빈부차가 크니 당연하다고 할 수 있을 것이다. 그러나 알려진 바와 같이 콜롬비아는 그중에서도 유난했다. 나는 마치 이상한 나라에 당도한 앨리스 같았다. 생기와 활력과 열정이 넘치는 땅에 도착했다. 사람들은 모두 친절하고 다정할 뿐 아니라, 서로 심하게 물고 빨아서 시선을 어디다 두어야 할지 모를 지경이다. 그런데 이들이 보이지 않는 곳에서 서로를 해치고 물건을 탐한다고 한다. 총을 쏘거나 납치를 하거나 폭탄을 터뜨리는 일도 흔하다고 한다. 출근시간 공공건물에서는 방문객들이 건물 입구에서 금속탐지기를 통과한 뒤 사진 촬영과 지문 채취에 응해야 한다. 주차장에서는 폭발물 탐지견과 검색요원이 진입 차량을 하나씩 검색한다. 그런데도 아직까지 연간 1만 5,000건가량의 살인사건이 발생한다고 한다. 사람들은 앨리스에게 경고한다. 너도 당할 수 있으니 조심하라고. 왜 이렇게 되었을까? 하버드 리뷰 「리비스타」에 실린 '콜롬비아의 폭력의 뿌리'라는 하버드대 교수 존 H. 코츠워드의 글에서 일부를 번역, 발췌해보면 다음과 같다.

　콜롬비아는 역사의 대부분이 피로 얼룩진 곳이다. 현재 겪고 있는 갈등도 기간 면에서 보나 사망자 면에서 보나 새로울 것이 없다.
　1820년대부터 반세기 동안 이어진 내전으로 사망한 콜롬비아인들은 약 35,000명이다. 20세기는 '천일전쟁'으로 시작되어 약 10만 명의 사상자를 냈다. 1948년부터 16년간은 '폭력의 시대'라 불리는 기간으로서 20만 명가량이 살상되었다. 1980년대에는 '마약과의 전쟁'으로, 1990년대에는 늘어나는 게릴라전으로 5만 명 이상이 사망했다. 이 정도의 인명피해는 20세기에도 드문 숫자이다. 지난 2세기 동안 남반구 전체를 통틀어 가장 폭력적인 역사로 손꼽힐 만하다.

왜 콜롬비아는 이토록 강도 높은 폭력으로 고통 받았는가? 역사학자들은 두 가지를 원인으로 든다. 하나는 콜롬비아가 극도로 복잡한 지형을 지녔다는 것이다. 세 개의 큰 산맥으로 나뉜 가운데 그 사이사이에 분리되어 들어앉은 지역들은 20세기에 진입할 때까지도 '국적 없이' 고유의 문화를 지니면서 지역감정을 극복하지 못했다. 또 다른 이유로는 효과적인 제도와 이를 집행하는 정부의 부재를 들 수 있다. 이 두 가지 요인이 맞물려 기본적인 시민권이나 재산권에 대한 제도가 자리를 잡지 못했으며, 나아가 이것이 폭력을 부추겼다. 약한 정부를 대신하여 스스로를 지키려는 자경단, 거대지주가 고용한 사설경찰, 공동체 방어조직, 지역 마피아, 족벌 등이 성장하면서 서로 대립했던 것이다.

그런데 유독 콜롬비아에서만 무법과 무국적 상태가 오래 지속된 이유는 무엇일까? 첫 번째 이유는 앞에서 언급한 지형이다. 제대로 된 정부가 최소한의 경찰력이나 사법제도, 학교 등의 공공서비스를 전국 곳곳에 제공하는 데에 다른 나라들보다 더 많은 비용이 들었다. 두 번째 이유는 콜롬비아의 특이한 정치제도이다. 콜롬비아는 자유당과 보수당, 이 두 정당이 정부의 할 일을 대신하는 방식으로 대립하고 발전해왔다.

콜롬비아의 역사에서 지역 폭력은 항상 이 당파간의 다툼과 연관되어 있었다. 1991년 헌법 이전까지, 그러니까 20세기 거의 내내 콜롬비아는 대통령에게 '모든' 지역의 기관 간부들을 임명할 권리를 부여했다. 그 결과 보고타에서 임명받고 파견된 수장과 내내 지역민이었던 조직원들 사이에 끔찍한 대립이 끊이지 않았다. 보고타에서 파견된 이들은 다툼에 휘말려 간신히 중심 도시만을 돌보기에도 바빴다. 중심에서 벗어난 지역들은 무정부

상태나 다름없었다. 이런 곳에선 자유당과 보수당으로 분열된 세력들이 서로 주도권을 잡기 위해 싸웠다. 이들은 저마다의 배타적인 영토를 수호했고 여기서 정부의 법은 무효했다. 이 국경 아닌 국경들이 오늘날 그대로 무장게릴라들의 활동영역과 일치하는 것이다.

1980년대 마약과의 전쟁이 있은 결과, 마약 카르텔은 깨어졌고 1991년 새 헌법에서 각 지역의 수장들을 대통령 임명이 아닌 지역 '선거'로 선출하게 되었다. 그러나 이 헌법은 힘을 발휘하지 못했다. 마약 전쟁 기간 동안에는 반정부 테러 단체들이 판사와 검사까지 죽이고 비행기를 폭파하는 일도 서슴지 않았는데, 그 무시무시한 결과로 재판부와 사법제도가 거의 전멸해 버렸던 것이다. 무법천지 상태에서 납치, 총기살인, 테러가 90년대를 휩쓸었다. 국가의 유력 대통령 후보가 납치되는 사건마저 벌어졌다.

거대 게릴라 조직인 FARC콜롬비아 무장혁명군와 ENL민족해방군은 정부가 제시한 평화협상안에 진지하게 응하지 않았다. 오히려 협상에 응하고 스스로 무장해제한 게릴라들을 암살했다. FARC와 ENL은 기존의 마약 카르텔이 깨어진 틈을 타 새로운 마약생산자들과 손잡고 더 비싼 무기들로 무장했다. 우익인사들 역시 전보다 더 왕성하게 마약에서 나온 이득을 챙겼다. 보다 못한 국민들이 2000년부터 자유의 상징인 시몬 볼리바르 광장에서 지속적으로 테러·납치 반대운동을 벌였다.

그러나 중빈과 내가 보고타에 들어가기 불과 20일 전에도 단 하루 동안 7건의 폭파 테러가 보고타에서 발생했다. 그리고 우리가 콜롬비아를 떠난 지 불과 4일 뒤인 2010년 9월 23일 콜롬비아 무장혁명군 FARC의 2인자이자 야전사령관인 호르헤 브리세노가 정부군의 대대적인 공격 속에 사망했다. 정부가 발표하는 범죄지표가 지난 10년간 꾸준히 하향곡선을 그려왔다고는 해도, 또 여행자로서의 내가 그 심각성을 제대로 느끼지 못했다고 해도, 콜롬비아는 여전히 그렇게 폭력이 실재하는 곳이다.

    호르헤 브리세뇨의 죽음으로써 FARC는 치명타를 입었다. 반군의 최대 수입원이던 코카인 재배면적이 매년 줄어들고 있는데다, 두 번째 수입원이었던 납치와 유괴도 90퍼센트 가까이 줄어들었다. 새 대통령 후안 마누엘 산토스는 자랑스럽게 발표했다.

    "콜롬비아 테러의 상징이었던 반군 지도자가 죽었다. 콜롬비아는 남은 반군들에 대해서도 끝까지 격퇴할 것이며, 경계를 늦추지 않을 것이다."

    반군의 세력이 꺾인 후 콜롬비아의 치안은 상당히 좋아졌다고 한다. 실제로 콜롬비아를 여행한 이들은 말한다. 치안에 대한 경각심이 높기 때문에 대도시에서는 곳곳에 경찰과 군인이 깔려 있어, 소매치기나 절도 등 여행자들이 흔하게 노출되어 있는 범죄에 대해서는 오히려 다른 곳보다 안전하게 느껴졌다고.

    위험은 곳곳에 도사리고 있다. 경부고속도로에서 교통사고로 죽을 수도, 뉴욕을 여행하다 고층빌딩이 잿더미가 될 수도 있다. 이도 저도 시도하지 않고 방 안에 스스로를 가두다 심각한 우울증에 걸릴 수도 있다. 현대사회에서 위험에 대한 정의는 복잡해졌다. 사실상 안전하다고 장담할 수 있는 곳도 사라졌다. 다만 예나 지금이나 변함없는 건, 신중한 준비와 처신이 필수라는 것, 그리고 이것은 언제 어디서나 도움이 된다는 것 정도일 것이다.

최고의 바리스타가
건네준 에스프레소

Manizales

아침 아홉 시, 호스텔을 통해 투어를 예약한 커피농장의 트럭이 우리를 픽업하러 왔다. 메데인에서 다섯 시간 거리인 이곳 마니살레스에는 커피농장 투어를 위해 왔다. 콜롬비아의 커피농장이라! 생각만 해도 향기로웠다. 어제 버스로 이곳에 오는 동안, 구불구불한 산길 양편으로는 온통 참하게 경작된 커피밭 천지였다. 오, 좋아 좋아.

트럭에는 두 명의 동양인 남녀가 먼저 타고 있었다. 남학생이 우리를 보더니 조금 망설이다 "안녕하세요!"라고 인사했다. 중빈이 광복을 맞이한 조선인처럼 반갑게 부르짖었다.

"엄마, 한국 사람이야!!! 한국 사람!!!"

콜롬비아에 교환학생으로 온 대학생들이었다. 놀라기는 우리보다 학생들이 더 놀란 것 같았다. 여기서 한국인 꼬맹이를 만나게 될 줄이야. 남학생이 한국에 쌍둥이 여동생이 있다는 말을 하자, 중빈이 좋아라했다.

"그럼 어렸을 때 괴롭히느라 굉장히 재미있었겠네요."

형이 같은 수준으로 받아주었다.

"너 뭘 좀 아는구나. 나 엄마한테 많이 맞았다."

키득키득. 차 안의 분위기는 한껏 고조되었다. 잠시 후 트럭이 또 다른 호스텔 앞에 멈춰 섰다. 이번에는 캐나다 남성 두 명. 한 명은 키가 몹시 커서 트럭의 남은 공간에 다리를 접어 넣는 것도 힘들어보였다.

"저런, 키 작은 사람이 좋을 때도 있다는 게 위로가 되네요."

내 말에 금발의 캐나다 남자가 무릎을 턱밑까지 올리며 사람 좋은 미소를 지었다.

"맞아요. 가끔은, 공평해야죠."

그들은 3개국을 여행할 예정이었지만, 6주째 콜롬비아만 여행 중이라고 했다. 물론, 그 이유를 묻지 않아도 알 것 같다. 중빈이 통성명도 하기 전에 성급하게 외쳤다.

"난 벌써 네 명의 캐나다 친구가 생겼어!"

축구 경기를 보러 갔던 프랜시스와 아드리아나까지 셈에 넣은 것이다. 방방 뛰는 아이 만큼이나 나도 이 순간을 좋아한다. 투어를 앞둔 아침, 차 안에는 차갑고 신선한 공기가 흐르고, 그 공기 못지않게 신선한 사람들을 만나 새로 알아가는 순간. 모두가 다가올 일들에 한껏 부풀어 풍선처럼 가벼운 미소를 교환하는 순간을.

차는 마니살레스 시내에서 벗어나 외곽을 조금 달린 후 갑자기 숲 사이로 난 샛길로 빠졌다. 녹음에 둘러싸인 비포장도로였다. 모두 쿵쾅쿵쾅 엉덩방아를 찧는 동안 베네시아 농장입구에 다다랐다. 뜻밖에도, 멋진 별장 안채에 수영장까지 딸린 농장이었다. 농장 매니저인 알렉스가 나타나 인사를 건넸다. 그리고 우리와 투어를 함께할 아르헨티나인 로드리고를 소개했다. 로드리고는 베네시아 농장에서 머무는 투숙객이자, 부에노스아이레스에서 카페를 운영하는 바리스타라고 했다. 알렉스는 이 별장에서 원한다면 숙박은 물론, 수영을 하고 가도 좋다고 했다. 중빈이 수영이란 말에 강아지처럼 침을 흘렸다. 사실 녀석은 오늘 염불보다 잿밥에 훨씬 관심이 많았다.

"도대체 커피 같이 구역질나는 걸 왜 먹는지 모르겠어. 쓰고, 뜨겁고. 차라리 돼지비계를 뜯어먹는 편이 덜 괴로울 텐데."

그리하여 알렉스가 향기로운 커핑cupping실로 일행을 안내한 뒤 커피의 역사에 대해 간단한 브리핑을 시작하자마자, 중빈은 긴한 질문이 있는 사람처럼 손을 번쩍 들고 기다렸다.

"JB, 우리 커피농장에 대해 질문이 있니?"

"네, 이 커피농장엔 핫초코도 있나요?"

알렉스의 난감한 표정 위로 일행들의 웃음이 깔렸다. 우리는 알렉스가 준 에스프레소를 마시며, 커피가 로스팅되는 걸 지켜보았다. 오오, 방 안에, 입안에 온통 커피로군. 밖에는 커피나무들이 무럭무럭 자라고 있고.

알렉스가 커핑실의 기구들과 그래프를 간단히 설명해주었다. 커피의 풍미를 분류해놓은 원형 그래프를 보니, 커피의 다양한 향 중에는 심지어 마늘, 양파, 오이 향까지가 포함되어 있다.

본격적인 야외 투어가 시작되었다. 첫 번째 커피밭에는 비닐봉지에 흙이 담겨 빽빽하게 줄을 서 있다. 커피모종들이다. 10주까지만 비닐봉지에서 자란다는데, 마침 푸른 싹이 돋지 않은 것들이라 멀리서 보면 연탄을 주르륵 늘어놓은 것 같다. 두 번째 커피밭은 7, 8개월 미만의 어린 묘목장이다. 아직 열매가 달리지 않은 파릇파릇한 녀석들이다. 심은 지 1년 반이 지나야 수확할 수 있는 커피 열매를 맺는다 한다. 외나무다리를 건너자 세 번째 커피밭이다. 열매를 맺고 있는 커피나무가 가득하다. 나무마다 앵두처럼 생긴 열매가 주렁주렁 매달려 있다. 노란색과 빨간색 두 가지인데 열매의 색과 품질은 무관하다고 한다. 하나를 따서 껍질째 먹어보니 진짜 앵두처럼 달달하다. 커피를 만들 때는 겉껍질을 벗기고 이 달달한 과육을 제거한 뒤에 건조시킨다. 그리고 다시 안쪽 껍질을 제거해야 로스팅할 수 있는 커피 빈이 된다.

알렉스는 아버지가 커피농장 관리인이었다고 했다. 덕분에 농장에서 태어나고 자랐단다. 콜롬비아 커피는 모두 손으로 수확한다. 기계를 사용해 대량으로 수확하는 브라질과 다른 점이고, 그래서 콜롬비아인들이 더 품질이 뛰어나다고 자부하는 이유이기도 하다.

"알렉스, 그럼 너도 어릴 때 커피를 땄겠네?"

"그럼."

"좋아서 한 거야?"

"아니, 안 하면 맞았어."

오늘 맞고 자란 귀한 아드님들 여럿 만나는구먼.

"그래도 내가 커피를 따서 번 돈은 내 용돈으로 쓸 수 있었어."

알렉스는 마니살레스에서 고등학교와 대학교를 졸업한 뒤 잠시 회사생활을 했다. 그러던 중 농장에 와달라는 제안을 받았고 망설임 없이 응했다 한다.

"여기 생활이 좋아?"

"당연하지. 한마디로 '쿨'이야! 신선한 공기와 향기로운 커피와 늘 함께 하잖아."

콜롬비아는 커피의 양대 산맥인 로부스타 커피와 아라비카 커피 중 고급 커피인 아라비카 커피만을 생산한다. 고도와 기후 등 자연환경의 영향이 크지만, 로부스타 커피의 생산을 금하는 '콜롬비아 커피생산자연합FNC'의 노력이 그에 못지않은 영향을 미쳤다. 오늘날 콜롬비아는 브라질, 베트남에 이어 세계 3위의 커피 생산국인데, 그 품질 면에서는 단연 1위로 인정받는다. 콜롬비아 커피생산자연합이라는 매우 깐깐하고도 특별한 조직이 농부들을 뒤에서 지켜주었기에 가능한 일이었다. 커피산지에 대한 이야기를 생생하게 전해주는 『테라로사 커피로드』이윤선 지음, 북하우스(2011)에서 콜롬비아 커피생산자연합에 대한 내용을 발췌, 요약해보면 다음과 같다.

콜롬비아 커피생산자연합은 무려 85년의 전통을 자랑하는 비영리기구이다. 콜롬비아에서 공식적으로 커피를 재배하는 농부는 약 55만 명이고 이 협회의 회원도 55만 명이다. 즉 모든 콜롬비아 농부가 회원인 셈이다. 처음 이 협회가 조직된 것은 요동치는 커피가격 때문이었다. 농부들은 커피 농사로 '안정된' 가계를 꾸리기 위해 이 단체를 만들었다.

이 단체의 특징을 잘 설명해주는 것 중 하나가 바로 대출제도이다. 커피는 수확할 때까지만 버티면 돈이 되는 작물이고 품질이 좋을수록 좋은 가격을 받는다. 문제는 대부분의 농가들이 수확 때까지 버틸 자금이 없다는 점이었다. 그래서 농부들은 대규모 농장주들에게 돈을 빌리곤 했는데 이런 돈은 금리가 매우 높았을 뿐 아니라, 커피 가격이 폭락하기라도 하면 농장을 빼앗기는 일마저 발생했다. 게다가 자금이 부족한 농가에서 수확한 커피를 도매상에게 헐값에 내다팔고, 양에만 신경 쓰다보니 품질이 떨어졌다. 이 악순환을 콜롬비아 커피생산자연합이 해결했다. 농부에게 '제로' 금리로 대출해주는 파격적인 제도를 만든 것. 대출금은 차차 도매상에게 팔아서 갚거나 심지어 커피로 갚을 수도 있게 한 것.

협회에서는 이런 대출자금 등을 각종 수익사업을 통해 마련한다. 돈 대신 받은 커피로 인스턴트커피를 제조하기도 하고, 후안 발데즈 커피숍도 운영한다. 후안 발데즈 커피숍은 전국 각지에 퍼진 프랜차이즈인데, 전 세계인이 '콜롬비아 커피' 하면 익히 떠올리는 캐릭터(콧수염에 모자를 쓰고 판초를 걸친 아저씨가 당나귀와 나란히 있는)가 바로 후안 발데즈 커피숍의 로고이다. 그만큼 콜롬비아 커피를 대표하는 존재가 된 것이다. 이러한 수익사업에서 나온 수익은 물론 농부들과 나누어 가지고 있다.

대출이나 수익 분배는 이 협회에서 하는 일의 일부에 지나지 않는다. 그 외에도 농부 개개인이 하기 어려운 과학적인 리서치를 진행하고, 커피 재배에 필요한 신기술을 도입하며, 구매자나 정부, 은행을 상대로 '막강한 힘'을 행사한다. 연합의 보호 속에서 농부들은 좋은 커피를 재배하는 데에만 집중할 수 있는 것이다. '지속가능한' 윈윈 전략인 셈이다.

이번에는 가공시설을 둘러보기 위해 이동했다. 소박했다. 콜롬비아에서는 대부분 소규모 농장에서 일일이 수작업으로, 최소한의 가공시설을 이용해 커피를 생산하고 있기 때문이다. 사실 커피 향을 기대하고 시설을 둘러보았다간 실망하게 된다. '열매를 씻고 과육을 벗기고 발효시킨 뒤 씻어 말리는 과정'인 만큼 과육이 상해가는 시금털털한 냄새가 진동한다. 비주얼도 산뜻하지 못하다.

반면, 저장소의 분위기는 기대 이상으로 매력적이었다. 생두들이 뜨거운 태양을 피해 시원한 지하 공간에서 자루 자루 포대에 담겨, 고요히 숨을 쉬고 있었다. 저장소의 조그만 창문으로는 옅은 빛이 스며들었다. 마치 성당이나 모스크에 들어섰을 때처럼 누구라도 절로 소리를 낮추고 속삭이게 되는 그런 경건함이 이방인들을 사로잡았다. 뜨거운 볕과 차가운 비의 나날들, 손으로 열매 하나하나를 매만진 사람들의 땀이 고스란히 느껴졌기 때문이다.

저장소에는 두 종류의 생두 더미가 있었다. 하나는 연둣빛과 노란빛이 도는 싱싱한 생두 더미였고, 다른 하나는 부서지거나 검게 변질된 생두 더미였다. 알렉스는 그것이 수출용과 내수용을 구분해놓은 것이라고 했다. 빛과 그림자. 부와 가난의 빛깔.

한국 남학생이 사뭇 충격 받은 얼굴로 알렉스에게 물어보았다.

"그럼 콜롬비아인들은 모두 나쁜 원두로만 커피를 마시나요?"

"대체로요. 하지만 후안 발데즈 커피숍 같은 데서는 좋은 등급의 원두를 사용해요. 콜롬비아 커피를 대표하는 브랜드니까요. 그런 곳에서 좋은 커피를 마실 수 있죠."

투어가 끝났다. 일행은 농장에서 점심을 먹고 한 차로 떠나기로 했다. 창밖으로 비가 촉촉이 내리는 동안, 농장의 안채에서는 음식 향기가 기분 좋게 퍼져 나갔다. 일행은 안채의 주방에 마련된 식탁에 둘러앉았다. 시작은 호박수프였다. 식사를 하는 동안 주로 로드리고가 대화를 이끌었다. 그는 바리스타답게 견학 중 열정적으로 알렉스에게 커피에 대한 질문을 던지곤 했는데, 그것과 똑같은 열정으로 캐나다 남자들에게 질문을 던졌다. 그들과 자신의 여행 동선 중 겹치는 곳을 언급하면서.

"오, 뉴질랜드? 정말이지 거기 여자들은 아름답지 않니?"

"스위스? 난 그곳 여자들이 끝내주는 미녀들이라고 생각해. 네 생각은 어때?"

두 캐나다 신사들은 로드리고의 '화제'를 조금 겸연쩍어했다. 여자도 있고 아이도 있는 자리였으니. 그러나 로드리고는 전혀 개의치 않는 듯했다. 캐나다 신사들이 화제를 음식으로 바꿔도 소용없었다.

"아, 그곳 음식 좋지! 여행하기 참 좋은 곳이야. 무엇보다, 여자들이 정말 예쁘잖아!"

신사들은 아예 로드리고가 가보지 않은 곳 얘기를 꺼냈다. 그러자 로드리고는 이렇게 물었다.

"그래? 거기 클럽 여자들은 어땠어?"

그쯤에서 나는 하하 소리 내 웃지 않을 수 없었다. 자신이 좋아하는 것 중 이성이 아주 큰 부분을 차지한다는 걸 굳이 감추지 않는 그가 솔직하고 열정적인 라티노의 전형으로 보였기 때문이다. 비단 여자뿐만이 아니었다. 로드리고는 누구에게나 불쑥 다가가는 사람이었다. 예를 들어, 중빈이 조금만 귀엽게 굴어도 입술을 쭉 내밀고 뽀뽀를 하는 식이니. 로드리고, 그대의 넘치는 사랑을 어이 주체할꼬?

그는 사랑 때문에 모험을 떠나야 했던 자신의 이야기를 들려주었다.

"나 스물여덟 살이야. 부에노스아이레스에서 라디오 오프닝 리포터를 했었지. 스포츠나 쇼 같은 프로 말이야. 그 일도 좋긴 했지만, 스물다섯 살 때 콜롬비아 여자를 만났어. 오, 콜롬비아 여자들은 너무나 예뻐. 그녀를 따라 콜롬비아에 왔다가 커피 맛을 보고는 바리스타가 되기로 결심했지. 여자 친구는 날 떠났지만, 결심은 남았어. 그래서 뉴질랜드로 날아가 바리스타 과정을 마쳤어. 다시 콜롬비아에 온 건, 이번엔 여자 때문이 아니야. 바리스타로서 커피밭과 커피 제조과정을 직접 보기 위해서야. 진짜야."

역시나 솔직하고 흥미로운 이야기였다. 내가 물어보았다.

"부에노스아이레스에 네 카페가 있다며? 아르헨티나의 바리스타 중에서 너처럼 커피농장으로 직접 견학을 오는 사람들이 많니?"

"아니. 거의 최초일 걸."

"멋진데. 진정한 바리스타라면 커피농장에 와 봐야겠지. 제대로야!"

"그렇게 생각해? 고마워. 부에노스아이레스 최고의 커피를 만드는 게 내 꿈이야. 첫 번째 콜롬비아 방문이 '함께' 하는 시간이었다면 지금은 나만의 시간인 거지."

"그래, 인생엔 견디는 시기와 누리는 시기가 있는 것 같아. 견딜 땐 제자리를 걷는 것 같아도 나중에 돌아보면 한 단계 점프하기 위해 그렇게 오래 서성였다는 걸 알게 될 때가 있지. 그런 날이 네게도 곧 오면 좋겠다."

"곧 올 거야. 지금으로서는…… 음…… 이 농장에 예쁜 여자만 있다면 더할 나위 없이 좋겠어."

모든 대화를 예쁜 여자로 마무리할 수 있는 것도 특별한 재주임엔 틀림없다. 식사 후 로드리고는 바리스타의 솜씨를 발휘해 정성스럽게 에스프레소를 뽑아주었다. 오, 이 넘치는 풍미라니. 아침나절에 알렉스가 만들어준 것과는 비교가 되지 않는구나.

"로드리고, 너는 부에노스아이레스 최고의 바리스타가 될 거야."

나는 로드리고가 만들어주는 진한 에스프레소를 석 잔이나 들이켰다. 그동안 중빈은 팬티 바람으로 캐나다 신사들과 함께 수영장에 뛰어들었다. 여전히 비가 내리고 있었으나, 어차피 젖은 몸, 세 남자는 전혀 개의치 않았다. 한국 대학생들도 정말 맛있다며 로드리고의 에스프레소를 연거푸 마셨다. 오늘 밤 마니살레스에 있는 세 한국인들, 잠은 다 갔다.

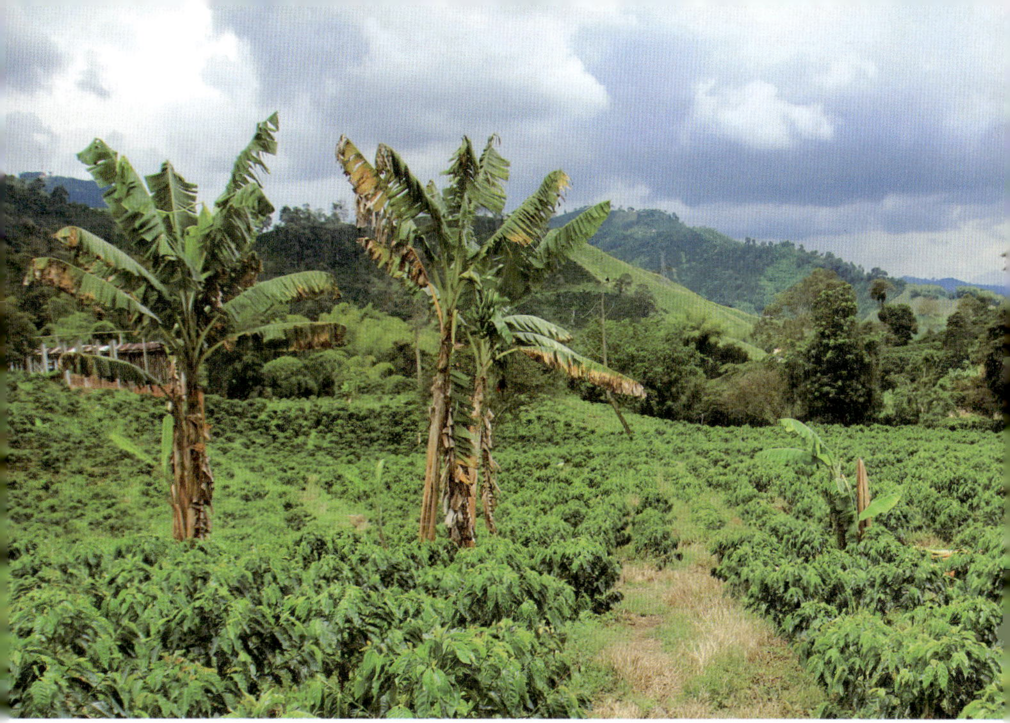

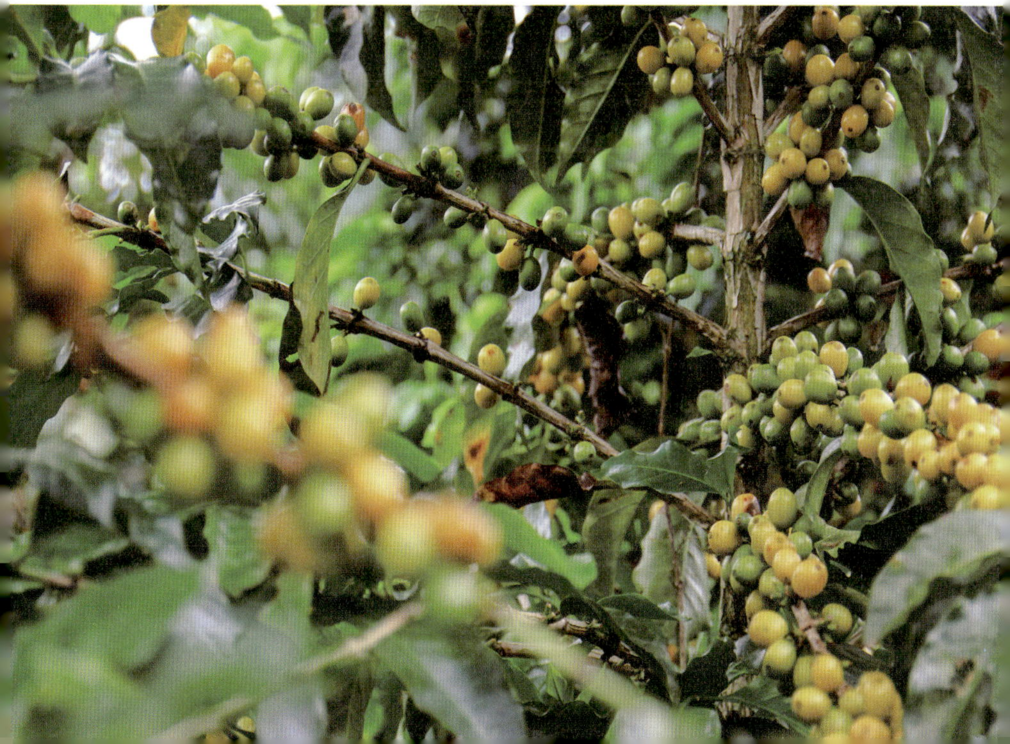

우리는 모두 착하고 평화로운 존재들
Ipiales

"여기에 가면 아름다운 성당이 있어요."

지도에 동그라미를 치며 그렇게 말했던 건, 볼리비아에서 한국인 4인조를 이뤘던 '진'이었다. 동그라미는 콜롬비아의 남쪽 국경 부근에 있었다. '이피알레스'란 이름이 선명했다. 콜롬비아에서도 가장 위험하다는 남부 국경 지역. 하지만 그곳에 가면 걸어서 에콰도르로 들어갈 수 있었다. 현지인들을 통해 알아보니, 국경 상황은 비교적 평화로웠다. 우리는 짐을 꾸렸다.

이피알레스로 가는 길은 아름다웠다. 아기자기한 봄의 손길이 안데스라는 거대한 스케치북을 만나 인간의 좁은 상상을 뛰어넘는 생명의 변주를 시작하고 있었다.

"엄마, 카메라 좀 이리 줘 봐."

"잠깐만, 엄마부터 좀 찍자."

우리는 차창에 붙어 앉아 다투듯 고개를 내밀고, 도로를 에워싼 산들을 구경했다. 웅장한 풍경화들을 이어 붙여서 두루마리처럼 산 위에 펼쳐놓은 것 같았다.

이피알레스는 아담하고 깨끗했다. 터미널 근처 여관에 짐을 풀고 밖으로 나왔을 때는 해가 질 시간이었다. 다음 날 아침 일찍 국경을 넘을 예정이었으므로, 조급한 마음에 택시를 잡아탔다.

"라스 라하스 성당이요!"

기사 아저씨가 당연히 그곳일 줄 알았다는 듯 씩 웃더니 차를 출발시켰다. 그런데 십 분이나 지났을까? 아저씨가 도로 한복판에 차를 세우고 우리보고 내리란다. 무슨 영문인가 묻자, 그가 자랑스러운 얼굴로 저 멀리를 가리켰다. 성당이었다! 그러니까 그가 차를 세운 곳은 멀리서 성당을 조망하고픈 사람들을 위한 전망대였던 것이다. 아저씨의 사려 깊은 서비스!

사실 라스 라하스 성당은 가까이서 보는 것만큼이나 멀리서 보는 것이 중요하다. 성당이 놀랍도록 특이한 위치에 있기 때문이다. 계곡과 계곡이 만나 푹 파인 가운데 지점에, 그것도 흐르는 계곡물을 끼고 양쪽 절벽을 연결하며 절묘하게 자리하고 있다. 성당의 아름다운 현신은 마치 지금까지 달려오며 내내 감탄했던 안데스의 풍경에 화룡정점을 찍는 듯했다.

"우와!"

우리는 화려한 리액션 명콤비, 누가 먼저랄 것도 없이 탄성을 질렀다. 그리고 또, 우와, 우와, 우와, 우와, 우와! 기사 아저씨가 매우 흡족한 표정으로 성당을 바라보았다. 성당은 이 특색 없는 작은 마을을 특별하게 만들어주는 마을 주민 모두의 자랑이었던 것이다.

택시로 조금 더 달려 계곡 입구에 도착했다. 세차게 흐르는 계곡물과 나란한 내리막길을 걸었다. 계곡의 바닥을 향해, 성당이 있는 곳까지. 마침내 웅장한 네오고딕 양식의 성당이 모습을 드러냈다.

"우와! 우와! 우와! 우와!"

우리는 '우와'를 또 열 번쯤 연발하면서 성당 안팎을 둘러보았다. 성당을 받치고 있는 축대 아래 계곡도 둘러보았다. '왜 저런 곳에 성당이 지어진 걸까?' 궁금해져서 자료를 뒤적여보았다.

1754년 데 키노네스 부인과 그녀의 청각장애인 딸 로사가 이피알레스 근방의 강가에 있는 동굴에서 폭풍을 피해 쉬고 있었다. 갑자기, 말을 못하는 로사가 외쳤다.

"엄마, 저 메스티소 여인이 아들을 안고 있는 걸 보세요!"

하지만 부인의 눈엔 아무것도 보이지 않았다. 며칠 뒤, 로사는 동굴 안쪽의 신비로운 환영 앞에 무릎을 꿇고 기도하고 있었다. 빛이 나는 성모와 아이의 환영이었다. 로사는 그대로 멈추지 않고 기도하였고 결국 기도하던 중 쓰러졌다. 엄마는 로사를 강가의, 그 환영 속 성모 발치에 데려다 놓았다. 성모가 아들을 통해 로사를 부활하게 하였다. 엄마는 기쁜 나머지 4마일이나 떨어진 이피알레스로 달려와, 잠들어 있는 모든 사람을 깨웠다. 사람들이 감동하여 교회 종을 울렸고, 바로 그 새벽에 함께 행진하여 동굴로 왔다. 동굴 바위벽에는 전에 없던 성모의 형상이 그려져 있었다. 그런데 물감이나 페인트로 그려진 것이 아니라, 신비롭게 새겨진 형상이었다. 바로 여기에 제단이 세워지고 성당이 지어져 오늘날의 라스 라하스 성당이 되었다.

라스 라하스 성당은 성당 자체뿐 아니라 그 일대가 이미 유명하고도 영험한 순례지가 되어 있었다. 기적이 일어났던 암벽은 물론, 인접 암벽들까지도 또 다른 기적을 염원하는 기도의 글귀들로 가득했다. 순례자들은 글귀를 명패 형태로 제작해 가져와 암벽에 박아놓았는데, 이미 수천 개의 명패가 빼곡하게 암벽을 메워 거대한 모자이크 작품이 되어 있었다.

어머니에게 기대어 있는 자식들처럼, '성당'이라는 거대한 기도에 기대어 모여 있는 그 작은 기도들을, 나는 천천히 걸으며 하나하나 읽어 내려갔다. 잘 알 수 없는 스페인어였음에도, 기도문들의 의미는 어렵지 않게 전달되었다. 사진과 그림이 보태졌기 때문이기도 했고, 모두가 사랑하는 이들의 행복과 성취와 평안을 기원하는 착한 말들이었기 때문이기도 했다.

기울어가는 볕이 마지막으로 기도문들 위에 내려앉았다. 기도문들은 사금파리처럼 옅게 반짝거렸다. 길어질 대로 길어진 행인들의 그림자가 오래된 보도 뒤에서 서로를 어루만졌다. 나는 문득 걸음을 멈췄다. 내가 온갖 아름다운 염원들의 숲에 들어와 있다는 것을 깨달았던 것이다. 이 숲에는 세상에 그토록 흔한 증오의 말이 하나도 없다. 원망이나 자책도 없다. 저마다 먼 곳까지 소중히 품고 와 심어놓고 간 나무 한 그루처럼, 기도문들이 모여 울창한 숲을 이루고 있다. 숲의 나무들이 합창하는 듯했다. 순하게 더불어 살아가고 싶다고. 사실 우리는 착하고 평화로운 존재들이라고. 다만 부족한 노력일랑 이 사랑의 편지들 무더기무더기 사이를 천천히 걸으며 다시 채우면 될 일이라고. 하나하나는 보잘것없는 기도이지만, 수천수만 그루가 숲이 되고 나니 웅장하고 감동적인 합창이었다.

사랑한다는 말을 많이 듣고 자란 아이는 무조건 사랑이 많은 아이가 된다. 감동적인 합창 속에서, 내게도 무조건적인 마음의 평화가 찾아왔다. 나는 아이에게 말했다.

"우리는 축복받은 여행자들인가보다. 오늘 정말 귀한 곳에 도착했구나. 착한 마음들이 모인 곳이야. 우리도 착한 기도를 올리자."

성당 아래를 흐르는 계곡물 위로 유유자적 비둘기 떼가 날았다. 해가 지고, 점점 더 많은 사람들이 성당으로 몰려들었다. 모두 초를 하나씩 들고 진지한 설렘 속에 어둠을 밝혔다. 그날은 공교롭게도 일 년에 한 번뿐인 축제가 있는 날이었던 것이다. 사제와 복사들이 성당 앞에서 마을 사람들과 웃으며 악수를 나누고 입장했다. 뒤이어 나무 들것에 성모 그림과 꽃장식이 실려 긴 촛불행렬과 함께 안으로 인도되었다. 스페인어 찬송이 시작되었다. 중빈은 마을 아이들에게 둘러싸인 채 성당 앞에서 공놀이를 하고 있었다. 나는 계곡물처럼 자연스레 촛불행렬 안으로 스며들었다. 사람들이 호기심과 미소로 반갑게 맞아주었다. 반달이 환한 밤이었다.

터미널 근처 여관은 눅눅하고 지저분했다. 게다가 투숙객은 우리뿐인 듯 콘크리트 건물 전체가 괴괴해서 조금 무섭기까지 했다. 아이가 자다 말고 내 침대로 기어들어왔다.

"엄마, 나 내 침대에서 벌레한테 엄청 많이 물렸어."

"이런, 우째 그 놈들이 울 강아지를 물어댔을꼬."

"불알도 물렸어."

"고약도 해라. 남의 집안 씨주머니를. 쯧쯧…… 근데 엄마도 아까부터 물린 데 긁고 있었다. 발바닥. 못 견디게 가려워."

"난 발등도 물렸어. 발등이 발바닥보다 더 가려워."

"아냐, 발등보다 발바닥이 훨씬 가려워."

"아냐, 발바닥보다 불알이 훨씬 가려워."

"음…… 그건 엄마가 모르겠다. 없어놔서."

"표현할 수 없을 정도야."

우리는 날이 밝자마자 가방을 싸들고 도망치듯 여관을 빠져나왔다. 시골 마을의 청량한 공기가 간밤의 찜찜함을 씻어주었다. 여관 옆에는 황량한 공터가 있었다. 그 공터 끝에 음식 수레가 보였다. 보아하니, 허름한 수레 옆 도로변에 택시가 두 대 세워져 있다. 오호, 기사식당이로군. 기사식당은 어디나 맛있지!

"중빈아, 우리 저기 가보자."

수레 앞에 놓인 나무 스툴 네 개는 이미 임자들이 차지하고 있었다. 메뉴는 딱 하나. 절절 끓는 검은 솥을 들여다보니 닭이다. 아싸, 삼계탕! 주인 할머니의 두툼한 손마디로 보나, 뒤에 걸린 국자의 우그러들고 그을린 관록으로 보나 맛이 없을 수 없다. 뜨거운 국물이 들어가자 아무 생각이 없어진다.

"중빈아, 한국에서는 맛있는 걸 보고 '둘이 먹다 하나가 죽어도 모를 맛'이라고 하잖아. 엄마는 콜롬비아식으로 이렇게 표현할란다. '먹다보면 불알 가려운 것도 잊는 맛'이다."

"아잇! 엄맛! 조용히햇! 창피하겟!"

우리는 두 그릇을 주문해서 한국인답게 밥을 말았다. 그리고 숙취를 푸는 해장국처럼, 여독을 푸는 마법의 수프로 들이켰다.

콜렉티보를 타고 국경마을 루미차카로 향했다. 우리 앞자리에 열여덟 살 된 아빠가 6개월 된 딸아이를 안고 있었다. 그렇게 방실방실 웃는 아기는 처음이었다. 마치 미소 짓기 위해 태어난 듯, 눈을 맞추는 모든 이들에게 예쁜 미소를 뿌려주었다. 어린 아빠의 얼굴에는 때 이르게 가정을 이루고 자식을 얻은 가장으로서의 의젓한 성취감이 어려 있었다. 아빠는 아기에게 뽀뽀를 하고 또 했다. 아빠가 뽀뽀를 하지 않는 동안에는 어린 엄마가 또 냉큼 뽀뽀를 했다. 그때마다 아기는 까르르까르르 어김없이 미소로 화답했다. 역시 국경을 넘기 전까지도 콜롬비아는 콜롬비아로군. 100미터 달릴 때마다 뽀뽀 한 번이라니.

중빈이 속삭였다.

"엄마, 저 애기 엄마는 열다섯 살밖에 안 된 것 같은데 애기를 낳았어. 그러니 얼마나 예쁠까?"

"그러게 말이야. 눈에 넣어도 안 아프겠다."

"여긴 왜 이렇게 일찍 결혼을 해?"

"시골에선 주로 농사를 지으니까, 고등교육을 많이 받지 않고 취직할 데도 많지 않아서 일찌감치 결혼해 아기를 낳아. 아기가 자라면 농사에 꼭 필요한 노동력이 되어주니까 여럿을 낳지."

앳된 아기 아빠는 우리를 향해 트로피처럼 자랑스럽게 아기를 들어올렸다. 그리고 또 한 번 통통한 뺨에 입을 맞췄다. 자식 자랑이 팔불출이라고? 천만에. 인생은 사랑을 표현하고 주고받기에도 짧은 나날들이다.

SINDICATO DE CARPINTEROS
DOCE DE OCTUBRE
DE LA CIUDAD DE IPIALES
EN SUS BODAS DE ORO 1939-1989
RINDE HOMENAJE A LA VIRGEN SANTISIMA
DE LAS LAJAS POR FAVORES RECIBIDOS
MADRE MIA DE LAS LAJAS
VERONICA
SINDICATO DE TRABAJADORES
LUSTRABOTAS DE PASTO
EN SUS TRES LUSTROS, RINDE
UN HOMENAJE DE AMOR Y
GRATITUD EN ACCIÓN DE GRACIAS
POR LOS FAVORES RECIBIDOS
A LA SANTISIMA VIRGEN DE LAS
LAJAS. EN SU VICITA.
PASTO - MAYO 1 DE 1986
ACCIÓN DE GRACIAS
A LA VIRGEN DE LAS LAJAS
A LA S. VIRGEN DE LAS LAJAS
Por Varios Milagros Recibidos
Sus devotos
Luis Tierpa y Familia
ASOCIACION SAN JOSE
RECUERDO DE GRATITUD
A LA STMA VIRGEN DE LAS LAJAS
POR SU INFINITA BONDAD
TU DEVOTA CARMEN LOZA DE NIENA
QUITO 9-1-1972
A NUESTRA Sra de las LAJAS
CON INMENSA GRATITUD POR
UN MILAGRO QUE HE RECIBIDO
ALBERTO MESIAS
AGRADECIDA DE TANTOS
FAVORES RECIBIDOS
MARINA DE AVENDAÑO
CARACAS VENEZUELA
A JESUS POR MARIA
RECUERDO DE LA FAMILIA
RAMOS CISNEROS
FEBRERO 18 DE 1963
RECUERDO A LA SANTISIMA
VIRGEN DE LAS LAJAS POR VA
RIOS MILAGROS QUE NOS HA
CONCEDIDO
MADRE DE LAS LAJAS
JAMAS SE BORRARA
GRADESCO A LA
SANTISIMA VIRGEN

여자아이들 하나하나가 다가와 뜨겁게 안겼다.
사랑이 고픈 아이들은 포옹을 하고도
또 줄을 서 다가오고 또 줄을 서 다가왔다.
나는 키 작은 인디오 아이들을 안고
곱게 땋아 내린 머리칼 위에 입을 맞추었다.
내 입술에 향기가 묻고, 땀이 묻고,
그들의 수프 내음이 묻었다.
다 좋았다.
부드럽고 사랑스러웠다.

ECUADOR

오, 에콰도르!
완전 맘에 들어
Tulcan

콜롬비아 쪽 출국사무소에서 도장을 받은 뒤, 다리를 건너 에콰도르 쪽 입국사무소에서 도장을 받았다. 환전상들이 들러붙었지만 긴장할 정도는 아니었다. 그래도 콜롬비아 돈 남은 것을 에콰도르 동전으로 바꿀 땐 최대한 정신을 붙들어 매야 했다. 에콰도르에서는 지폐는 미국 달러화를, 동전은 에콰도르 것을 사용한다. 남의 나라 지폐를 가져다 쓰다니, 왜 이렇게 되었을까?

에콰도르는 대대로 농업경제에 의존하던 나라였다. 그러나 석유가 발견된 뒤부터는 석유판매로 국고의 큰 부분을 채웠다. 1980년대 원유파동이 벌어지자, 당연히 국고에 큰 타격을 입게 되었는데, 여기 엎친 데 덮친 격으로 엘니뇨가 들이닥쳐 농업경제마저 큰 타격을 입었다. 경제가 휘청하니, 안 그래도 부패했던 정치가들이 제몫을 챙기는 데 더 연연하며 악순환이 지속되었다. 결국 에콰도르는 1990년대에 금융기관의 70퍼센트가 문을 닫는 끔찍한 재정위기에 처했다. 그리고 2000년, 보다 안정적인 통화를 확보한다는 명목 하에, 마우아드 대통령이 기존의 수크레화를 버리고 미국 달러화를 공식통화로 채택했다. 이 통화정책은 '당연히' 국민들과의 합의 없이 이루어졌다. 쿠데타가 일어났고 마우아드 대통령은 쫓겨났다. 그러나 후임이 전 대통령의 통화정책을 변화 없이 지지했다.

달러화를 공식통화로 채택한 뒤, 달러의 가치가 안정적인 만큼 에콰도르에서 화폐의 가치는 안정적이 되었다. 미친 듯한 인플레이션이 사라졌고 안정적인 통화 속에서 장기적인 경제계획을 세울 수 있게 되었다. 통화에 대한 불신 때문에 투자를 회피하던 외국기업들도 관심을 갖기 시작했다. 그러나 이 극약처방의 가장 큰 약점은 너무나 빤한 데 있었다. 에콰도르 정부가 통화에 관한 결정을 아무것도 내릴 수 없다는 것. 에콰도르 국익에 눈곱만큼도 관심 없는 미국 워싱턴에서 통화정책을 결정한다는 것. 그러니 과연 장기적인 경제계획을 세울 수 있게 되었다손 치더라도 제대로 실현할 수 있겠는가. 수크레든 달러든, 에콰도르는 턱없이 부족한 인프라, 넘치는 외채, 부패한 정치로 지속적인 고통을 받아왔다.

이러한 에콰도르의 현대사에서 반드시 짚고 넘어가야 할 인물은 현직 대통령 '코레아'일 것이다. 오늘날 에콰도르의 희망이 코레아의 행보에 달려 있다고 해도 과언이 아닐 정도이다. 라파엘 코레아는 쿠바의 카스트로, 베네수엘라의 차베스와 함께 중남미의 3대 반미 지도자로 꼽힌다. 1963년생으로 에콰도르, 벨기에, 미국 등지에서 경제학을 공부했다. 2007년 대통령으로 취임한 그는 기존 에콰도르 정치인들이 정권을 장악하자마자 일족의 재산을 늘리기 위해 나라의 자원을 외국에 팔아먹었던 것과 정반대로, '에콰도르의 국채는 부패한 정권들이 불법으로 계약해서 발생한 추악한 부채이므로 국민들이 갚을 의무가 없다'고 선언해버렸다. 그리고 국제재판소까지 이 문제를 끌고 가 국채를 60퍼센트 이상 탕감하는 데 성공했다. 현재 그는 재선에 승리하여 연임 중이며, 그의 강력한 행보는 에콰도르의 가난과 실업을 줄이는 데 기여한 것으로 평가받고 있다.

에콰도르 땅에서의 첫발은 예상보다 순조로웠다. 국경에 있는 사람들이 묻지 않아도 알아서 가르쳐주었다.

"툴칸 갈 거지?"

"저리 건너가."

"콜렉티보를 타."

툴칸 터미널에 도착했다. 다시 키가 작고 머리가 큰 인디오의 체형이 많아졌다. 선 굵은 인디오 얼굴과 옷차림도. 잉카의 후손들답다. 앞서 페루 편에서 쿠스코가 스페인들에게 함락되었던 이야기를 자세히 인용한 바 있다. 그때 스페인군에게 생포되어 비극적인 최후를 맞았던 잉카의 황제 아타우알파가 원래는 당시 잉카 영토의 북부였던 이 지역 담당이었다. 영토의 남부인 쿠스코 일대는 이복동생 와스카르가 다스리고 있었는데, 아버지인 황제 와이나 카팍이 죽자, 아타우알파가 동생을 치고 남부를 차지한 뒤 스스로 황제가 되었던 것이다. 물론 얼마 되지 않아 스페인의 포로로 전락했지만.

툴칸 터미널에서는 대도시로 연결하는 버스들이 출발했다.

"오타발로 갈 거야?"

"저 버스를 타."

"아이는 좀 깎아줄게."

알아서 깎아주고 알아서 짐을 실어준다. 앉아 있자니, 또 '알아서' 상인들이 순서대로 들어온다.

"뜨거운 엔파나다요!"

"차고 달콤한 요구르트요!"

"DVD 사요!"

설 때마다 새로 타는 승객 수보다 더 많은 상인들이 바구니를 들고 들어온다.

"감자요! 소시지도 있어요!"

"귤 사세요!"

"방금 삶은 옥수수요!"

나는 감동했다.

"와, 엄마는 에콰도르가 완전 맘에 든다."

뜨거운 옥수수와 엔파나다로 점심을 때웠다. 물가가 콜롬비아보다 30퍼센트 정도는 싸진 것 같다. 더불어 사용하는 돈도 지폐에서 동전 위주로 바뀌었다. 내가 새 돈의 단위에 적응을 못하자, 어여쁜 엔파나다 아가씨가 생긋 웃으며 내 손에서 양심적으로 동전을 집어갔다. 방금 콜롬비아를 벗어난 우리에게 에콰도르의 첫인상은 투박하고 정겨웠다.

버스가 출발한 지 얼마 지나지 않아 경찰이 올라탔다. 어찌된 영문인지 나와 페루 아가씨를 지목하더니 내리라고 명령했다. 여권을 검사하고 가방을 열더니 옷을 다 뒤집었다. 봉지에 담긴 것은 일일이 열어보았다. 거기까지도 참을 만했다. 신라면 봉지를 터뜨려 냄새를 맡기 전까진! 분노가 폭풍처럼 몰아쳤다. 차라리 여권을 찢지, 하필이면, 어째서, 우리가 한국에서부터 딱 다섯 개를 들고 와 목숨처럼 아끼고 아껴둔 마지막 라면을 찢니? 내가 경찰에게 영어와 스페인어 '딱 한마디'를 섞어 대들었다. 아니, 어쩌면, 울부짖었다.

"니뇨어린이랑 다니는 거 안 보여요? 니뇨 데리고 나쁜 짓을 하면 뭘 한다고 이렇게 음식까지 찢고 난리예요?"

옆에 있던 페루 아가씨도 경찰이 핸드백을 뒤집어 짜증이 나 있던 터였다. 어리둥절한 경찰에게 내 역성을 들어 '창조적으로' 통역했다.

"이게 니뇨가 먹을 음식인데 그렇게 뜯어놓으면 니뇨가 어떻게 먹느냐고 하잖아요!"

애한테 음식 먹인다는 에미를 이길 경찰은 없다. 그는 매우 무안한 얼굴이 되었다. 나는 북북 소리 나게 가방 지퍼를 닫고 버스에 올라탔다. 그제야 사태를 눈치 챈 중빈이 분노의 후폭풍을 몰아쳤다.

"뭐라고!!! 저 아저씨가 우리 라면을 뜯었다고!!!"

장터의 아이들이
던진 질문
Otavalo

에콰도르의 오타발로는 장터를 좋아하는 사람이라면 건너뛸 수 없는 곳이다. 남미 최대의 '인디오 장'이 서는 곳이기 때문이다. 장이 서는 주말이면 에콰도르 전역에서 몰려든 인디오 행상들이 오타발로 시내 중심가에서부터 골목골목 보따리를 풀기 시작해, 주택가 골목까지 장사진을 이룬다. 이 장터는 잉카문명이 시작되기 전부터 존재했다고 한다. 에콰도르 동부의 저지대에서 정글 생산품을 들고 온 사람들과 고원지대에서 특산품을 들고 내려온 사람들이 서로 물물교환을 했던 곳이다. 오늘날 이 장터에는 가축과 식료품 등을 사는 지역민과 공예품을 쇼핑하는 관광객, 대체로 두 부류의 사람들이 모인다.

우리가 오타발로에 도착한 것은 마침 토요일 오후였다. 얼른 가방을 내려놓고 장터로 직행하기 위해 숙소부터 잡았다. 호텔 리비에라 수크레. 스페인 전통가옥으로서 그동안 묵었던 어떤 숙소와도 비교할 수 없이 우아하고 아름다웠다. 묵직한 나무 대문을 열고 들어가면 고요한 중정에 석조분수와 해먹이 있었다. 중정의 한 켠에 있는 나무계단을 따라 2층으로 올라가면 ㄷ자로 나란한 방들이 중정을 내려다보고 있었다. 1층에는 TV룸, 인터넷룸, 주방 등의 편의시설이 있었는데 이를 지나면 뒤뜰로 통했다. 우리는 TV룸부터 들여다보았다. 잿빛 벨벳 소파와 장작이 벌겋게 타는 벽난로, 그 옆에는 영어책 서가가 있었다. 그동안 집에서 가져온 다섯 권의 책을 달달 욀 정도로 읽고 또 읽었던 중빈은 만세를 불렀다. 인터넷룸에는, 그 멋없는 현대식 이름과 전혀 걸맞지 않게 세월의 기품을 머금은 고가구들이 가득했다. 투숙객 한 명이 컴퓨터와는 전혀 어울리지 않는, 옛 귀족들이나 앉았을 법한 등 높은 마호가니 의자에 앉아 마우스를 꿈적거리는 기묘한 장면을 연출하고 있었다. 넓은 뒤뜰로 나서자 꽃나무가 바람에 출렁거렸다. 물가가 저렴해진 건 진즉에 피부로 느끼고 있었지만, 창문마다 흰 레이스 커튼에 나무 덧문까지 완벽한 그곳의 방이 고작 18달러라는 것은 실로 감동이었다. 나는 오타발로에서만큼은 호스텔이 아닌, 리비에라 수크레 '호텔'에 묵기로 결정했다.

숙소를 나서니, 길이고 공원이고 할 것 없이 곧바로 장터였다. 장터의 남자들은 대부분 일상복을 입고 있었지만 머리만큼은 조선시대 총각들처럼 길게 땋아 내린 전통 인디오 머리를 하고 있었다. 여자들은 길게 땋아 내린 머리뿐 아니라, 의상까지도 전통복이었다. 주름을 잔뜩 넣어 어깨를 부풀린 눈처럼 흰 블라우스. 블라우스의 목과 소매에는 풍성한 레이스가 달렸고,

가슴팍에는 한 줄로 수를 놓았다. 여기에 발목까지 오는 검정 랩스커트로 짝을 맞췄는데, 화려한 문양의 띠를 허리에 묶어 전체적인 색감을 살렸다. 가장 화려한 포인트는 목걸이였다. 수 겹에서 수십 겹까지 반짝이는 금줄을 목에 늘어뜨리는 것이다. 신발은 남녀 공히 발레리나의 토슈즈와 흡사한 검정 혹은 흰색 천 샌들을 신고 있었다. 족히 백 년은 타임머신을 타고 과거로 온 것 같다.

골목을 꺾어 돌면 싱싱한 푸성귀들이 좌판에 널렸다. 다시 골목을 꺾어 돌면 인디오 여인이 등에 아기를 업은 채 차분하게 블라우스에 수를 놓고 있었다. 그녀의 또 다른 아이 둘은 블라우스가 쌓인 수레 아래에서 눈에 띄지도 않을 만큼 얌전하게 시간을 보냈다. 그들 곁 부스에는 잘생긴 청년이 삼면에 스카프를 걸어놓고 그 가운데에 앉아 있었다. 스카프야 사든 말든 기타연주에 열중하면서. 한눈에 보아도 청년은 기타와 사랑에 빠졌다. 매끈한 나무 기타에 온 영혼을 실어 쓰다듬고 애무하며 선율을 만들어낸다. 바람이 불 때마다 얇은 스카프가 펄럭여 사랑에 빠진 그의 얼굴을 간지럽혔다.

골동품들도 있었다. 잉카의 문양을 새긴 석조상들, 그릇들, 심지어 박물관에나 있음직한 희소성 있는 물건들마저 헐값에 깔렸다. 50달러짜리 가격표가 붙어 있는 화병도 말만 잘하면 20달러에 넘겨버릴 기세였다.

다른 골목에는 수공예품들이 가득했다. 한 화가가 원색 물감을 붓에 찍어 판초를 두른 인디오 남성을 그리고 있다. 섬세하고 정확한 손놀림이다. 날이면 날마다 반복하는 손놀림이다. 날마다 볕에 익은 화가의 손등이 까맸다. 그의 곁에는 귀걸이, 팔찌는 물론, 그물처럼 엮은 색구슬 목걸이가 있는가 하면, 손수 꿰매 만든 인디오 헝겊 인형들이 산처럼 쌓여 있다. 그 앞에 인형과 똑같은 옷차림과 머리 모양을 한 여자아이가 조금 더 큰 인형처럼 서

성거렸다.

먹자골목에서는 여인들이 자루 가득 담아온 빵을 팔았다. 저 정도 양이면 밤새 화덕에 불이 났겠다. 좀 더 진한 기름내가 나는 곳에선, 보쌈처럼 커다란 고기 덩어리를 절절 끓는 기름에서 꺼내 도마에 올려놓고 쓱쓱 잘라 팔았다. 한 접시 청해 입에 넣으니 고기가 솜사탕처럼 살살 녹는다. 한 접시 더 청했다. 질리지 않고 입에 들어갔다. 엄마야, 이거 칼로리 엄청나겠다. 내 옆에선 아까부터 어린아이가 꼬치에 끼운 소시지를 그릴에 굽고 있다. 제때제때 꼭 알맞게 뒤집는 솜씨가 보통이 아니다.

해가 기울자 장터의 인파가 바뀌기 시작했다. 손님들이 사라지는 대신 상인들의 가족이 늘어났다. 아내가 종일 물건을 팔았으면 남편이 나타나 정리를 도와주는 식이었다. 판매대 아래에서 이 순간만을 기다렸던 아이들도 서둘러 밖으로 나와 부모를 도왔다. 혹은 인척끼리 삼삼오오 모여 서로의 아기를 받아 안거나, 하루치의 노동을 마친 홀가분함으로 이야기꽃을 피웠다.

이미 볼리비아와 페루를 거치며 다양한 인디오 물건들을 구경한 터라, 사실 내게는 장터의 물건보다 이때부터의 정리 장면이 더 인상적이었다. 특히 상식만으론 이해하기 힘든 아이들의 행동이. 마침 내가 지켜본 아이들은 평상복을 파는 젊은 부부의 두 아들이었다. 네 살과 아홉 살쯤? 두 어린 아들은 처음 눈여겨본 순간부터 어두워질 때까지 수레 아래를 기어 다니며 놀았다. 때때로 수레를 빠져나왔지만 멀리가진 않았다. 수레 근처에 매어둔 남의 자전거 옆에 쪼그려 앉아 소심하게 페달을 손으로 돌리다가, 도로 수레 밑으로 들어가는 정도였다. 사실 그런 아이들이 지천이었다. 바닥을 기거나 쪼그려 앉아 종일 부모를 기다리는 아이들. 그들은 마치 땅바닥이야말로 날 때부터 정해진 운명의 무대여서 불평할 줄도 칭얼댈 줄도 모르는 듯, 잠자코

부모를 기다렸다.

　부모가 장사가 끝났음을 알리자, 두 사내아이가 수레에서 기어 나왔다. 나오자마자 군말 없이 옷 정리를 돕기 시작했다. 가족이 옷 정리를 하는 과정은 지난했다. 떠돌이 장사인지라 옷걸이에 걸어 진열해두었던 옷을 모조리 도로 거둬서 보관해야만 했다. 부부가 하나하나 걸었던 옷걸이를 하나하나 내리고, 옷걸이에서 옷을 분리해 새것처럼 개켰다. 그들에게 돈이 되고 밥이 될 옷, 한 벌 한 벌을 정성스레 쌓았다. 내일이면 다시 옷걸이에 걸어 진열해야 한다. 모든 것은 반복이다. 그럼에도 부부는 불평 없이 '오늘 할 일'을 했다. 불평 없기는 어린 아들들도 마찬가지였다. 부부가 옷을 빼내고 옷걸이를 뭉텅이로 넘기면 두 아들이 뒤엉킨 옷걸이들을 빼내 차곡차곡 묶었다. 믿기지 않게도, 네 살 된 막내마저 느리지만 신중하게 그 일을 해냈다. 부부는 옷 정리를 마친 뒤 마네킹을 분해했다. 일시적으로 부스 역할을 했던 철근도 분리해 묶었다. 인내를 요하는 긴 시간이었다. 하루를 공들여 세우고 다시 공들여 무너뜨리는 일. 그럼에도 아이들은 배가 고프다거나 어서 가자고 조르지 않았다. 수레 주변에서 뛰어노는 것조차 하지 않았다. 끝까지 옷걸이와 씨름했고, 씨름이 끝나자 부모가 하는 일을 지켜봤다. 옷, 마네킹, 철근, 옷걸이가 수레에 곱게 쌓였을 즈음, 어둠이 제대로 내렸다.

　4인 가족이 모두 매달려 종일 얼마를 벌었을까? 에콰도르의 물가는 낮으며 그들의 옷은 시장에서 흔한 물건일 뿐이다. 그럼에도 그들은 후련하고 단란하게 정리된 수레를 밀었다. 이제 그들이 찾아가는 건, 먼 미래에 대한 근심이 아니라 이 저녁의 따뜻한 밥일 것이다.

　그들 옆자리 가족도 마찬가지였다. 또 그 옆자리 가족도 마찬가지였다. 모두가 인내하고 협조하고 기다리는 과정이 놀라웠다. 길이고 공원이고 할 것 없이 인디오 판매대가 가득했기에, 이제 길이고 공원이고 할 것 없이 그들의 가족이 모여들었다. 인내하고 협조하는 착하디 착한 인디오 아이들을 주렁주렁 달고서.

제3세계를 여행하다보면 쉽게 접할 수 있다. 결핍 때문에 어린아이들이 이 때 이르게 성숙하는 모습을. 결핍이 있기 때문에 서로 도와야 살고, 도와야 살기 때문에 공동체적 가치가 우선시된다. 공동체적 가치 아래 구성원들이 한 마음으로 집결하지만, 전체를 위해 개개인은 자신의 욕망을 억압한다. 수레 아래 붙박인 아이들처럼.

밤이 되었다. 거리를 뒤덮었던 장이 사라지자, 오타발로 시내의 본 골격이 드러났다. 야트막한 건물에 고만고만한 상점들이 주를 이룬 소도시의 모습이었다. 아베크롬비나 타미힐피거 같은 브랜드 매장도 어울리지 않게 끼어 있었다. 온종일 판매자였던 인디오들은 밤이 되자 구매자로 바뀌어, 상점에서 핸드폰을 만지작거리거나 햄버거 가게 테이블에서 그날 번 돈을 소비했다.

리비에라 수크레로 돌아온 우리들은 매우 오랜만에 뜨거운 물이 철철 나오는 욕실에서 샤워를 했다. 그리고 푹신한 침대와 보송보송하고 따뜻한 이불에 감격하며 드러누웠다. 나는 가장 편안한 자세로 늘어져 하루 일과를 정리했다. 중빈 역시 드러누웠다. 하지만 유일한 방학숙제인 여행기이자 일기 쓰기는 자꾸만 미뤘다. 처음 있는 일도 아니고 해서 피곤해서 그런가보다 하고 그냥 두었는데, 한 시간쯤 지나도 그러고 있자 그것이 어미인 내게 자꾸 불편한 비교를 하게 했다. 방금 장터에서 보았던 배우고 싶어도 배우지 못하는 아이들과 배움이 넘치는 곳에서 나고 자라 배움에 대한 감사가 적은 아이를. 걸음마를 떼자마자 인내심과 책임감으로 가족을 돕는 아이들과 부모가 잔소리를 해대기 전에는 자신의 책임을 등한히 하는 아이를. 마침내 아이가 마지못해 일어나 쓴 글 안에는 '장터의 물건'은 있었으나 '장터의 사람들' 이야기는 없었다. 우리는 평상복을 파는 젊은 부부가 두 아들과 짐을 정리하는 동안 나란히 그 앞에 앉아 있었건만, 아이는 각양각색의 물건에 홀려 그것을 파는 사람들은 눈여겨보지도 않았던 것이다. 착하디착한 인디오 아이들이 놀라웠던 것만큼이나, 중빈의 '시선' 또한 놀라웠다.

    에콰도르는 화산, 아마존, 저 유명한 갈라파고스군도 등 몇 시간만 달리면 변화무쌍하게 나타나는 풍성한 볼거리들로 여행자들의 발걸음을 재촉하는 곳이다. 그런데 에콰도르에 도착한 첫날 밤, 장터의 아이들과 내 아이는 숙제를 던졌다. 무엇을 할 것인가? 어디로 갈 것인가? 라오스에서 통과 아농을 만난 이후, 우리의 여행에는 늘 학교나 고아원에서의 자원봉사가 포함되어 있었다. 통과 아농은 '여행 중에도 나누고 함께하는 것이 가능하다'는 것을 깨닫게 해준 우리 여행의 랜드마크 같은 존재들이다. 그들 덕분에, 중빈은 7살 때부터 제3세계의 어린이들과 연주하고 책을 읽는 활동을 함께 해왔다. 거리의 악사 역시 같은 맥락이었다.

    나는 아이와 진지하게 이야기를 나눴다. 오늘 일기에서 어떤 중요한 부분이 빠져 있는가에 대해. 그리고 한 번 더 일기를 정리할 시간을 갖도록 했다. 아이는 입을 비죽 내밀고 다시 연필을 잡았다. 그 곁에서, 나는 좀 더 '진득하게' 이곳 아이들과 함께하기를 계획해야 함을 깨달았다.

Global Care Chain,
세계는 하나로 연결되어 있다

Otavalo

수크레의 아침은 뒤뜰에서 왔다. 햇살이 꽃나무를 달구자, 사방이 눈부시게 빛나기 시작했다. 세탁부 카롤린 엄마가 아침 일찍 출근해 뒤뜰에 빨래를 널었다. 뒤뜰에도 객실이 있었는데, 스페인풍 본채에 비하면 특별한 매력은 없었다. 그런데 뒤뜰 한쪽, 가장 크고 아름다운 나무 아래에 조그만 오두막이 하나 있었다. 바람이 불어와 아름드리 나뭇가지를 흔들면, 작은 오두막은 빛과 그늘의 부서짐 속에서 환상적으로 일렁였다. 내가 하염없는 행복감 속에서 그 일렁임을 바라보고 있을 때, 벌컥 오두막 문이 열렸다. 키가 훤칠한 아가씨가 칫솔을 들고 나왔다. 안경을 낀 스물여덟 살 금발의 아가씨, 에일린이었다.

"안녕!"

"안녕!"

잠시 후 우리는 수크레의 넓은 부엌에 나란히 서서 장터에서 사온 싸고 싱싱한 재료들로 요리를 했다. 처음엔 조금 어색하게 "칼 다 썼으면 나 좀 줄래?" 같은 대화를 했지만, 썰고 볶는 동안 서로 공통의 관심사가 많다는 것을 알아냈다. 대화는 빠르게 발전했다.

독일 출신 에일린은 다문화교육을 전공한 뒤 오타발로에서 지도교수와 함께 '글로벌 케어 체인'에 대한 프로젝트를 진행 중이었다. 3개월간 지속된 프로젝트는 이제 막바지 단계였다. 아직 우리에겐 개념조차 생소한 글로벌 케어 체인이란, 범지구적 양육사슬이라고 번역할 수 있을 것이다. 예를 들어 조선족 아주머니를 생각하면 쉽게 이해할 수 있는 개념이다. 그녀들이 한국으로 와 육아도우미로 일하는 동안 정작 그들의 자녀 양육은 친척 또는 저렴한 임금의 지역육아도우미가 돈을 받고 도맡게 된다. 이 지역육아도우미의 자녀는 또 다른 누군가의 도움을 필요로 할 것이다. 이런 식으로 양육사슬이 계속되면 결국 맨 마지막 단계에서는 돌봐줄 사람이 전무한 아이들이 남겨진다. 두말할 것도 없이 지구에서 가장 가난한 집 아이들이다.

에콰도르는 전체 인구의 11퍼센트에 해당하는 150만 명이 해외근로자들이다. 대부분 스페인과 미국에서 말단 노동자로 일하고 있다. 이들은 매년 17억 달러를 고국에 보내는데, 이는 에콰도르에서 석유수출 다음가는 막대한 수입원이다. 유독 에콰도르에 이렇게 이민자 혹은 해외근로자들이 많은 이유는, 간단히 말해 자국 내 경제운용이 실패했기 때문이다. 1950년대에 이 나라 제조업의 큰 축이었던 '파나마 모자' 산업이 붕괴되자, 대부분의 관련 노동자들이 모자의 주 수입처였던 미국으로 몰려갔다. 다시 1990년대에 금융기관의 70퍼센트가 문을 닫는 재정위기가 닥치자, 이번에는 노동자들이 스페인으로 몰려갔다. 남자들은 건설, 농업 등 노동강도가 높은 직종에 종사했다. 특히 스페인에서는 호스피스, 가정부 등 자국민들이 회피하는 직업군에 남미의 여성인력을 적극적으로 유입했다. 당연히 남미의 많은 아이들이 양육사슬의 말단에 남겨졌다.

에일린은 인터뷰, 자료수집 등을 하며 이 자녀들과 많은 시간을 보냈다고 했다. 열린 성격의 소유자인 그녀는 이 과정을 통해 현지인 친구를 많이 만들었고 프로젝트가 끝나 떠날 때가 다가오는 것을 안타까워하고 있었다. 그녀를 만난 것은 큰 행운이었다. 나는 장터에서 보았던 아이들의 생활에 대해 궁금한 것이 많던 차였는데, 그녀는 그런 이야기를 들려줄 수 있는 적임자였던 것이다. 우리는 일단 각자 계획했던 시간을 보내고 밤에 TV룸에서 만나기로 했다.

수크레의 실질적인 주인은 네덜란드 여성이었는데, 자리를 비운 상태였다. 주인이 없어도 호텔이 잘 돌아가는 건 깐깐하고 꼼꼼한 매니저인, 60대 초반의 젊은 할머니 캐서린 덕분이었다. 전직 저널리스트인 캐서린의 남편 윌리 역시 때때로 호텔에 나와 캐서린을 거들었다. 이 노부부는 어린 여행자 중빈을 퍽 귀여워해주었다. 중빈은 할머니 할아버지 앞에서 바이올린 연주로 재롱을 떤 뒤, 일찌감치 TV룸으로 갔다. 벽난로에 불을 지피기 위해서였다. 중빈은 벽난로 옆에 쟁여진 종이 더미 중 몇 장을 집어 라이터로 불을 붙인 뒤 장작에 옮겨 붙였다. 쉽지 않은 과정이었다. 그러나 종이, 나무, 불을 대놓고 주물럭거릴 수 있는 절호의 기회였다. 불은 들여다보면 들여다볼수록 빠져들게 되는 원시적인 마력이 있다. 아이는 그 마력에 흠뻑 빠져

몇 시간이고 계속 실패를 거듭하며 불을 지폈다.

그동안 나는 윌리와 차를 마셨다. 63세의 윌리는 장성한 1남 1녀의 아버지이자, 손주를 둔 할아버지이자, 날카로운 지식인이었다.

"나도 젊었을 때에는 많은 여행을 했어요. 한때 인도의 종교와 문화에 심취해서 인도로 가려 했다가, 먼저 라틴아메리카를 알아야겠다는 생각에 부에노스아이레스에서부터 시작해 중남미 전역을 여행했죠. 정치인, 공장 노동자, 어부…… 수많은 사람들과 일일이 대화하면서 다녔어요."

"마치 『체 게바라의 모터사이클 다이어리』를 연상시키는 걸요. 어떤 형태의 여행이었나요? 무전여행?"

"거리에서 노래를 하기도 했고, 학교에서 가르치기도 했어요. 무엇보다도 사람들이 낯선 제게 와서 뭐냐고 물으면 여행한다고 대답했죠. 그러면 너나할 것 없이 우리 집에 와서 먹어라, 자라…… 했으니, 무전여행이 맞겠죠. 1970년대의 이야깁니다. 히치하이킹을 하는 날이면 당연히 그날은 운전사 가족이랑 먹고 자는 날이었어요. 인심 좋은 시절이었죠.

당시는 지금보다 더 뚜렷하게 스페인이 남긴 식민화의 비극을 목격할 수 있던 때였어요. 뭐, 지금이라고 해서 상황이 크게 다르다 할 수는 없겠죠. 여전히 스페인이 우리를 식민지처럼 다루고 있으니까요. 다만 지금은 경제권을 장악한 식민지죠. 스페인 다음으로는 미국, 그리고 중국, 일본 순일 겁니다. 요즘엔 한국의 진출도 예의주시해야 할 수위죠.

경제 식민화의 예를 들어볼까요? 볼리비아와 브라질의 영토 사이에 무툰이라는 산이 있어요. 여기 세계 최대의 철광석이 매장되어 있죠. 볼리비아는 이 산의 개발권을 중국에게 팔았어요. 우유니에 있는 리튬이나 인근의 금광은 일본 소유입니다. 멕시코나 과테말라 같은 곳은 국가 수익의 95퍼센트 정도를 선진국에서, 그리고 선진국에게 나라를 팔아먹는 상류층이 가져간다고 봐도 무방할 겁니다. 나머지 5퍼센트로 전 국민이 먹고사는 거죠."

"그런 악순환이 계속되는 이유는 뭘까요?"

"가장 큰 이유는, 부패죠. 매국적인 부패의 고리를 끊지 않고는 회복도 성장도 어렵습니다. 지금 에콰도르는 '새로운 사회주의'를 반기는 경향이 있어요. 기존 사회주의보다 더 인간적이고 덜 폭력적인, 라티노로서의 정체성을 회복하는 새로운 사회주의를 만들어가는 데 집중해야 할 겁니다."

"볼리비아의 에보 대통령이나 브라질의 룰라 대통령이 거둔 성과를 남미의 새로운 사회주의의 일환으로 보아도 좋을까요? 현재 에콰도르 코레아 대통령이 만들어내는 변화들도 그렇고요."

"매국적인 부패가 줄어들었고, 일부 자원이 국유화되었고, 빈민들을 구제하는 복지정책들이 구현되었다는 점에서 그렇다고 봐야죠. 이제 시작일 뿐이지만 말입니다."

"여행자로서의 저는, 여러 암울한 데이터에도 불구하고 라틴아메리카가 빠르게 발전하고 있는 것처럼 보이는데요. 제가 가진 6년 전 가이드북에 나와 있는 정보들만 보더라도, 그때에 비해 놀랄 만큼 변화하고 성장했다는 걸 알 수 있어요."

"그 성장의 결과물을 극소수가 가져간다는 게 문제입니다. 겉보기에 멀쩡한 도시도 알고 보면 몇몇 부자 가족이 거의 모든 빌딩들을 소유하고 있죠. 왜 그렇게 많은 에콰도르인들이 스페인이나 이탈리아에 일하러 갈까요? 일자리가 없기 때문입니다. 인플레는 높고요. 스페인 같은 곳에 가면 노예처럼 일해야 하지만, 그래도 수입이 여기보다 나으니까요. 수크레를 버리고 달러를 도입할 당시, 마우아드 대통령은 친미 대통령이었어요. 쿠데타로

쫓겨나자마자 기다렸다는 듯이 미국으로 가서 대저택에서 아주 잘살고 있죠. 그 사람만이 아니죠. 라틴아메리카의 거의 모든 지도자들이 은퇴든 사퇴든 결국은 미국으로 가서 수영장 딸린 저택에 살아요. 악순환 속에 국민들을 버려둔 채로 말입니다."

"가슴 아픈 이야기입니다. 하지만 여전히 라틴아메리카는 인간적이에요. 제가 사는 세상에 비해 그렇습니다. 인정도 많고 인심도 좋아요."

"그렇게 느꼈나요? 70년대에 무전여행을 했던 저로서는 다르게 느낄 밖에요. 이제는 그런 여행 자체가 불가능하니까요. 90년대부터 본격적으로 사라지기 시작한 풍조들이죠. 분배가 제대로 이루어지지 않는 발전의 대가인 것 같습니다."

"발전은 왜 언제나 폭력을 필요로 할까요?"

"현재만 두고 말하자면, 미국 문화의 영향 아닐까요? 카우보이들이 총으로 일군 문화 말입니다. 총은 언제나 총을 부르죠. 그들이 미디어를 통해 꾸준히 전 세계에 퍼뜨린 폭력은 또 어떻고요?"

그러나 월리도, 나도 알고 있다. 폭력은 인간 본성의 일부이다. 미국이 남미에 손을 뻗치기 전에는 스페인이 이곳에서 잔혹한 힘을 행사하고 있었고, 스페인이 오기 전 번성한 잉카문명도 잔인하기로 유명했다. 월리가 웃으며 덧붙였다.

"고작 마추픽추를 가지고 잔인을 논하는 거예요? 중국의 만리장성을 보세요!"

젊은 월리는 여행을 하다가 영화도 만들고 직접 배우로서 연기도 했다. 신문기사도 쓰고 빈민구제기관에서 일하기도 했다. 그러다 병이 들어 볼리비아로 돌아가던 중 오타발로에 들렀다.

"사람들이 오타발로가 특별하다고 했죠. 인디오 문화가 살아 있는 곳이라 했어요. 나는 이름조차 생소한 이곳에 오기 위해, 지도 한 장만 들고 나흘 간 걸었어요. 여기 도착한 뒤에 이곳 라디오 방송국에 일자리를 얻었죠. 넷째 날, 라디오 스태프로서 노동자 축제에 갔다가 의류공장에서 비서로 일하던 캐서린을 만났어요. 만난 지 1주일 만에 프러포즈했고, 3개월 후에 결혼했어요."

"정착엔 별로 뜻을 두지 않으셨다면서요? 어떻게 마음을 바꾸셨죠?"

"솔직히…… 좀 지쳐 있었어요. 멈추고 싶기도 했고요. 그리고…… 어떤 운명은 그냥 일어나니까요."

"라틴 남자답지 않은 대답이네요."

"라틴 남자가 어떤데요?"

"열정적이죠."

"한국 남자들은 어떤가요?"

"열정과는 좀 거리가 있어요. 신중하죠."

나는 그에게 캐서린과의 39년 결혼생활의 비결을 물었다.

"우린 서로의 영역을 존중합니다. 절대 이거 해라 저거 해라 시키지 않아요. 각자의 친구가 있고, 이 친구들을 따로 또 같이 만납니다. 담배를 피우지 않고, 즐거운 반주 이외엔 술도 입에 대지 않죠. 함께 좋은 음식을 요리하고 함께 먹습니다. 둘이 '같이' 잘 사는 법을 배워나가는 것, 그게 진짜 삶이란 생각을 해요."

호텔 일을 다 돌보았는지, 캐서린이 찻잔을 들고 와 윌리 곁에 앉았다. 전혀 다른 생김임에도 둘의 분위기는 많이 닮아 있었다. 지적이고 진지한 커플. 처음부터 저렇게 닮아 있진 않았을 것이다. 부부든 친구든, 안정된 관계란 안정된 사업이나 안정된 지위 같은 것보다 몇 배의 노력을 필요로 한다. 그리고 몇 배의 위안을 돌려준다. 월리의 말대로라면, '진짜 삶'을 살고 있다는 위안 말이다.

어둠이 내리고 바깥 공기는 차가워졌다. 그러나 중빈이 성공적으로 불을 지핀 덕분에, 실내엔 따뜻한 공기가 감돌았다. 우리는 서가에 있는 책을 하나씩 골라 벽난로 곁 소파에 누웠다. 벨벳 소파와 서가라니, 여행자에게 이게 웬 호사더냐. 중빈은 『백 년 동안의 고독』을 잡자마자 정신없이 빠져들었다. 물론, 녀석은 마르케스가 문학사에 새롭게 열어 보인 마술적 리얼리즘이 무엇인지는 안중에도 없이, 오직 해리포터와 비스무리한 마술 혹은 환상에 방점을 찍으며 이야기를 따라갈 것이다. 『백 년 동안의 고독』은 출간 당시 문학적 성취뿐 아니라 대중들의 사랑도 한꺼번에 얻었다. 그 말인즉, 해리포터 비슷하게 읽고자 한다면 그렇게 읽힐 수도 있다는 뜻.

에일린이 돌아왔다. 그녀의 키는 172센티미터. 독일에서는 큰 편이 아니라지만, 우리는 누워서 그녀를 올려다 본데다, 여태 키 작은 인디오들만 보고 다녔던 터라 그녀가 들어섰을 때 깜짝 놀랐다. 중빈이 나를 걸고넘어졌다.

"엄마는 에일린보다 나이가 훨씬 많은데 에일린 목까지밖에 안 온다는 게 이상하지 않아?"

"아들, 일단 네 키가 고정되고 시간이 많이 흐르면, 그것 때문에 이상할 일은 별로 없어."

에일린이 이곳에서는 아마도 최장신 여성에 속할 자신의 키에 얽힌 일화를 들려주었다.

"나는 춤을 정말 좋아해. 어릴 때부터 춤을 즐겨서 벨리댄스, 살사……
못 추는 춤이 없어. 그런데 여기서 인디오 남성들과 살사를 출 때 키 차이가
너무 나는 거야. 거의 내 목 아래에 오거든. 그들이 나를 턴시킬 때면, 나는
마치 림보를 하는 것 같아."

그녀는 무릎을 굽히고 상체를 뒤로 젖히는 시늉을 하며 웃음을 터뜨렸다. 화제는 자연스럽게 이곳 인디오들의 생활로 옮겨왔다. 나는 특히 장터에서 물건을 팔던 사람들의 삶이 궁금했다.

"이곳에서 물건을 파는 사람들은 두세 달 정도 여기 머물러. 그리고 다시 미국으로, 베네수엘라로, 또 다른 곳으로 떠돌며 물건을 팔지. 내가 프로젝트 중에 만난 소년 이야기를 해줄게. 그 아이는 오타발로 시장에서 일해. 젖먹이 때부터 조부모와 시장에서 자랐어. 중심가 쪽에 있는 가게들은 주말 장 때만 서는 게 아니라 상설 시장처럼 있는 거거든. 그 아이는 학교가 끝나면 매일 시장으로 달려왔어. 엄마는 스페인으로 일하러 갔는데, 거기서 새로 가정을 이뤄서 다섯 명이나 되는 아이를 낳았어. 가끔 돈을 보내오긴 하지만 에콰도르로 돌아오긴 불가능해진 거지. 아이 입장에서는 버리고 떠나서 만나주지 않는 엄마가 된 거야. 어느 날 그 엄마가 자전거를 선물로 보냈어. 여기선 보기 힘든 꽤 고급 자전거였는데, 아이는 그걸 사촌에게 줘버리더라고. 여기선 속상한 마음을 털어놓을 대상도 마땅치 않아. 할아버지는 좀 다정하게 해주시는 편이지만, 할머니나 친척들은 공격적인 성격이야. 달래주기보다는 나무라지. 결국 그 앤 고작 열네 살 나이에 알코올중독자가 되었어. 이곳은 술이 너무 싸고 사기도 쉽거든. 애들한테도 막 파니까. 그런데 이런 문제는 오타발로에만 한정된 게 아니야."

대화는 이제 에콰도르 전역에 걸친 문제로 확대되었다.

"에콰도르에는 함께 살지 않는 가족들이 너무나 많아. 어떤 마을은 심지어 조부모와 아이들만 있는 곳도 있어. 돈 버는 젊은 층이 없고 말이야. 나는 이 아이들의 미래를 그다지 희망적으로 보지 않아. 여기 아이들은 툭하면 말하지. 우리 이모는 베네수엘라에 있어. 우리 아빠는 미국에 있어. 그렇게 흩어져 있는 게 너무 당연한 거야. 생활에 안정감이 없고 그것이 당연시되니 큰 문제인 거지. 그래도 일자리는 없고 외국에서 버는 수입이 더 나으니 이 행렬은 계속 될 수밖에. 여러 가지 위험이 도사리고 있다는 걸 알면서도 말이지. 이를테면, 미국으로 이민가기 위해서 중개인에게 만오천 달러씩 건네는 사람도 허다해. 그러고도 결국 마피아나 마약상에게 살해되거나 사기를 당하는 비극적인 최후를 맞기도 하고.

한번 중심가를 벗어나 근교 쪽으로 가봐. 짓다 만 집들이 아주 많아. 에콰도르인들은 집은 무조건 커야 한다고 생각하거든. 그래서 아주 크게 벌려 놓고 짓다 만 저택들이야. 이런 건 외국에 나간 식구가 집을 지으라고 돈을 보내다 어느 순간 소년의 엄마처럼 새 가정을 이룬다든지 하면서 더 이상 돈을 보내지 않아 공사가 중단된 저택들이지. 함께 모여 살 집을 꿈꾸며 짓기 시작해서, 결국 아무도 살지 않는 집으로 끝이 난 거야. 난 그 미완성 집들을 볼 때마다 마치 이루지 못한 누군가의 꿈을 보는 것만 같아서 가슴이 아파."

"내가 보았던, 옷걸이를 정리하던 아이들은 비교적 행복한 거구나. 어쨌든 온 가족이 서로를 필요로 하며 함께 있으니까."

"그런데 프로젝트 중 조사한 바에 의하면, 함께 있는 가족이라 해서 행복하다 보기엔 무리가 있어. 에콰도르의 그릇된 마초주의는 유명해. 가끔씩 맞는 것까지 포함한다면, 에콰도르 기혼녀의 80퍼센트가 남편에게 맞고 산다고 봐도 무방할 정도야. 그러다보니 외국으로 일하러 가는 것이 이혼의 또 다른 방편이 되기도 하지. 여기서 세탁부로 일하는 카롤린 엄마 알지? 그녀는 고작 서른다섯 살이야. 그런데 첫째 딸 카롤린이 벌써 열여덟 살이지. 어릴 때 첫 남편을 만났는데, 여기선 흔한 일이지. 첫 남편은 수시로 때렸대. 그리고 두 번째 남편은 목에 칼을 들이댔고. 네 딸들이 보는 앞에서까지. 결국 딸들을 데리고 혼자 살아. 이혼을 했는지 도망을 친 건지는 알 수 없지만. 요 앞에 가게 있지? 거기가 카롤린 엄마 가게야. 아침 일찍 호텔에 와서 허드렛일을 하고 가게를 돌보는 거야. 지금이야 카롤린이 많이 도와주지만."

카롤린과 동생들을 몇 번 만난 적이 있다. 가게에 물이나 바나나를 사러 들어갔을 때, 엄마는 없었고 카롤린이 주로 가게를 보았다. 카롤린은 영리하고 싹싹한 소녀여서 손님에게 친절했지만, 동생들이 뭔가를 요구하면 태도가 돌변하여 소리를 질렀다. 그리고 지난 밤, 카롤린의 엄마는 카롤린에게 소리를 질렀다.

나는 카롤린의 엄마를 생각해보았다. 열일곱의 나이에 젖먹이를 안고 남편의 폭력에 시달리며 노동한다는 것은 어떤 것일까. 그녀가 종일 가게를 지킨 착한 카롤린에게 소리를 지른다 해도 그 어쩔 수 없는 마음을 이해할 수 있을 것 같다. 그녀의 젊은 생은 상처로 얼룩져 있다. 치료가 필요하고 쉼이 필요하지만, 치료도 쉼도 불가능하다. 치유되지 않은 상처는 고스란히 카롤린에게 대물림된다. 카롤린이 제아무리 십대 소녀의 찬란한 욕구를 억누르고 가게를 지키며 의붓동생들 뒤치다꺼리를 해도 결국 엄마에게 욕만 먹고 하루를 마감할 때가 많은 것이다.

나는 사정도 모르고 카롤린에게 "학교 안 갔어?"라고 물은 적이 있다. 카롤린은 "학교는 그만두었어요. 대신 토요학교에 다녀요"라고 말했다. 그때 카롤린의 얼굴은 좌절하거나, 분노한 것과는 다른 얼굴이었다. 그저 당장 떠나고 싶어 초조한 얼굴이었다.

에일린이 말을 이었다.

"단순히 돈을 벌러 나갔든, 폭력을 피해 나갔든, 해외로 흩어진 부부가 각자 새로운 가정을 꾸리는 건 흔한 일이야. 그렇게 해외에서 돌아오지 않는 부모의 아이들은 자살률이 매우 높아. 여기에 일조하는 또 다른 문제는 전통적인 대가족 제도가 이렇게 흩어져 사는 걸 근본적으로 문제 삼지 않는다는데 있어. 그들은 어렸을 때 엄마뿐 아니라 할머니, 이모, 고모가 공동으로 자신들을 돌봐주었던 경험이 있기 때문에, 굳이 엄마가 없어도 아이가 잘 자랄 수 있다는 인식을 가지고 있어. 정작 아이들은 사랑에 굶주려 있는 데 말이야. 이 아이들은 어릴 적부터 자기 감정을 참고 감추는 데 익숙해져 있어. 프로젝트 중에 정신과 치료 차원에서 조사를 하는 게 있었는데 다른 어떤 조사보다도 애를 먹었어. 아이들이 전혀 감정을 표현하려 들지 않았거든."

18세기 말에서 19세기 초에 유럽인들은 대거 중남미로 몰려왔다. 그들은 기존에 없던 중산층을 형성하거나, 상류층을 차지했다. 20세기 초부터는 중남미인들이 미국과 유럽으로 몰려갔다. 당연히 하류층부터 시작했고 (세탁소를 하면서 아이비리그에 자녀들을 보내 중산층으로 진입하는 아시아 이민자들과 달리) 이들의 중산층 진입은 오늘날도 쉽지 않다. 21세기에는 콜롬비아의 메데인에서 만난 대니얼처럼, 경기가 나빠진 미국과 스페인에서 다시 중남미로 역류의 조짐이 보인다. 이 모든 흐름을 주도하는 것은 물론 돈이다. 좀 더 나은 수입, 혹은 그것이 가능하게 하는 좀 더 나은 삶이다. 이민자들의 삶이란 그런 것이다.

'일부만' 뿌리 뽑아 떠난 이민자들의 남겨진 뿌리가 겪는 고통, 그것이

바로 이곳 에콰도르에서 아이들이 겪는 고통일 것이다. 나는 에콰도르 아이들이 겪는 고통 '덕분에' 미국이나 스페인에서 수입한 값싼 농산물을 먹었을 것이다. 내가 자주 가는 식당의 조선족 아주머니의 아이들도 마찬가지다. 그들의 고통 '덕분에' 나는 아마도 조금 더 싼 가격에 밥을 먹었을 것이다. Global Care Chain. 세계는 하나로 연결되어 있다.

어느덧 새벽 두 시. 중빈은 책을 얼굴에 덮고 잠이 들었다. 장작불은 재만 남았다. 나는 에콰도르의 관광 일번지인 갈라파고스에 가지 않기로 했다. 대신 전체 일정 중 갈라파고스를 위해 남겨둔 일주일을 이곳 아이들을 위해 쓰기로 했다. 그 일주일은 그동안 아이들의 고통 '덕분에' 이득을 취했던 것에 대한 작은 빚 갚음이 될 것이다. 빚을 갚는 동안, 장터의 아이들이 눈에 들어오지 않았던 중빈의 시선에도 작으나마 변화가 일어나길 바란다. 나는 에일린에게 이 새로운 계획을 알리지는 않았다. 에콰도르에는 이제 막 도착했고 아직 한 달 정도 시간이 남아 있었으므로, 일단 예정대로 수도 키토로 가서 며칠간 시간을 보내며 일정을 재조율하기로 했다.

종탑에서
맹세한 사랑
Quito

에콰도르의 낡은 장거리 버스들은 운전석 뒤에 TV가 달려 있다. 거기서 상영되는 영화들은 글로벌화의 그늘을 명확히 보여주는 것들이다. 선진국에서 오래전 유효기간이 끝나 더 이상 팔리지 않는 것들. 그래서 제3세계로 헐값에 흘러들어와 그곳을 저급하게 오염시키고 있는 것들. 80년대 홍콩영화나 해묵은 〈007 시리즈〉는 그래도 나은 편이다. 청룽成龙이 펄펄 날아다니며 수십 명을 쓰러뜨리는 장면이나, 피어스 브로스넌이 본드걸들과 돌아가며 키스를 나누는 건 애교로 봐줄 수 있는 정도니까. 문제는 남녀노소가 모인 버스 안에서 베드신이 있는 에로영화도 버젓이 상영되곤 한다는 것이다. 술에 취해 눈빛이 게슴츠레한 에콰도르 아저씨들이야 그런 영화와 수준이 얼추 맞아떨어지겠지만, 머리를 길게 땋아 내리고 전통의상을 입은 인디오 할머니가 미간을 모으고 입을 벌린 채 그 생경한 장면에 넋을 놓아버린 모습을 보노라면 안타까워지곤 했다. 현대의 가장 큰 폭력이자 오물은 미디어의 쓰나미가 아닐까.

오물을 뒤집어쓰고 괴로워하긴 중빈도 마찬가지였다. 남녀가 침대에서 응응대는 신음이 버스 안에 가득 퍼지자 무얼 얼마만큼 알고나 있는 건지 "뭐 저런 걸 보여주냐?" 투덜대며 급작스럽게 책을 펼쳐들고 얼굴을 묻었다.

내내 싸우고 응응대던 영화들 때문이었는지 모르겠다. 에콰도르의 수도 키토에 도착했을 때, 우리는 멍했다. 중빈이 뒤늦게 깨달았다.

"바이올린이 없어!"

바이올린과 작은 배낭은 언제나 아이의 몫이었다.

"여기서 이 가방들 보고 있어. 엄마가 터미널 사무실에 가서 물어볼게."

"내가 잃어버렸으니까 내가 갈게."

"몇 단계 거쳐야 찾을 수 있을 것 같아. 엄마가 나서는 게 맞아."

찾을 확률은 절반 미만. 나무라는 말은 하지 않았다. 바이올린은 나보다 아이에게 더 소중한 물건이었고, 내가 찾으러 다니는 동안 아이는 나보다 더 애를 태울 것이기 때문이다. 일단 우리가 탔던 버스와 비슷하게 생긴 버스부터 수색했다. 그다음엔 타고 온 버스회사 사무실 문을 찾아 두드렸다. 그다음은 경찰. 삼십 분 정도 여러 사람의 도움을 거친 끝에 버스 선반에서 바이올린을 찾아냈다.

"JB!!! 찾았어!!!"

중빈이 쏜살같이 뛰어와 바이올린 케이스에 입을 맞췄다. 쪽, 쪽, 쪽!

"엄마한테도 해줘야지."

쪽, 쪽, 쪽, 쪽, 쪽!

"많이 걱정했지? 정말 다행이다. 잘 챙기자!"

사태는 거기서 종료되지 않았다. 내가 전날 예약해놓은 '터미널 바로 근처' 호스텔 주소를 보여주자, 택시기사가 말했다.

"거긴 엄청 먼 곳이야. 시내를 가로질러 완전히 키토 반대편으로 가야 해. 내 택시를 타지 그래?"

아니, 아저씨, 바로 코앞의 숙소를 키토 반대편이라 우기는 건 좀 심하지 않아? 택시운전사들이 외국인을 태우고 빙빙 도는 거야 선진국이 되었다는 한국에서도 아직 빈번한 일이지만, 아무리 그래도 상도의라는 게 있지. 나는 다른 택시기사에게 주소를 보여주었다. 그런데 그도 같은 말을 반복했다.

"키토를 가로질러야 해."

한통속이로군. 가방을 끌고 터미널을 나왔다. 적당히 방향을 가늠해 전진하다가, 지나가는 행인에게 다시 물어보았다.

"여긴 키토 반대편이야."

정, 정말이야? 그의 말인즉, 내 해묵은 가이드북에서 말하는 터미널은 이미 사라진 지 오래고, 키토의 터미널은 진즉에 남부 터미널과 북부 터미널로 갈라져 신설되었다는 것이다. 흐음, 이번 여행에서 6년 된 가이드북의 최대 폐해는 아마도 이것으로 기록되겠군. 터미널이 통째로 사라진 것!

"뭐야? 키토에 잠깐만 머물려고 했는데 아예 눌러 앉으라는 신의 계시야?"

어렵사리 키토 반대편에 있는 숙소를 찾아들자마자 내가 내뱉은 첫마디였다. 오랫동안 정성스레 가꾼 여학생의 자취방 분위기라고나 할까? 파란 창틀에 붉은 구슬로 된 발이 걸려 있었고, 하늘색 침대 헤드 아래로 파란 줄무늬 담요가 펼쳐져 있었다. 창문 밖에는 조용한 키토 주택가가 내려다보였고, 그 너머에는, 볼리비아의 라파스에 이어 세계에서 두 번째로 높은 수도답게 눈 덮인 피친차 화산의 한 자락이 고혹적으로 구름 커튼에 가려져 있다. 방 밖에는 옥상으로 올라가는 계단이 있었다. 옥상에는 해먹과 꽃밭과 카페가 있었다. 중빈을 흥분시킨 탁구대도.

내가 자취방 선반에 샴푸며 수첩을 올려놓아 진정한 '내 방'을 완성하는 동안, 여학생 방에 끼어든 남학생 중빈은 호스텔의 공동구역을 구석구석 탐색하며 트럼프 카드를 찾아내고 건반악기를 두드리며 자기 식으로 '내 집'을 완성했다. 녀석은 점점 새로운 장소에서 뭘 구경할까 못지않게 어떤 곳에 묵게 될까, 거긴 누가 묵고 있을까, 벽난로도 있을까…… 등등에 더 많은 관심을 두는 것 같다.

우리는 옥상의 해먹에 드러누웠다. 아래쪽 주택단지에서 솔솔 올라오는 소리들을 타며 흔들렸다. 에콰도르는 스페인어로 '적도'란 뜻이다. 실제로 키토는 적도 근방에 위치하고 있다. 그러나 고지대이기 때문에 연중 축복받은 봄 날씨다. 게다가, 여학생 방의 가격은 어른 7달러에 아이 3.5달러. 에콰도르에선 저개발국가에선 찾아보기 힘든 어린이 디스카운트를 착실하게 해준다. 호주머니조차 다시 학창시절로 돌아간 듯 가벼운 기분이다.

폴란드의 크라쿠프와 함께, 키토는 최초로 유네스코 문화유산으로 선정된 도시이다. 그만큼 구시가지에 광장, 성당, 박물관 등 고풍스런 분위기가 고스란히 보존되어 있다. 자연, 문화, 저렴한 비용. 이 세 박자가 맞으면 여행자들은 걸음을 멈추게 되어 있다. 왜 수많은 여행자들이 키토에 장기간 머물며 스페인어 어학연수를 받거나 춤, 요리 등을 배우는 '학생' 신분으로 돌아가는지 알겠다.

　우리는 트롤리를 타고 구시가지로 향했다. 트롤리는 고속버스 두 대 정도를 연결해 놓은 길이의 버스이지만 우리나라의 지하철과 비슷한 개념이다. 도로 중앙에 트롤리 전용차선이 있고, 일정한 간격으로 플랫폼 정류장이 설치되어 있다. 승객들은 노선표를 보고 목적지가 있는 노선의 정류장에서 트롤리를 기다리면 된다.

　막상 구시가지에서 내리자 정신없고 어지러웠다. 하지만 불과 몇 블록 안으로 들어서자, 깜짝 놀랄 만큼 고요하고 고색창연한 길목들이 골격을 드러냈다. 길 양편으로 가지런한 흰 스페인풍 건물들을 따라 걷다보니, 중심 광장인 라 플라자 근처에 이르렀다. 거기 바로크 양식의 건축물 라 콤파니아 교회가 유려한 자태를 뽐내고 있었다.

　안으로 들어서자, 어처구니없을 만큼 화려하고 슬프도록 아름답다. 온통 황금으로 도배된 실내에 사용된 황금의 무게는 무려 7톤에 달한다고 한다. 식민지 시절, 그 황금을 어디서 어떻게 얻었을지는 빤한 일이다. 그럼에도 불구하고 이 성당은 자신들이 착취한 인디오들에게 문을 닫아걸고 있다. 에콰도르의 물가를 생각한다면 턱없이 비싼 2달러라는 입장료를 내야만 안으로 들어올 수 있게 한 것이다. 결국 지불 능력이 있는 외국인 여행자 몇몇만이 성당 안에 삼삼오오 모여 있을 뿐이었다. 내가 들어올 때, 쇠창살이 둘러진 교회 밖에서 인디오 신자들이 창살 안으로 최대한 팔을 집어넣은 채 기도를 올리고 있었다. 믿음의 이름으로 지어진 성소에 가난한 믿음은 발 들일 자리가 없다니.

　조각상과 몰딩과 패널의 경탄할 만한 조화, 손톱만큼의 여백도 없을 만큼 장식으로 가득한 제단, 이 모두를 뒤덮고서 찬란하게 빛나는 황금 때문에 나는 눈이 아팠다.

"괜히 들어왔다. 7톤의 황금을 캐려고 얼마나 많은 사람들이 희생되었을까? 진짜 피조물을 사랑하는 신이라면, 이렇게 이기적인 공간엔 무안해서 발도 못 들일 것 같아."

어린 중빈은 그저 황금의 위력에 완전히 압도당했다.

"세상에……! 오, 세상에……!"

말도 제대로 잊지 못하더니, 다리가 후들거린다면서 의자에 앉아 광휘로운 실내를 둘러보았다.

찜찜한 것을 떨치는 기분으로 교회를 나섰다. 기분 전환이 필요하다.

"JB, 우리 바실리카 성당의 종탑에 올라가자."

"좋아! 우리 꼭대기에 올라가서 땡땡땡 종을 치자."

구시가지에 들어서면 두 개의 거대한 랜드마크가 보인다. 하나는 저 멀리 파네시오 언덕 위에서 키토를 굽어보는 성모 마리아상이고 다른 하나는 반대편 언덕에 세워진, 유럽의 여느 대성당 못지않은 규모의 바실리카 성당이다. 마리아상이 있는 자리에는 본래 잉카의 태양 신전이 있었다고 하는데, 스페인은 이 신전을 부숴 그 돌로 자신들의 새로운 건축물을 지었단다. 바실리카 성당도 그중 하나다.

때는 오후 네 시였다. 바실리카 종탑은 다섯 시까지만 관람을 허락했다. 라티노들이 중요하게 생각하는 건 일보다 휴식. 그러므로 다섯 시가 되면 칼같이 관람객들을 끌어내릴 것이다. 우리는 서둘러 언덕을 올랐다. 가만히 있어도 숨 찬 세계에서 두 번째로 높은 수도인데, 성당은 언덕 꼭대기에 있었고, 성당에 헉헉대며 도착하면 곧바로 종탑 끝까지 올라야 하는 순서였다. 내려오는 것까지 한 시간 내에. 중빈이 뛰어가며 볼멘소리를 했다.

"난 못 올라! 이건 정말 너무해!"

하지만 녀석은 이미 나보다 앞장서서 힘차게 달리고 있었다. 언덕을 오르자 숨이 턱까지 찼다. 그럼에도 곧바로 입구를 찾아 종탑을 오르기 시작했다. 시작부터 정말 부실해 보이는 계단이 나타났다. 한 번에 두 명이 오르면 부러질 듯 녹슨 철제계단이었다. 계단 다음 계단, 그 계단을 꺾어 돌면 다시 계단. 고전영화에 등장하는 것처럼 멋진 종탑 내부는 아니었다. 콘크리트와 철근으로 마감된, 겉으로 드러나지 않아 최소한의 예산으로 유지되는 전형적인 건축물 내부였다. 그러나 탑을 오르는 스릴만큼은 영화 속 못지않았다.

"또 계단이야? 오, 마이 갓!"

중빈은 한 층을 오를 때마다 그런 식으로 뒤따르는 내게 사전 정보를 전했다.

"헉, 여긴 아예 계단이 한 칸 빠졌어!"

철근이 삭아서 계단 일부가 사라진 채 대롱대롱 허공에 떠 있는 곳도 있었다. 그래도 매달려 오른다. 무조건 오른다. 점점 꼭대기가 보인다. 어느 정도 오르자, 종탑 반대편에 있는 성당의 또 다른 부속물, 쌍둥이 시계탑과 높이가 같아졌다. 쌍둥이 시계탑 사이로 저 멀리 파네시오 언덕의 마리아 상이 보였다. 절묘하게 계산된 위치였다.

우리는 이제 시계탑을 내려다보며 더 높이 오르기 시작했다. 이 성당의 정식 명칭은 바실리카 델 보토 나쇼날. 신대륙에서 가장 큰 네오고딕 양식의 성당이다. 성당을 짓기 시작하여 완공식을 하기까지 무려 105년의 세월이 걸렸다. 예산 때문이다. 아직도 기술적으로 완벽하게 끝난 것은 아니라고 한다. 너무 오래 걸리다보니, 현지인들 사이에서는 "성당이 완성되는 날,

이 세상이 끝날 것이다"라는 전설까지 전해져 내려온단다.

중빈의 외침이 들렸다.

"야호! 대한민국 오중빈이 드디어 여기 올라왔다!"

마지막 층이로구나. 네모난 작은 방이었다. 실질적으로 종과 그 부속품들이 매달려 있는 위쪽은 출입금지 구역이었다. 관람객에게 공개된 곳은 여기까지. 종을 울리지 못하는 것은 아쉬웠지만, 콘크리트 벽에 다양한 문양으로 뚫린 창을 통해 키토 시내를 내려다볼 수 있었다. 서쪽 창으로 베어든 오후 햇살이 동쪽 벽에 부드럽게 빛의 문양을 드리웠다. 자투리 벽면에는 알뜰하게 써넣은 사랑의 맹세들이 가득했다.

사랑을 고백하거나 확인하기에 이보다 좋은 장소는 없겠다. 허술한 계단을 오르내리며 질렀을 비명, 잡았을 손, 그리고 마침내 키토 전체가 내려다보이는 로맨틱한 풍경 속에 키스하기.

그중 몇 개를 소리 내 읽어보았다.

"CHAT Y VICKO A beautiful love." (채트와 비코, 아름다운 사랑)

"Love Forever." (사랑은 영원히)

그래, 영원을 맹세하지 않으면 사랑이 아니지. 그러나 영원한 사랑은 인간의 사랑이 아니지. 중빈이 내 손에 있던 펜을 들고 빛의 일렁임 속으로 들어가 쪼그려 앉았다. 제 이름 하나를 새겨 넣는 듯했다. 나는 빛 속에 잠긴 아이의 작은 등을 바라보았다. 아직은 혼자서도 충일한 나이다. 뼈를 강타하는 고독이나 내장 깊은 곳을 할퀴는 그리움 같은 것 없이, 아직 모든 것이 가능성으로만 존재하는 씨앗의 시기. 머잖아 사춘기가 시작될 것이다. 씨앗을 찢고 세상을 향해 여리고 불완전한 싹을 틔울 것이다. 아플 것이다. 그러나 연인과 완벽한 사랑을 약속하는 꿈같은 나날도 존재하겠지.

아래쪽에서 종탑 직원이 우리를 불렀다. 5시가 되어가는 것이다. 내려가는 길은 아무래도 더 아찔했다. 꼬마 수다쟁이는 겁에 잔뜩 질려 슬로모션으로 내 뒤에서 내려왔다. 또다시 유언을 남기면서.

"아빠한테 먼저 하늘나라로 가서 미안하다고 전해줘. 하지만 꼭 말해줘. 올라갈 땐 정말 용감했다고."

"아빠 말고 우리 저 아저씨한테 좀 미안해하자. 퇴근시간인데 우리만 기다리고 있잖아. 조금만 서둘러."

꼬마는 뭐가 좋은지 깔깔 웃는다. 그리고 터뜨리는 폭탄.

"나 쉬 마려! 싸겠어!"

이거야 원, 계단이 천리 길처럼 남은 종탑 꼭대기에서 참으라 할 수도 없고, 사랑을 맹세하는 방에다 싸라고 할 수도 없고. 생수병을 내밀었다. 사내아이라 천만다행이다. 하긴, 남들이 키스로 정점을 찍는 곳에서 우리가 쉬로 정점을 찍는 건 어제오늘 얘기도 아닌 게지.

여학생 자취방으로 돌아오는 길에, 중빈이 말했다.

"엄마, 나한테 영어를 가르쳐줘서 정말 고마워. 안 그랬으면 지금까지 내 (외국) 친구 중에 99퍼센트는 못 사귀었을 거야. 나 스페인어도 배울래. 그럼 이 담에 내 애들에게 내가 스페인어를 가르쳐 줄 수가 있잖아. 또 엄마 아빠랑 다시 남미에 올 수도 있고. 그때 엄마처럼 버벅대지 않아도 되고."

자녀가 외국어 공부를 싫어한다면, 아마도 이것이 가장 좋은 비법이 될 것이다. 싫다는 학원에 계속 보내지 말고 그 돈으로 함께 여행을 하는 것. 그 언어를 쓰는 곳으로 가서 적나라하게 보여주는 것이다. 왼쪽으로 가라는데 오른쪽으로 가서 한나절씩 헤매는 모습을. 천 원 내라는데 만 원 내서 원통함으로 머리털을 쥐어뜯는 모습을. 주문한 음식의 정체를 몰라 좋든 싫든 나오는 대로 돼지처럼 받아먹는 모습을. 여름방학 딱 한 달만 하라. 아이들은 부모 바짓가랑이를 잡고 절규할 것이다.
"제발, 내가 이 언어를 배우게 해줘!"

헤매는 것조차도
여정의 일부
equator

 가볍게 배낭을 하나 꾸려 짊어지고, 나머지 짐은 호스텔 창고에 보관해두었다. 우리는 먼저 적도 박물관에 들렀다가, 저녁에는 푸에르토 키토라는 곳으로 이동해 며칠 머물 예정이다.
 새로운 곳을 찾아 떠나면서, 손에 쥔 정보는 목적지에 동그라미를 쳐둔 에콰도르 지도 한 장뿐이었다. 터미널이 통째로 사라진 사건 이후, 나는 가이드북을 버렸다. 웹서핑으로 필요한 정보를 얻어볼까도 했는데 딱 한 번 해보고 그만두었다. 웹서핑의 가장 큰 단점은 '기시감'이었다. 이미지가 범람하는 시대, 예를 들어 한 건축물을 찾아가기 위한 검색을 시작하면 그것을 동서남북 사방에서 찍고 심지어 지붕에 올라가서 찍고 밑에 드러누워 찍은 사진까지 미리 보게 되었다. 그러고 나서 그곳에 가니 딱 요 정도의 맥 빠지는 소감이 찾아왔다. '뭐, 사진이랑 똑같네 그려.'

게다가 기록을 세우듯 하루에도 몇 군데나 찍는 '후다닥 여행자'들이 고작 한두 시간 머물러 사진을 찍고서 "이곳은 볼 게 없으므로 자는 건 비추" "그럭저럭 별 세 개" 등 거친 총평을 내려놓은 걸 미리 접하는 것도 김새긴 마찬가지였다.

그래서 이제는 출발 전 숙소 직원에게 목적지에 가는 대략적인 교통편을 알아낸 뒤, 그 근처에 도착해서 행인을 붙잡고 목적지를 확인하는 식으로 다니기로 했다. 스페인어도 못하는 주제에. 그러나 여행을 많이 다니다보면, 결국 모든 여행이 이 아날로그적인 방식으로 가능하다는 것을 깨닫게 된다.

이 방식은 여행자에게 제법 많은 저녁 시간을 자료검색으로부터 자유롭게 해준다. 더 많은 시간을 하루를 돌아보고 일기를 쓰고 숙소의 여행자들과 대화하는 데 할애할 수 있게 해준다. 무엇보다도, 그 장소에 대한 자신만의 환상을 온전히 간직할 수 있게 해준다. 환상과 실제를 맞춰보는 일은, 편지만 주고받던 연인을 드디어 만나게 될 때처럼 설레는 법이다.

예상 못하는 바는 아니다. 지도만 달랑 들고 여행하다보면, 꽤 자주 길 위에서 열통이 터질 거라는 걸. 게다가 에콰도르는 마침 길을 묻기에 좋은 장소가 아니었다. 에콰도르인들은 열 사람에게 길을 물으면 열 가지 다른 길을 알려준다. 모르면 모른다 하면 좋을 텐데, 어떤 식으로든 '막' 가르쳐준다. 이제 중빈은 내가 "저 아줌마에게 물어보면 가르쳐주겠지?" 하면 회의적으로 되물었다. "과~연~?" 그러면 우리는 깔깔 웃으며 조금 더 헤맬 각오를 단단히 해야 했다. 어느덧 헤매는 것까지도 우리 여행의 일부가 되었다. 그 와중에 벌어지는 돌발상황과 예기치 못한 만남 속에서 우리는 한 뼘

씩 자라고 있었다.

트롤리를 타고 키토를 벗어난 뒤, 시외버스로 갈아타고 적도 박물관을 찾았다. 적도 박물관은 두 개가 나란히 있었다. 이 중 '미타 델 문도'는 에콰도르 정부에서 세운 것으로, 놀이공원처럼 큰 부지에 과시적으로 세운 적도 기념탑과 레스토랑, 기념품 판매점 같은 것들이 있는 곳이었다. 여길 피해서 옆으로 200미터쯤 걸어가면 '인티난' 박물관이 있다. 한눈에 보아도 미타 델 문도와 매우 대조적인 것이, 좁은 부지에 주변 경관과 조화로운 에콰도르 전통가옥 몇 채가 올망졸망하다.

인티난 박물관에 3달러를 내고 입장하니, 가이드가 입장객 몇을 모아 안내를 시작했다. 먼저, GPS로 확인된 진짜 '적도' 박물관은 미타 델 문도가 아닌 인티난 박물관임을 강조했다. 그리고 적도에서만 가능한 흥미로운 실험들을 시작했다.

먼저 개수대에 물 빠지는 것 관찰하기. 교과서에서 남반구 북반구 이야기를 할 때면 꼭 나오는 코리올리 효과에 대한 것이다. 정확히 적도선에 개수대를 놓고 물을 내려 보내니, 물이 소용돌이 없이 아래로 쑥 빠져 내려간다. 개수대를 서너 걸음 북쪽으로 옮겨 물을 내려 보내니, 오마나, 시계 방향으로 소용돌이를 만들며 내려간다. 다시 조금만 남쪽으로 옮겨 실험하자, 시계 반대방향으로 소용돌이가 일어난다. 신기하다. 고작 몇 발짝 옮겼을 뿐인데.

이것과 관련된 또 다른 실험은 못 위에 달걀을 세우는 것이었다. 개수대에서 물이 소용돌이 없이 쑥 빠지는 것과 같은 원리로 적도에서는 달걀을 똑바로 세우기 쉬워진다는 것인데, 우리 그룹에서는 마지막 순간 내가 세워

환호 아닌 환호를 받았다. 손끝에 묘한 안정감 같은 것이 느껴지더니, 마치 바닥에 평평한 물건을 내려놓을 때처럼 못 위에 달걀이 떡 붙는 게 아닌가.

이외에도, 눈을 감고 적도선을 따라 팔을 벌리고 걸으면 두 팔이 제각각 북반구와 남반구의 서로 다른 힘을 받기 때문에 똑바로 걷기가 힘들어지고, 적도를 벗어난 바로 옆쪽에서 걸으면 한 방향의 힘을 받기 때문에 걷기가 쉬워진다든가, 하는 다양한 실험들로 체험자들을 놀라게 했다.

자, 그럼 이쯤에서 정리하자. 조사한 바에 의하면 미타 델 문도는 '진짜 적도 기념탑이 있으나 가짜 적도'에 있는 박물관이고, 인티난은 '진짜 적도에 있으나 가짜 과학'이 있는 박물관이다. 코리올리 효과는 지구 자전과 관련 있는 것으로, 모든 허리케인과 토네이도 역시 북반구에서는 시계 방향으로, 남반구에서는 시계 반대방향으로 돈다. 하지만 코리올리 효과는 편서풍이나 편동풍, 해류 등 거대한 현상에만 적용되고 개수대처럼 작은 힘에는 적용시키기 어렵다. 그 영향력이 제로이기 때문이다. 게다가 그 영향력을 제대로 구분하기 위해선 적도로부터 족히 100킬로미터는 떨어져야 '적도가 아닌' 현상이 나타난다고 한다.

그도 그럴 것이, 지구상에서 가장 둘레가 큰 부분인 적도 지역과 그보다 둘레가 적은 지역이 똑같이 하루 한 바퀴씩만 돌아 자전하기 위해선 같은 시간 동안 회전 속도가 다를 수밖에 없을 것인데, 이 속도 차에서 벌어지는 현상으로 코리올리 효과를 설명하기 때문이다. 그러니 적도로부터 서너 걸음 떨어진 곳에서 남북반구의 차이를 보여준다는 것 자체가 어불성설. 그들은 아마 개수대에 물을 부을 때 방향을 조절하는 기술을 알았을 것이다. 달걀도 마찬가지. 우리 중 누구도 그 달걀이 날달걀인지 삶은 달걀인지 묻지 않았다. 부주의하게 다뤄지던 것으로 보아 아마도 삶은 달걀이었을 터인데, 삶은 달걀을 못 위에 세우는 것은 지구상 어디에서나 가능하다. 적도를 따라 팔을 벌리고 걷는 것에 대해선 '특정한 선을 따라 눈을 감고 걷는 것이 언제나 어려운' 일임을 잊지 말아야 할 것이다. 여행자가 방금 보았던 적도실험 결과를 염두에 두고 심리적 압박을 받으며 걸을 땐 더더욱. 그러므로 적도 박물관에서 행하는 실험들은 재미 정도로 생각하면 좋을 것이다. 깊이 파고들지는 말고 말이다.

그럼에도 불구하고 인티난 박물관에는 특유의 매력이 있었다. 아마존 원주민들의 가옥이나 고대 무덤을 재현해놓아 그 내부를 들여다볼 수 있고, 조잡하다 싶을 만큼 광범위하게 수집해놓은 물품 가운데에는 제법 기괴해서 평생 못 잊을 것도 있기 때문이다. 예를 들어, 훈제 머리 같은 것들. 이것의 제조과정은 다음과 같다. 아마존의 한 부족이 적을 죽인다. 그 머리를 자른다. 자른 머리에서 뼈 안쪽의 내용물들을 빼낸다. 훈제과정을 거쳐 수분과 지방을 쫙 뺀다. 작게 오그라뜨린 이것을 자랑스럽게 목걸이로 걸고 다닌다. 말하자면, 승리의 훈제 트로피.

인티난 박물관 이후, 우리는 상대방이 뜻대로 안 움직여줄 때마다 협박하곤 했다.

"자꾸 그러면 훈제로 만들어버린다!"

● 인티난 박물관

극적으로 들어가 극적으로 나오다
Puerto Quito

지도를 보니, 푸에르토 키토는 키토의 북쪽이었다. 우리는 적도 박물관에서 나와, 빵과 우유를 사서 가방에 넣었다. 일차선 도로인 고속도로에 서서 북쪽으로 향하는 버스마다 세워서 푸에르토 키토에 가는가를 물었다. 생각보다 금방 버스에 탈 수 있었다. 방부제가 잔뜩 든 딱딱한 빵과 텁텁한 우유를 삼키는 동안 버스는 점점 높은 산으로 올라갔다. 구름이 낮게 내려앉아 앞이 잘 보이지 않는 길을 운전사는 굽이굽이 느리게 돌았다. 낭떠러지 계곡을 하나씩 건널 때마다 띄엄띄엄 떨어져 있던 마을에서 한둘씩 사람이 올라탔다. 어둠이 내렸다. 어느 지점에선가부터 버스가 내리막을 따라 전진했다. 기온이 높아지고 끈적거리기 시작했다.

운전사가 외쳤다.

"푸에르토 키토!"

내리고 나니 막막했다. 대로변 한 줄만 상점이 있는 진짜 소도시. 대로변 너머에는 이미 조명이 다 꺼지고 껌껌했다. 덜컥 걱정이 되었다. 숙소가 없으면 어쩌지? 태국의 툭툭을 닮은 오토바이 탈것이 눈에 띄어 기사에게 호텔이 어디 있느냐 물으니 데려다주겠단다. 그를 따라나섰다. 요란한 엔진 소리와 함께 금방 마을을 벗어났다. 어둠뿐이다. 아무것도 없다. 방금 비가 내렸는지 비포장도로에서 흙탕물이 튀어 올랐다. 불안하다. 이렇게 마을에서 먼 곳에 호텔이 있다고? 카메라를 불끈 움켜쥐었다. 유사시에 내려칠 딱딱한 물건은 이것뿐이다.

잠시 후 기사가 엔진을 껐다. 황량한 벌판 한가운데, 불 꺼진 낡은 이층 건물이 유령처럼 흐릿했다. 간신히 간판이 읽혔다. 그랑 오텔그랜드 호텔. 〈어셔 가의 몰락〉에 로케이션 하면 딱 좋을 건물이로다. 정말로 여기 묵고 싶지 않지만, 잠은 자야 하니 문이나 두드려 봐야겠다.

내가 오토바이에서 내려 댓 걸음 앞으로 나아갔을 때, 무언가 앞에서 폭발하듯 "왕!" 소리를 냈다. 기겁하며 보니 도사견이었다. 어둠 속에 엎드려 있다 일어선 것이었다. 나는 이미 나보다 훨씬 덩치가 큰 도사견 바로 앞에 서 있었다. 중빈이 일어섰다.

"엄마……."

"움직이지 마!"

도사견이 미친 듯이 짖기 시작했다. 끈으로 묶여 있는 것도 아닌데, 저 정도 발작을 하면서 당장 나를 덮치지 않는 것이 참 장하구나. 엄청나게 긴 시간처럼 느껴지는 몇 분이 흐른 뒤 이층에서 불이 켜지고 창문이 열렸다.

웃통 벗은 남자가 커다란 배를 내밀고 뭐라 소리 질렀다. 도사견이 조용해졌다. 그가 내게 방을 찾느냐고 물었다. 그리고 대답할 사이도 주지 않고 방이 없다며 도로 창문을 닫아버렸다. 휴우, 차라리 잘 되었다. 도사견과 웃통 벗은 남자와 함께 어서 가에 머물고 싶진 않았다. 나는 기사에게 마을로 돌아가자고 했다.

다시 비가 내렸다. 밤이 깊어갔다. 대로변 상점들조차 하나둘 문을 닫고 있었다. 아무 데라도 들어가야 했다. 이번에는 정말로 아무 데라도. 허름한 식당 2층에 호스텔 간판이 보였다. 매우 약삭빠른 눈빛의 식당 주인 남자가 내 위아래를 훑어보더니 위층에 7달러짜리 방이 있다고 했다. 끔찍한 방이었다. 완벽하게 더러웠다. 그 어느 것도 제대로 된 것이 없었다. 문은 잠기지 않았고 더러운 침대시트는 여기저기 찢어졌다. 그 가운데에 핏자국 같이 검붉은 얼룩이 큼지막했다. 어디에나 두툼한 먼지였다. 일 년 열두 달 청소라고는 하지 않는 방인 게 분명했다. 비가 들이치는 창문은 더 이상 열리지도 닫히지도 않은 채 비를 피해 날아드는 한밤의 벌레들을 꿀꺽꿀꺽 받아들였다. 욕실이 딸려 있긴 했으나, 역시 완벽하게 더러웠다. 머리카락과 흙이 바닥을 덮었다. 검은 거울은 아무것도 반사하지 않았다. 깨어진 변기는 좌석 시트가 없는 것은 물론 물도 내려가지 않았다.

주인 남자가 따라 올라오더니 예의 기분 나쁜 눈으로 말했다.

"아까 말한 가격은 일인당 가격이야."

그러니까 너는 몇 분간 저 아래에서, 늦은 시각 오갈 데 없어진 외국인 모자에게서 얼마나 더 뜯어낼 수 있을까를 고민했구나.

여행 중 선하지 않은 이들을 상대하는 방식이 내게도 있다.

"그게 일인당 가격이라 해도 얘는 어린애야. 반만 받아. 십 달러 줄게."

단돈 몇 천 원이 문제가 아니다. 궁지에 몰린 상황에서 무르게 보이지 않는 게 중요하다. 키토에서 어여쁜 여학생 자취방이 그 가격이었으니, 그는 내심 기뻤을 것이다. 군말 없이 내려갔다. 이번엔 내가 따라 내려가 손짓 발짓 섞어가며 말했다.

"물 한 양동이는 올려다줘야겠어. 최소한 변기는 써야 될 거 아냐."

그가 딸에게 퉁명스럽게 물을 갖다주라고 소리 질렀다. 부엌 쪽에서 들으란 듯 젊은 아가씨의 불쾌한 비웃음 소리가 났다.

방으로 돌아오자 중빈이 온통 땀에 젖은 채 침대 곁에 서서 어쩔 줄 몰라 했다.

"엄마, 여기선 자기 싫어. 침대에 개미가 많아."

제아무리 열악한 화장실이든 침실이든 불만이 없던 아이였다. 그래, 알아. 여긴 최악이지. 나는 속으로만 말하고 크게 심호흡을 했다. 어차피 이렇게 된 것, 나부터 마음을 가라앉혀야겠다. 그렇지 않으면 아이가 잠들 수 없을 것이다. 침대의 시트를 걷어 확실하게 털었다. 아이를 뉘고, 누운 자리를 따라 방충로션으로 동그랗게 보호선을 그렸다.

"이제 괜찮을 거야."

생수로 얼굴과 목을 닦아주고 입을 맞춰주었다. 아이는 약간 편해진 듯 눈을 반쯤 내리깔았다.

주인집 딸이 물 한 양동이를 들고 올라왔다. 머리끝부터 발끝까지 굵은 골격의 아가씨였다. 나는 그녀를 침대에 앉혔다. 아무 동아줄이라도 잡아야 한다. 내일도 이런 식이라면 정말 끔찍할 것이다. 내가 푸에르토 키토에 온 이유는 카카오 농장에서 머물기 위해서였다. 농장에서 초콜릿을 질리도록 먹는 꿈같은 상상을 하면서. 그런데 나는 그 농장에 대해 아는 것이 없었다.

이름도 몰랐고 위치도 몰랐다. 애초에 카카오 농장에 대한 정보를 준 여행자는 이렇게 말했던 것이다.

"그곳은 너무 작은 곳이어서 일단 가서 '카카오 농장'이라고만 말하면 모두 다 알아."

그런데 오토바이 운전기사도, 약삭빠른 숙소 주인도 카카오 농장에 대해 묻자 고개를 갸우뚱했다. 한마디로 내 아날로그식 여행의 정수이자 쓴맛을 이제 이곳에서 맛볼 참이었다. 나는 아가씨에게 스페인어 사전을 건네며 이름을 물었다. 마치 이물스런 물건을 보듯, 그녀가 나를 쳐다보았다.

"바네사."

"예쁜 이름이구나. 난 소희야. 한국에서 왔지. 얜 내 아들. 여행 중이야."
이물스런 눈빛이 조금 덜해졌다.

"너 나 좀 도와줄래? 혹시 카카오 농장이 어디 있는지 아니?"

그녀 역시 갸우뚱했다. 그리고는 무언가 생각난 듯 사전을 뒤적거리기 시작했다. 열린 방문 밖 복도로 시커먼 것이 지나갔다. 커다란 쥐였다. 바네사는 'c'로 시작되는 단어를 찾고 있었는데 손바닥만 한 포켓형 사전에 없는 단어인 모양이었다. 게다가 그녀는 사전 찾는 요령을 잘 알지 못해서 몇 번이나 같은 부분을 넘기고 넘기고 또 넘겼다. 덥고 끈적거렸다. 우람한 남자가 옆방 문을 따면서 유심히 나를 살폈다. 그리고 보란 듯이 꾀죄죄한 셔츠를 벗어 근육이 가득한 상체를 부풀렸다. 산 넘어 산이로고.

'그래……'

그쯤에서 나는 인정하지 않을 수 없었다.

'나는 미친년이다. 카카오 한 단어만 붙들고 이 시골까지 오다니.'

내가 자학에 빠진 사이, 바네사는 젊은이답게 사전 찾는 요령을 재빨리 터득했다. 이제 우리는 대화가 가능해졌다.

"카카오 농장을 찾아. 여기서 유명하대."

"여기가 원래 카카오로 유명한 곳이야."

"그래? 내일 그 농장을 찾아가려고 하는데."

"카카오 농장이 많다니까."

"내가 알고 있는 건…… 그 농장엔 애들이 많대. 대가족이래."

"이상하네. 내가 아는 곳은 외국인이 운영해. 어른뿐이야."

"내가 아는 여행자들도 그 농장에 묵었대."

"언제? 외국인은 처음 보는데."

"몇 달 전에."

"난 외국인을 본 적이 없는데."

"이웃 농장에 물어봐줄 순 없을까?"

"내가 아는 대가족 농장이 있긴 해. 내일 거기 데려다줄게."

"정말? 고마워. 그럼 아침에 보자!"

"그래, 잘 자."

이 정도의 대화를 나누는 데 한 시간 반은 족히 걸렸다. 두 여자가 마주 앉아서 연신 땀을 닦으며 인내심을 극대화하면서. 그나마 바네사가 빨리 이해하며 따라와주었기에 가능한 대화였다. 나는 일단 바네사를 믿고 안도했다.

경험에 의하면, 그 어떤 공간도 두 시간만 차분히 있으면 견딜 만해진다. 아프리카의 흙먼지 속에서, 영하 20도의 사막에서, 찜통 같은 열대의 만원 버스에 버티고 서서, 내가 발견한 공간 인내의 법칙이다. 제아무리 마음에 들지 않는 장소라도 두 시간만 그 장소에 기회를 주면, 있는 그대로의 '살게끔' 만들어진 주변이 보인다. 그 안에서 '살아가는' 사람들이 보인다. 그리고 나도 그 안에서 숨을 쉬고 '살 수' 있게 된다.

나는 다리가 세 개뿐인 의자를 문 앞에 세웠다. 의자가 힘을 쓸 리는 만무하지만 최소한 밖에서 누군가 문을 열고 들어올 때 바닥에 쓰러지며 나를 깨워줄 것이다. 신발을 신은 채 화장실로 들어가 양동이 물로 간단히 몸을 닦았다. 조금 살 것 같다. 열심히 기어오르는 개미를 몇 차례 쓸어내리고 쿠션감이라곤 전혀 찾아볼 수 없는 말라붙은 침대로 들어갔다.

안전지수가 낮은 제3세계에서, 밤에 도착한 장소는 언제나 불리하다. 여행자에게 불안과 두려움이라는 첫인상을 줄 수밖에 없기 때문이다. 하지만 아침이면 이 거리도 달라 보일 것이다. 내일은 또 내일의 일들이 벌어질 것이다. 바네사라는 동아줄이 위로가 되었다. 더러운 이불로 불안과 더러움을 덮어버리고 마침내 잠이 들었다.

아침이 되자, 비가 들이치던 창문으로 소리가 들이쳤다. 사람들의 외침과 오토바이 모터소리와 버스의 경적소리. 나는 아래로 내려가 바네사를 찾았다. 그런데 이럴 수가! 동아줄이 끊어졌다. 주인 남자가 바네사는 아침 일찍 어딘가로 떠났다는 것이다. 자기가 갑자기 심부름을 보낸 건지, 바네사에게 애초의 일정이 있었던 건지 말이 안 통하니 도무지 알 수가 없다. 분명한 건 그녀가 내게 약속을 해놓고 아무런 후처리 없이 사라져버렸다는 것이다. 침착하자. 이곳은 남미. 월급 받으면 다음 날부터 출근 안 하는 종업원이 부지기수인 곳이다. 그러니 이 정도는 자연스러운 일. 한밤의 대화를 꽉 붙잡고 있었던 건 월급 다음 날에도 노후를 걱정하며 일찌감치 출근하는 한국인의 사고였을 뿐, 바네사 입장에선 책임감을 지닐 리 만무하지.

주인이 약삭빠른 얼굴을 내게 들이밀었다.

"너 농장 찾는다며? 내가 소개해줄까?"

"됐어. 여기 십 달러. 잘 있어."

뒤도 돌아보지 않고 나왔다. 그의 입에서 나오는 건 농장이든 뭐든 그를 배불릴 것이지 나를 이롭게 할 것은 아닐 터이다. 아침이다. 어젯밤과 달리 내게도 여유가 있다. 길 건너 식당에 들어갔다. 길가 테이블에 자리를 잡고 앉아 풍성한 아침식사를 주문했다. 계란 프라이, 치즈, 빵, 초코라테, 카페라테, 딸기 스무디. 나는 천천히 많이 먹었다. 중빈에게도 넉넉히 권했다. 우리는 어차피 푸에르토 키토에 당도했다. 농장은 여기에 있다. 서두를 것 없다. 하루 종일 농장 하나 못 찾으랴.

식사를 마치고 중빈은 독서에 들어갔다. 나는 주변을 둘러보았다. 옆자리의 아저씨들이 좋은 손목시계를 차고 다림질 잘된 흰 와이셔츠를 입었다. 이 소도시에서 화이트칼라 계층이라면 아마 공무원들일 것이다. 나는 그들에게 근처에 여행자 정보센터 같은 게 있는지 물었다. 그들이 서로 토론하더니 나를 시청으로 안내해주었다. 시청에서 두 번 더 안내를 받은 끝에 지역 관광 및 홍보를 담당하는 직원을 만났다. 몸에 꼭 붙는 곤색 투피스를 차려입고 유창하게 영어를 구사하는 그녀는 내 몇 가지 부실한 정보를 종합하더니 곧바로 짚었다.

"기예르모의 농장이에요. 기예르모에게 자녀가 넷 있어요. 숙박도 가능하고 농장 체험도 가능한 곳이죠."

그녀는 지체하지 않고 지프차를 대령했다.

"거긴 멀어요. 안 그래도 제가 외부출장이 있어 나가봐야 하니, 일단 거기부터 모셔다 드리죠."

<u>오오오오오, 훌륭한 공무원!</u>

마을을 지나고 개울을 건너고 산으로 들어갔다. 정글이 무성해졌다. 무

성한 넝쿨과 가지들 사이로 면도기로 밀어낸 듯 깔끔하게 길이 나 있었다. 중간 중간 다른 농장들 입구가 보였다. 지프차가 마침내 그중 한 농장 입구로 들어섰다.

"빅토리아!"

공무원이 차에서 내려 중년 여성을 끌어안았다. 골격도 크고 미소도 큰 기예르모의 아내였다. 빅토리아는 미리 연락을 받았는지 단정하게 두 손을 모은 채 서서 우리를 기다리고 있었다. 왔구나, 말도 많고 탈도 많던 카카오 농장에!

빅토리아와 나는 공무원에게 감사의 굿바이를 했다. 빅토리아가 우리를 방으로 안내했다. 통나무 오두막이었다. 아래층에 방이 두 개, 위층에 방이 하나. 방마다 큰 침대가 두 개씩 들어 있었고 침대에는 모기장이 둘러쳐져 있었다. 우리는 일층에 머물기로 했다.

"다른 여행객 두 명이 지금 기예르모와 농장을 견학하고 있어요. 가서 함께하는 게 어떠세요?"

우리는 통나무집 앞 카카오 과수원으로 갔다. 빅토리아와 똑같이 큰 미소로 기예르모가 우리를 맞았다. 그는 청바지에 검은 장화를 신고 큰 칼을 들고 있었다. 때때로 길을 가로막은 가지를 치거나 열매를 자르기 위해서였다. 그와 함께 있는 여행객들은 스무 살 중반의 이스라엘 청년 우디와 이도였다. 내가 그들에게 인사를 하며 물었다.

"대체 너희들이 없는 곳은 어디야?"

정말이지 이스라엘인들은 없는 곳이 없다. 그들은 적당히 영어도 하며 스페인어도 한다. 정보도 꼼꼼히 공유해서 이런 외진 곳까지도 부드럽게 안착한다. 이도가 껄껄 웃더니 그 비밀을 들려준다.

"우리는 더 이상 가이드북 같은 건 들고 다니지 않아. 너무 무겁거든. 우리에겐 유명한 여행 사이트가 몇 개 있는데, 거기 들어가면 필요한 정보가 상세하게 다 있어. 먼저 왔던 사람들이 보강하고 그런 식으로 아주 잘 만들어져 있지. 그걸 참고해서 여행해."

이도는 구글 번역기를 사용하면 나도 이용할 수 있을 거라며 권했는데, 사이트에 들어가보지 않아도 짐작이 되었다. 론리플래닛 못지않게 훌륭할 것이다. 이스라엘의 젊은 여행자들은 한 나라를 두세 달씩 구석구석 여행한다. 큰 것만 보며 후딱 별점을 찍지 않는다. 물론 그 배경에는 "몇 개국을 다녀왔느냐?"고 묻기보다 "무엇을 보았느냐?"고 묻는, 여행의 밀도를 이해하고 존중해주는 사회적 동의가 있다.

그들은 이제 키토로 돌아갈 예정이라고 했다. 비록 여행 중이지만 오늘 밤 전 세계적으로 거행되는 유대교 행사에 참석하기 위해서라고 했다. 놀라운 민족이다. 저런 연대가 가능했기에 나라가 없었어도 그 오랜 세월 동안 민족이 유지되었고, 제노사이드로부터도 살아남아 세계 곳곳에 유대인 박물관을 세워 '피해자로서의' 참상과 교훈을 끈질기게 인류의 뇌리에 각인시킬 수 있었는지도 모르겠다. 시련 속에서도 부를 거머쥐고 지속적으로 권력의 배후에서 힘을 행사하면서.

어쨌든 나는 스페인어도 영어도 잘하는 능력자 이도와 우디의 덕을 톡톡히 보았다. 그들이 농장의 식물에 대한 기예르모의 설명을 통역해주었던 것이다. 먼저 카카오. 실물로 보는 카카오 열매는 색깔만 다를 뿐 그 형태는 수세미를 닮았다. 쭈글쭈글 우툴두툴 붉은 껍질을 지닌 큼직한 열매가 가지에 매달린 채 아래로 길쭉하게 늘어져 있다. 두툼한 껍질을 칼로 쳐내니, 안에서 가지런한 치아처럼 생긴 카카오 열매가 나왔다. 그중 하나를 집어 입에 넣었더니 꽤 달콤하다. 자꾸 집어먹게 된다. 카카오는 커피처럼 달콤한 과육을 제거하고 씨앗만 따로 건조시킨 뒤 초콜릿을 만든다. 특이한 것은 이곳에서는 과육을 '빨아서', 그러니까 직접 먹어서 제거한다는 것이다. 커피 열매에서 원두를 얻기 위해 브라질의 대형농장에선 기계로 열매를 거둬들여 대단위 기계공정을 거쳐 과육을 제거했고, 콜롬비아에선 커피노동자들이 손으로 열매를 채취해 소형기계로 일정량씩 과육을 제거했다면, 기예르모의 농장에서 카카오 열매로부터 씨앗을 얻기 위해 온 가족이 열심히 과일을 따먹고 씨만 따로 뱉어 모으는 것이다. 완벽한 수작업이라 할 수 있겠다. 아니, 구□작업인가? 기예르모, 그런데 여섯 식구의 힘으로 이게 가능한 거야? 애들을 더 낳아야 하는 거 아냐? 일행 넷은 다 먹은 카카오 씨앗을 뱉어 얼른 기예르모에게 건넸다.

이번에는 파파야. 기예르모는 튼실한 놈으로 골라 칼로 잘랐다. 우리는 파파야를 한쪽씩 들고 다른 식물로 이동했다. '과일빵'이란 식물은 씨앗을 쪄먹으면 감자 맛이 난다고 했다. 뒤이어 오렌지도 따 먹고 레몬도 땄다. 파인애플도 먹고 귤도 먹었다. 파인애플에서도 귤에서도, 그 누구도 우아하게 먹는 건 불가능할 만큼, 엄청난 즙이 흘렀다. 즙이 비처럼 바닥에 떨어지자 내내 점잖게 뒤따르던 기예르모의 개가 미친 듯이 꼬리를 흔들었다. 과일 농장의 개는 과일을 가장 좋아했던 것이다. 중빈에게 신나는 미션이 생겼다. 바닥에 지천으로 떨어진 오렌지 중 아무 거나 주워 껍질을 벗겨 개에게 던져주기. 개는 그 어느 방향으로 열매가 던져져도 곡예하듯 몸을 뒤틀며 완벽하게 잡아챘다.

우리는 향수의 원료가 되는 꽃의 향기도 맡아보고, 약재가 되는 열매의 고약한 냄새도 맡아보았다. 마치 생과일 뷔페라도 온 것처럼 계속해서 각양각색의 맛을 보고 냄새 맡고 따서 만지며 걸었다. 녹음과 원색, 향기와 기기묘묘한 냄새, 신맛과 달콤함 사이를 걸었다. 기예르모는 농부일 뿐만 아니라 놀라운 정원관리사였다. 우리는 그가 15년 전부터 만들었다는 나뭇잎 터널을 천천히 통과했다. 농장 전체가 그러했지만, 그중에서도 그 터널 안에 들어차 있던 초록의 묵직함은 굵직한 입자처럼 보행자의 빈틈으로 스며들어서 평생 잊기 힘든 감촉을 새겨 넣었다.

기예르모는 잉어로 가득한 연못에 다리를 놓았다. 우리가 발길을 옮길 때마다 잉어 떼들이 깜짝 놀라 일제히 방향을 뒤집었다. 치어들을 양식하는 아기 연못이 커다란 연못 곁에 따로 있었다. 연못 위로 너울대는 나뭇가지가 흔들릴 때마다 수면 위에서 빛의 편린들이 흩어지고 다시 모였다. 어느 방향으로 걸어도 아담한 산책로가 펼쳐졌다. 자연의 색감과 향미가 충일한 길들이. 식물에 관심이 없는 중빈조차 신이 나 뺨에 열매를 갖다 대고, 꽃마다 코를 벌름대고, 나무에 올라 펄쩍 뛰어내렸다. 그 어떤 마음의 상실을 품은 사람이라도 기예르모의 농장과 정원을 걷노라면, 점차 자연스러움과 풍성함의 세계로 흘러들 것이다. 조금씩 상처가 잊히고 허한 곳이 메워질 것이다. 나는, 그저 좋았다.

산책 중 벌어진 유일하게 불미스러운 일은 순전히 나의 준비가 부족한 탓이었다. 겹겹이 낙엽이 퇴적되고 이끼가 풍성한 토양에 조리를 신고 나섰던 것이다. 퇴적층 사이사이 생명의 둥지를 튼 무수한 미생물들의 존재를 무시한 채. 그러다 개미 떼를 잘못 밟았다. 개미들이 한꺼번에 발등을 습격했다. 동글동글 화끈화끈 발등 전체가 붉게 일어났다.

그래도, 나는, 그저 좋았다.

빅토리아가 점심을 준비했다. 일행은 식탁에 둘러앉았다. 시금치국을 연상시키는 수프에 치킨과 푸짐한 샐러드였다. 역시 빅토리아는 좋은 인상만큼이나 좋은 요리 솜씨를 지녔다. 식사 후 이도와 우디를 시내로 데려다줄 오토바이가 도착했다. 그들이 가방을 짊어졌을 때, 나는 감동을 받았다. 진짜 진짜 더럽고 정말 정말 커다란 배낭이었다. 침낭과 텐트와 매트리스, 슬리퍼에 트래킹화까지 덜렁덜렁 매달려 가방 꼴은 더 사나울 수 없을 만큼 사나웠다.

그들뿐만이 아니다. 다수의 유럽이나 북미 출신 젊은이들도 그런 크고 흉한 배낭을 당당하게 짊어진다. 배낭에 너저분하게 매달린 장비들은 일종의 증거이자 훈장이다. 우리는 열악하고 값싼 환경에도 기꺼이 도전한다는. 거기서 즐기며 버티며 자력갱생할 수 있다는. 아쉽게도, 내가 만난 한국 여행자들 중에 그런 가방으로 깊은 인상을 남긴 젊은이는 거의 없었다. 오히려 집에 멋진 시계를 두고 괜히 실용적인 시계를 차고 여행을 떠나 옷과 어울리지 않는다며 불평을 했던 대학생, 중세의 성을 휘릭 둘러보더니 시내의 나이키 매장에서 세일을 한다며 서둘러 떠났던 젊은이가 잊히질 않는다. 나는 진짜 진짜 더럽고 정말 정말 커다란 가방을 맨 한국인 젊은 여행자들을 많이 만나고 싶다. 그럼 그 장한 청춘의 훈장을 칭송하며 아낌없이 밥을 살 것이다.

중빈이 오매불망 기다리던 기예르모의 아이들이 학교에서 돌아왔다. 열 살 딸 니콜과 열세 살 아들 안더슨. 마침 안더슨이 사내아이를 한 명 데려왔는데다, 어여쁜 니콜이 당연하다는 듯 끼었기에 즉석에서 4인조 축구팀이 구성되었다. 기예르모의 넓은 농장에는 축구장마저 있었다. 그야말로 천연잔디가 깔린 축구장이었다. 아이들은 이리 뛰고 저리 뛰는 동안 구르고 깔깔

대며 친해졌다. 서먹하던 함성이 커다랗고 원시적인 함성으로 뒤바뀌어갔다. 니콜은 축구를 하다 말고 눈먼 닭을 돌보곤 했는데, 가여운 닭을 안고 있을 땐 완전히 참한 엄마이다가 축구를 할 때면 또래 머슴애들에게 지지 않는 왈가닥이었다. 나는 아이들 노는 모습을 몇 차례 카메라에 담았는데, 그때마다 작은 화면을 뚫고 나올 듯 발광하는 연둣빛에 깜짝 놀라곤 했다. 내가 지금 이토록 진한 연두 속에 서 있단 말인가.

나는 빅토리아의 설거지를 도왔다. 내 짧은 스페인어 실력에도 불구하고 우리는 수다가 가능했다. 아줌마이기 때문이다. 남편에 대해, 아이들에 대해, 집안일에 대해 짝하면 쩍하고 통했다. 그럼에도 이 두 아줌마 사이에는 커다란 간극이 있었다. 빅토리아가 남미에 올 때 스무 시간이 넘게 걸렸다는 비행에 대해 궁금한 점을 물었을 때 그것이 분명해졌다.

"그럼 화장실은 어떻게 참아?"

나는 잠시 그녀의 순진한 눈을 바라볼 수밖에 없었다. 그녀는 맏이를 키토의 대학교에 보냈다. 아마도 학비가 많이 들 것이다. 둘째는 몸이 아프다며 내내 방에서 나오지 않고 있었다. 그리고 아직 어린 안더슨과 니콜……. 그녀의 얇아진 셔츠엔 구멍이 뚫려 있었다. 네 아이를 모두 대학까지 공부시키기 위해선 저 셔츠가 훨씬 헤질 때까지 구멍 같은 건 개의치 않고 입어야 할 것이다. 나는 선뜻 다가가 그녀의 손을 잡았다.

"미안해. 내 스페인어가 형편없어서. 비행기엔 작은 화장실이 있어. 때가 되면 밥도 주고, 돈이 많은 사람들은 침대도 차지해."

그러자, 그 뒤로 내가 그녀의 말을 이해하지 못할 때마다 그녀가 내 손을 잡았다. 우리는 그런 식으로 말이 막힐 때마다 세제가 묻은 서로의 손을 쥐었다 놓았다 하며 간극을 좁혔다.

빅토리아가 설거지하는 방식은 뭉클했다. 그녀는 먼저 그릇이 가득 쌓인 설거지통에 가루세제를 뿌려 거품을 냈다. 농장 일을 도와주는 일손들, 가족, 손님들이 먹은 그릇들이었다. 빅토리아는 살림을 도와주는 일손을 따로 두지 않고 혼자서 다 해내고 있었다. 개수대의 수도에서는 형편없이 가느다란 물줄기가 흘러나왔다. 빅토리아는 큰 냄비 두 개에 물을 받아 바닥에 내려놓고, 먼저 설거지통에서 세제로 닦은 그릇들을 두 냄비에 한 번씩 헹궈 설거지를 마쳤다. 끼니마다 산더미 같은 설거지를 해내기에는 너무나 답답한 물줄기였기에 물이 이렇게 약해서 어쩌느냐고 묻자, 착한 빅토리아가 얼른 걱정 말라는 듯 답했다.

"괜찮아. 너네 방 샤워 물은 잘 나와."

샤워실에는 제법 큰 창문이 양쪽으로 나있었다. 누구라도 벗은 몸을 훤히 들여다볼 수 있을 만큼 큰 창문이었다. 그러나 이 정글 속에서 누가. 다만 창문 밖 나무들이 지켜보는 가운데 옷을 벗었다. 물을 틀자 찬물이 쏟아졌다. 빅토리아가 옳았다. 부엌에 비교하면 굵은 물줄기였다. 찬물로 들어섰다. 머리가 젖었다. 창문으로 흠씬 들어오는 저녁 햇살이 물줄기에 포개져 얼굴을 덮었다. 뜨거운 물이 철철 흐르는 내 집 욕실에는 창문이 없다. 이렇게 고운 빛과 물속에 한꺼번에 담겨져 몸을 씻는 것이 얼마만인가. 눈을 감아도 정신은 외려 깨어나, 빛물이 몸에 닿고 흐르는 겹의 감촉이 고스란히 느껴졌다. 큰 창문이 고마웠다. 덕분에 정글의 지켜봄 속에 샘물에 몸을 담근 암사자가 된 기분이다. 언제까지나 이러고 있고 싶지만 빅토리아의 부엌을 생각하면 물을 아껴야 한다. 수건으로 몸을 닦고 나무 바닥을 맨발로 디뎠다. 화학처리가 되지 않은 투박하고 거친 나무의 표면. 방 안의 큰 창에서도 꽃나무들이 일제히 반겼다. 꼭 기억하고 싶어졌다. 생에 딱 한 번 머물 이곳, 카카오 농장에서의 저물녘 샤워를.

어둠이 내리며 새소리는 잦아들었지만, 축구장에서 울려퍼지는 아이들의 흥분한 목소리는 잦아들 생각을 하지 않았다. 아이들을 잡아들이러 가니, 중빈은 웃통을 벗어던졌다. 안경 속까지 벌겋게 익었다. 넷 중 가장 크게 소릴 질렀다. 니콜은 쉼 없이 깔깔거렸다. 묵직한 안더슨은 목소리를 아끼는 대신 가장 큰 소리로 '뻥!' 공을 찼다. 나는 이제 씻을 시간이라고, 밤에는 찬물로 씻기 힘들어질 거라고 아이를 부르려다 그만두었다. 미칠 듯이 좋을 땐 끝까지 가는 거다. 나무가 나이테를 불리듯, 사람이 자신의 통을 키우는 건 바로 이런 순간.

정성스런 저녁이 준비되었다. 갓 따온 열대과일을 갈아 만든 주스가 디저트였다. 다른 곳 같으면 주인은 밥만 차려주고 들어갔을 텐데, 기예르모의 농장에서는 모든 손님을 정성으로 맞이하고 정성으로 보살피는 것 같다. 저녁도 함께 앉아 먹을 뿐 아니라, 중빈이 숙제를 할 때나, 내가 궁금한 것을 물었을 때나, 온 가족이 몰려와 참견하고 대답하고 살폈다. 어쩌면 농장이라는 고립되고 단절된 공간이 한몫했을지 모르겠다. '집'이 그리운 여행자들과 '사람'이 그리운 빅토리아의 가족들이 만나 하룻밤 가족이 되는 것인지도.

식사 후 날이면 날마다 공짜로 펼쳐지는 중빈의 음악회가 열렸다. 중빈이 바흐와 모차르트를 연주하자, 빅토리아가 생전 처음 들어보는 듯 물었다.

"한국 음악이야?"

빠른 곡에 이르자, 안더슨이 웃음을 참지 못하고 쿡쿡거렸다. 처음 접하는 악기와 음악, 연주자가 활을 정신없이 놀리는 모습이 우스꽝스러웠던 모양이다. 안더슨은 록페스티벌에 온 관객처럼 고개를 마구 끄덕이며 박자를 맞췄고, 나도 따라해보니 재미있었다. 우리는 바이올린 연주가 끝날 때까지 헤드뱅잉을 하며 웃었다.

밤이 되었다. 중빈과 모기장을 내린 침대에 나란히 누웠다. 초를 끄자 통나무집 안팎은 완벽한 어둠이었다. 벌레의 바스락거림과 동물들의 작은 움직임들이 또렷이 전해졌다. 마침 남반구의 춘분이었다. 이제부터는 낮이 길어질 것이다. 적도 기념탑에서 만난 한 남자는 나를 춘분 밤 행사에 초대했었다. 바로 오늘, 깜깜한 어둠 속에 산꼭대기에 올라 밤새도록 춤을 추며 달을 맞이하는 잉카의 전통 의식을 행한다고 했다. 그것도 좋았겠지만 이 정글의 밤도 좋다. 여덟 시쯤 일찌감치 누워 도란도란 이야기가 끊이지 않는 밤.

"엄마, 옛날에 코끼리에게 두 아내가 있었어. 자칼과 하이에나……."

반쯤 자며 들었다.

"하나 더 들려줄까? 나한텐 들려줄 얘기가 아주 많아."

이야기와 이야기 사이, 날 것과 날 것들이 만들어내는 소리 사이에 한 번쯤 와락 비가 몰아쳤다.

눈을 뜨니 환한 아침이다. 아이들은 벌써 학교에 가고 없다. 몸이 아프다는 둘째만 안채에 있는 듯했다. 빅토리아에게 아들이 어디가 아픈 거냐고 물으니 두통이라고만 했다. 나는 두통약을 가져다주었다. 아침을 맞이한 농장은 생명의 활기로 가득 차 반짝거렸다.

삶은 카사바와 야채를 가득 넣은 오믈렛으로 아침식사를 한 뒤, 빅토리아에게 초콜릿 만드는 과정을 보고 싶다고 했다. 그녀는 재료가 되는 카카오

1킬로그램의 값 3달러만 받고 곧바로 준비에 착수했다. 그리고 얼마 지나지 않아 우리를 부엌으로 불러들였다.

먼저, 빅토리아는 가스레인지에 팬을 올리고 말린 카카오 씨앗을 볶은 뒤 껍질을 벗겼다. 땅콩도 똑같이 볶아서 껍질을 벗겼다. 또 다른 불 위에는 물이 가득한 냄비를 얹고 크고 길쭉한 초록 잎을 넣어 끓였다. 이에바 루이사라는 잎으로 차를 우리는 것이라고 했다. 복통에 좋은 차인데, 나중에 초콜릿과 함께 마시면 좋단다. 아마도 달고 느끼한 것을 먹을 때 속을 가라앉혀주는 역할을 하는 모양이다.

분쇄기가 등장했다. 엄청나게 묵직한 것이 조상 대대로 물려받은 골동품만 같은데, 구입한 지 몇 년밖에 되지 않은 물건이란다. 여기에 껍질 벗긴 땅콩과 카카오를 넣고 갈았다. 카카오 가루는 벌써부터 초콜릿 분위기를 팍팍 풍기며 진한 갈색이 되어 나왔고, 땅콩 가루는 기름진 베이지색이었다. 접시에 놓자, 같은 계열의 두 빛깔이 나란히 곱다. 이제 작은 냄비를 올리고 우유를 끓이기 시작했다. 여기에 설탕, 카카오, 땅콩 가루를 넣고 저어주었다. 우유가 걸쭉해지면서 색깔이 점차 진한 코코아 빛을 띤다. 충분히 걸쭉해질 때까지 젓고 또 젓자, 끝!

빅토리아가 두 개의 오목한 접시에 걸쭉한 초콜릿을 담아 중빈과 내 앞에 내려놓았다. 또 다른 접시엔 바나나와 땅콩이 담겨 있었다. 그러니까 이것은 오가닉 초콜릿 퐁뒤! 바나나와 땅콩을 초콜릿에 찍어 먹는 것이다. 따끈한 이에바 루이사 차도 따라 나왔다. 오호, 이 씁쓸하면서도 싱그러운 차는 달콤하고 느끼한 초콜릿과 환상의 콤비로군.

중빈이 눈알을 빙빙 굴리며 엉덩이춤을 추었다.

"오호! 초코라떼! 초코라떼! 초코라떼! 여기는 천국!"

그러고는 초콜릿 접시를 들어 물처럼 들이켰다. 부드럽고, 고소하고, 달콤하고……. 아이 얼굴에 형언할 수 없는 행복감이 퍼졌다. 두 번째 접시를 채웠다. 또 들이켰다. 욕심껏 세 번째 접시를 채웠다. 그리고 절반쯤 남았을 때, 슬그머니 내려놓았다. 아이 얼굴이 어쩐지 멍했다. 내가 물었다.

"십 분 전에 춤추던 사람 어디 갔냐?"

빅토리아도 권했다.

"조금 더 먹지 그러니?"

중빈이 더듬었다.

"제, 제발…… 죄송하지만…… 저에게 더는 초콜릿 얘기를 꺼내지 말아 주세요. 으으…….."

빅토리아가 재미있어서 더 권했다.

"그래도 쬐끔만 더 먹자~!"

"아, 아, 아니라니까요. 됐어요. 초콜릿은, 이제, 십 년 동안, 정말, 됐다니까요!"

엄마들은 깔깔 웃었다. 나도 초장에는 초콜릿에 다이빙이라도 할 수 있을 것 같더니, 한 접시로 땡이었다. 속에서 느끼한 이무기 한 마리가 승천을 못해 계속 꿈틀대는 것만 같았다. 나는 더위에 볶고 끓이는 노고를 아끼지 않은 빅토리아의 뺨에 감사의 키스를 했다.

초콜릿 설거지를 마친 후 산책에 나섰다. 홀로 기예르모가 만들어놓은 녹음의 터널을 탐험하는 일은 일행과 함께 했던 어제와 사뭇 달랐다. 놀랄 만 한 적막이었다. 인적 드문 곳에서 자란 순진한 꽃과 곤충들이 내 작은 기척에도 긴장하는 듯했다. 지천으로 떨어져 있는 꽃들의 융단을 밟았다. 파란 꽃을 매단 나무 아래는 파란 융단이, 빨간 꽃을 매단 나무 아래는 빨간 융단이 깔려 있었다. 가지에 단단히 매달려 있는 싱싱한 꽃들에 벌새들이 민첩하게 부리를 넣고 꿀을 모았다. '콜리브리'라 불리는 벌새들은 이 지역의 자랑이기도 하다.

더 멋진 식물원도 있을 것이다. 더 멋진 숲도 있을 것이다. 이건 그저 누군가의 카카오 농장일 뿐임을 잘 알고 있다. 그러나 이 밀도 높은 생명의 정원을 마치 내 것인 양 홀로 차지하고 거니는 일, 그것은 식물원이나 숲과는 또 다른 감동을 선사한다. 아마도 기예르모가 15년 전에 의도한, 조용한 감동일 것이다. 감동은 짬을 주지 않고 밀려왔다. 닭들이 풀을 헤집는 소리 사이로, 툭 열매가 떨어지는 소리 사이로, 잉어들이 놀라 일제히 방향을 바꾸는 소리 사이로. 나는 나뭇잎을 손바닥에 올리고 잎맥을 하나하나 더듬듯, 농장의 오솔길들을 면밀하게 더듬으며 그들의 존재감을 느낄 수 있었다. 나를 둘러싼 생명의 존재감을 느끼는 일은, 거울처럼 반사적으로, 내 생명의 존재감을 느끼게 했다. 내 숨소리를 듣고 발자국 소리를 듣도록 했다. 대체 내 숨소리를 마지막으로 들은 게 언제였던가? 발자국 소리는? 스스로의 하찮은 일거수일투족이 이토록 큰 존재감으로 다가온 적이 과연 있던가. 기예르모의 농장에서는 모두 나직하게, 그러나 생생하게 서로의 존재를 알렸다. 그리고 의좋게 공존했다. 신비롭고 감사한 경험이었다.

반전은 마지막 순간에 이루어졌다. 내가 가방을 꾸리고 숙박료와 식대를 계산하는데, 빅토리아의 둘째 아들이 안채의 문틈으로 시름시름 앓는 것이 보였다.

"저렇게 앓게 두지 말고 병원에 가보는 게 어떨까, 상태가 많이 안 좋은 것 같은데?"

"그러게. 기침도 심하고 열도 내리질 않네."

나는 가방에서 비상약을 종류별로 꺼내 빅토리아에게 건넸다. 스페인어로 약효를 설명하는 데에는 좀 시간이 걸렸다.

"이건 기침에 좋아. 아무 때나 먹어도 되고. 그래도 병원은 꼭 가봐."

그때였다. 빅토리아가 도저히 양심에 걸려 못 견디겠다는 듯 털어놓았다.

"사실…… 우리 아들은…… 말라리아야. 병원엔 가봤어. 낫기만을 기다리고 있어."

"말, 말라리아라고……?!"

"응. 이 일대에 말라리아가 퍼지고 있어. 학교에도 많은 아이들이 결석을 했고."

"빅토리아, 말라리아가 창궐할 때는 손님을 받으면 안 되지! 상황을 알리고 안전한 곳으로 돌려보내야지!"라고 소리치고 싶었으나, 스페인어를 못하는 관계로 얼굴만 하얘졌다. 이럴 수가. 이럴 수가.

농장에서 시내로 나오는 방법은 오토바이 택시를 부르거나, 3달러를 지불하고 기예르모의 차를 이용하는 방법이 있다. 나는 얼른 기예르모의 차에 가방을 실었다. 빅토리아와 포옹까지 하고 겉으로는 차분히 이별을 마무리했으나, 사실 정신은 간데없었다.

차를 타자마자 중빈에게 다그쳐 물었다.

"중빈! 여기서 모기 물린 적 있어?"

목소리가 갈라졌다. 하나마나한 질문이다.

"응. 여기, 여기, 여기, 그리고……"

"그래, 당연히 물렸겠지. 엄마도 수십 군데 물렸으니까. 앤더슨의 형이 말라리아래. 이 지역에 말라리아가 쫙 퍼졌대."

"헉! 진짜야?"

"그러니 잘 대답해야 해. 너 지금 몸 상태가 어때?"

"나……? 괜찮은…… 거 같은데?"

"엄마도 괜찮아. 너무 놀라서 기절할 것 같은 것만 빼고. 말라리아는 증세가 빨리 오니까 우리가 말라리아에 걸렸다면 지금 이렇게 멀쩡하진 못할 거야. 잘 피했어. 운이 좋았어. 휴우~."

가슴을 쓸어내렸다. 푸에르토 키토는 결코 잊지 못할 곳이로다. 극적으로 들어가서 극적으로 나오는구나.

굿바이 에일린, 행복의 씨앗을 뿌리는 사람

Otavalo

푸에르토 키토를 끝으로, 우리는 오타발로 돌아갔다. 일주일을 아이들과 보내기 위해서였다. 중빈은 나의 계획에 선뜻 동의해주었다. 아직 어린 중빈에게 '자원봉사'란, 바이올린을 연주하거나 축구를 하는 마냥 즐거운 활동으로 인식되었는지도 모르겠다. 아무튼 고마운 일이었다.

다시 응응대는 영화를 보며 오타발로 터미널에 도착했을 때, 흐린 하늘은 비를 뿌리고 있었다. 우리가 비를 맞으며 리비에라 수크레 호텔 앞에 이르자, 우연히 에일린이 마중이라도 나온 것처럼 문 앞에 서 있었다. 역시 우산 없이 젖은 채로. 그녀는 안경 너머로 눈을 동그랗게 뜨더니 말없이 두 팔 벌려 나를 안았다. 우리는 기분 좋게 비를 맞으며 잠시 그대로 포옹하고 있었다.
　에일린이 물었다.
　"무료 댄스수업이 있어. 같이 갈래?"
　일 초도 망설이지 않고 대답했다.
　"응!"
　그리고 짓궂게 덧붙였다.
　"저번에 여기서 널 안 만났다면 다시 올 일도 없었을 거야. 그러니 네가 우릴 책임져야 해."
　에일린이 깔깔 웃었다.
　"좋아. 아주 행복하게 해주지. 간단해. 춤부터 추는 거야."
　마침 수크레에는 캐서린도 윌리도 없었다. 우리는 가방만 들여놓고 체크인도 하지 않은 채 에일린을 따라갔다.

　아주 행복해진다고? 진땀만 난다. 살사가 이렇게 빠른 춤일 줄이야. 게다가 이렇게 진도를 팍팍 뺄 줄이야. 대체 몇 가지 스텝을 배우는 거야? 한 시간 만에 살사를 끝낼 작정인 거야? 새로 배운 스텝을 간신히 해내고 나면 바로 앞 스텝이 기억나지 않았다. 안 그래도 긴장한 몸이 점점 더 긴장하누나. 이 눈에 띄는 뻣뻣함을 어이하면 좋을고. 다행히 오늘 무료 수강생 중에는 할머니가 한 분 계셔서 나와 수준을 맞춰주셨다. 다른 수강생들은 대부분 인디오 아가씨들이었다. 전통복인 흰 블라우스에 검은 스커트를 입은 채 웃을 때도 조신하게 손으로 입을 가리는 이 아가씨들은, 그런데 일단 춤을 추기 시작하면 살랑살랑 흔드는 엉덩이의 유연함이 장난이 아니다. 어릴 때부터 보고 자란 게야. 암, 근본이 다른 게야. 여기선 골목축구 하는 꼬맹이들도 골 세레모니로 살사를 추잖아? 나는 그들이 발레리나의 토슈즈를 닮은 전통 샌들을 스커트 아래로 일제히 쏙 내밀고 일제히 쏙 거둬들일 때마다, 어이쿠, 내미는 거였어? 어이쿠, 내미는 거 아니였어? 하면서 종횡무진 사경을 헤맸다. 할머니, 제발 내 옆자리로 오소. 아니, 제가 갈까요?

에일린은 말하자면 춤 선생의 수제자였다. 그녀가 교실에 들어서자, 춤 선생과 그녀는 씩 웃으면서 '꾼'들의 미소를 주고받았다. 그러더니 수업이 시작되기 전 자투리 시간을 활용해, 스피커의 볼륨을 한껏 높여놓고 온갖 다양한 장르의 춤을 추는 게 아닌가. 검은 머리를 하나로 땋은 인디오 춤 선생은 에일린이 무릎 굽혀 림보를 해야 할 정도는 아니었지만, 턴을 할 때마다 하늘 위로 공을 던지듯 90도로 팔을 올려 그녀를 돌렸다. 댄싱 퀸 에일린은 언제나처럼 검소한 차림이었다. 구김이 많이 간 면바지에 검은 스웨터를 입고 머리를 질끈 올려 묶었다. 그들이 턴을 할 때마다 올려 묶은 금발과 땋아 내린 검은 머리채가 원심력에 의해 붕 솟았다 가라앉았다. 에일린도 춤 선생도 크게 소리 내 웃었다. 환상의 호흡이었다. 그렇게 몇 날 며칠이라도 춤을 출 수 있을 것 같았다. 정말이지, 그들은 '아주 행복해' 보였다. 오랜만에 가게를 엄마에게 맡겨두고 따라 나온 카롤린도 그들을 바라보며 '아주 행복해' 보였다. 나는 카롤린이 그렇게 크게 웃는 것을 처음 보았다.

열등생에게 진정한 문제의 순간이 도래했다. 기본 스텝을 다 가르친 춤 선생이 뒤에 서 있던 청년들을 불러 새 수강생들의 파트너가 되어주라고 한 것이다. 청년들이 기다렸다는 듯 우르르 다가왔다. 매주 이 시간 여기 와서 대기하고 있다가, 아가씨들과의 춤을 허락받는 이 순간을! 그러니…… 내 앞에 한 잘생긴 인디오 청년이 와서 섰을 때, 나는 시작부터 미안한 마음이었다.

'오래 기다렸는데…… 미안타. 누나가 나이 좀 먹었다.'

당연히 청년들은 모두 선수들이었다. 그리고 초보들의 실수쯤이야 익숙하다는 듯, 상대방을 너그럽게 이끌었다. 처음엔 누구나 실수를 했다. 아가씨들도, 나도, 할머니도. 실수는 풋풋한 웃음을 유발했고 어색한 분위기를 풀어주었다. 그러나 실수란 어쩌다 한 번 해야 귀엽지 계속하면 짜증나는 것. 어느덧 아가씨들은 쌩쌩 돌고 훨훨 추었다. 나는 박자를 놓치고, 발을 밟고, 반대로 돌았다. 아주 독창적인 춤을 추누나. 어쩔 수 없이 상대방의 눈치를 보게 되었다. 잘생긴 얼굴이 군, 어, 있, 다.

'미안타. 누나가 너무 오래 쉬었다.'

중빈이 나를 구했다.

"엄마, 벌써 한 시간이 지났어. 도대체 이거 언제 끝나?"

…… 라고 말하며 내 옷자락을 잡아끌었으면 좋았을 텐데 그러진 않았고, 내내 교실 뒤에 서 있다가 나와 눈이 마주치자 그런 표정을 지었다. 나는 후딱 그 표정을 낚아챘다.

"미안해요. 가봐야 해서……."

신데렐라가 같은 대사를 내뱉었을 때 왕자는 몹시 아쉬웠겠지만, 청년은 해방감을 느꼈으리라. 나는 청년의 해방감을 책임감 있게 완성시켜주기 위해 에일린을 그 자리에 밀어넣었다. 살았다. 이제 다 끝났나 싶었더니, 중빈이 최후의 일격으로 나를 쓰러뜨렸다.

"뒤에서 보니까 엄마가 제일 못하더라. 어떻게 할머니보다도 못하냐?"

저녁나절 수크레로 돌아왔을 땐, 윌리와 캐서린이 자리를 지키고 있었다. 그들은 커다란 미소로 우리의 컴백을 반겨주었다. 물론, 깐깐한 캐서린은 반가움 따로 업무 따로였다.

"그때도 말했지만, 그 가격은 특별 할인가였어요. 이번엔 그보다 더 주셔야 합니다."

그 일관성 있는 깐깐함마저 반가웠다. 물론, 캐서린은 감추어둔 속정을 때때로 조금씩 꺼내 보인다. 그날도 마찬가지여서, 그녀가 우리에게 준 방은 수크레를 통틀어 가장 좋은 방이었다. 넓은 침실과 화장실 사이에 조그만 거실이 있는, 한껏 과장해서 말하자면 일종의 스위트룸이었다. 거실의 나무 덧문을 열면 해먹과 분수가 있는 아름다운 중정이 내려다보였을 뿐 아니라, 수크레의 담벼락을 넘어, 저 멀리 마을을 건너, 눈 덮인 임바부라 화산 봉우리가 보였다. 그 풍경은 밤에 더더욱 아름다웠다. 중정은 은은한 조명 아래 잠들었고, 저 멀리 산중턱까지 자리한 집들이 반딧불이처럼 반짝거렸으며, 눈 덮인 화산 봉우리는 달빛을 받아서 신비롭고도 괴괴한 푸른빛으로 빛났다.

거실에는 나무 책걸상이 있었다. 매우 단단한 나무로 만들어진, 작지만 안정감을 주는 책걸상이었다. 허리를 꼿꼿이 펴고 앉으면 책도 술술 읽힐 것 같고 글도 술술 써질 것 같았다. 사실 길을 떠돌던 여행자에게 책걸상처럼 호사스러우면서도 뿌듯한 느낌을 선사하는 가구도 드물 것이다.

그러나 당장은 책상에 앉기보다 몸을 돌봐야 했다. 어찌된 영문인지 나는 아이보다도 볼썽사나운 몰골을 하고 있었다. 이를테면, 아마존에서 정체불명의 곤충에게 물린 목은 아직도 아물지 않고 붉게 부어 있었다. 초파리처럼 작고 빨간 그 곤충은 당시 살을 파고 들어가고 있었는데, 거머리도 아닌 것이 어찌나 힘 좋게 들러붙어 있던지 일행의 도움을 받아 떼어냈을 정도였다. 아이와 나는 그 이후 농담 반 진담 반으로 사람 몸을 숙주로 알을 낳는다는 아마존 정글 속 곤충에 대한 괴담을 늘어놓으며 이 상처를 근심스럽게 바라보곤 했다. 아마존에 다녀온 것이 벌써 한 달도 더 전의 일이니 아무래도 농담보단 진담이 되는 게 아닐까 두려워질 때가 있다. 그리고 카카오 농장에서 개미 떼의 습격을 받은 발등. 이것은 밤마다 미칠 듯이 가려워졌고, 이제 발등은 퉁퉁 부푼 동그라미로 가득해 차마 보기에도 끔찍할 지경이었다. 그뿐인가. 길가에 튀어나온 철조망에 손가락 하나를 찢겨 붕대를 감고 있었다. 나는 손가락의 붕대를 갈고, 화끈거리는 발등을 찬물로 가라앉히며, 결국은 긁으며, 잠이 들 때를 기다렸다. 알에서 깨어난 애벌레들이 내 몸을 숙주로 뜯어먹는 꿈이나 꾸지 않으면 다행이다.

다음날은 다시 토요일이었다. 장이 서는 주말.
"운 달러!" (원 달러!)
"운 달러!"
생명의 외침이었다. 이른 아침부터 트럭과 수레들이 부릉거렸다. 에일린은 모든 일정을 마치고 화요일 아침 일찍 키토로 떠나 독일로 돌아갈 예정이었다. 그래서 오늘 장터에서 고국의 가족들에게 줄 선물을 사고 싶어 했다.
"소희, 내가 선물 고르는 걸 좀 도와줄래?"
나는 장터에 따라나섰다가 그녀 몰래 반지를 하나 샀다. 에일린의 부모는 그녀가 어릴 때 이혼했기 때문에, 에일린은 할머니와 많은 시간을 함께 보냈다. 그래서 '할머니의 다락방'에나 있을 법한 앤티크 반지를 하나 골랐다. 그녀의 아름다운 눈동자 색깔과 똑같은 하늘색 돌이 박힌 걸로. 좋아했으면 좋겠다.
에일린이 또 오후에 물었다.
"카롤린의 세 동생들을 데리고 놀이터에 갈 거야. 같이 갈래?"

물론 우리는 기쁜 마음으로 따라나섰다. 세 아이들은 각각 열한 살, 아홉 살, 여섯 살이었다. 아이들은 끊임없이 에일린을 향해 재잘거렸다. 에일린은 앞다퉈 덤벼드는 세 아이들 손을 고르게 잡느라 정신이 없었다. 배부른 아이들이 음식을 찾지 않듯이, 부모로부터 충분히 사랑받은 아이들은 스킨십에 굶주려 있지 않다. 에일린은 매주 토요일마다 아이들을 놀이터에 데리고 갔다고 한다. 세 아이들에게 에일린은 유일하게 바깥세상으로 나들이를 시켜주고, 친절하게 자신들의 이야기를 들어주며, 애정 어린 스킨십을 해주는 어른이었던 것이다.

중빈과 나는 뒤따라 걸었다. 중빈은 세 명 모두 여자라는 것, 쉬지 않고 수다를 떨 뿐 자신이 가져온, 장터에서 새로 산 축구공에 아무도 관심을 보이지 않는다는 것에 적잖이 실망한 눈치였다. 오타발로의 작은 시내를 벗어나자, 잔디로 뒤덮인 너른 공터가 나타났다. 이 천연 축구장을 '그냥 지나서' 유아들을 위한 시시한 놀이터로 직진하자, 중빈이 본격적으로 툴툴대기 시작했다.

"아니, 이런 데서 축구를 하지 않을 거라면 난 뭣 하러 축구공을 들고 온 거야?"

열 살 소년이 잔디 공터를 두고 새 축구공을 차볼 수 없는 건, 스무 살 청년이 고속도로를 두고 새 차를 몰아보지 못하는 것과 비슷한 심정일 것이다. 특히 그 열 살 소년이 동생을 돌보기 위해 하고 싶은 걸 참아본 적이 없는 외동이라면 더더욱.

"중빈아, 친구들은 오늘을 일주일이나 기다렸어. 지금은 저 친구들을 위한 시간이야. 기왕이면 놀이터에서 다 같이 할 수 있는 걸 찾아보는 게 좋지 않겠니?"

하지만 중빈은 자신의 뜻이 관철되지 않는 것만이 불만이었다. 그리고 불만을 분명하게 표현하기 위해 놀이터에 뾰로통한 얼굴로 앉아 아무것도 하지 않는 편을 선택했다. 에혀, 정녕 원한다면 그리 하시오, 도령.

놀이터에는 아이들이 많았고 엄마나 보호자들은 아이들을 풀어놓고 가만히 앉아 있는 분위기였다. 세 자매는 미적미적 서 있기만 했다. 그리고 에일린의 머리카락을 쓰다듬거나 손을 만지작거렸다. 놀기 대마왕인 내가 아이들을 놀이로 끌어들이려 미끄럼틀 위에 올라서자, 에일린이 여기서는 어른들이 놀이기구에서 노는 것을 안 좋아한다고 귀띔해주었다. 나는 중빈 옆에 얌전히 앉았다. 세 자매는 왔다 갔다 하면서 때때로 "에일린!"하고 불렀다. 그러면 에일린이 카메라의 셔터를 눌렀다. 삼십 분쯤 지났을 때야 깨달았다. 이 아이들은 놀 줄을 모르는 것이다! 제대로 놀아본 적도 없는 것이다!

나는 에일린에게 양해를 구하고 아이들을 모두 공터로 이끌었다. 아이들은 무조건 놀아야 한다. 땀이 나도록, 무릎이 깨지도록, 깨진 무릎이 아픈 줄 모르도록. 놀이는 아이들의 몸과 맘을 건강히 해줄 뿐 아니라, 어른이 되어 어려움에 직면했을 때에도 건강하게 헤쳐나갈 힘을 비축해준다. 더구나 이미 상처가 많은 아이들일 때에야.

우리가 공터로 나가는 걸 보면서도 중빈은 상한 자존심을 세우며 모른 체했다.

"흥, 이제야 거기로 나가겠다는 거야?"

내가 세 자매를 향해 공을 뻥 차며 외쳤다.

"차! 아무 데로나 차! 내가 다 받아줄게!"

둘째 타키가 어색하다는 듯 살짝 걷어찼다. 내가 달려 나가 셋째 나탈리에게 공을 보냈다.

"나탈리, 에일린에게 보내!"

나탈리가 힘껏 찼으나 헛발질이었다. 중빈이 도저히 못 견디겠다는 듯 놀이터에서 뛰어나왔다.

"아니, 어떻게 저런 걸 못 찰 수가 있지?"

그러고는 발이 근지러워 죽겠다는 듯 에일린의 공을 받아 있는 힘껏 찼다. 단연 여자들이 찬 공보다 높이 솟아 멀리 날아갔다. 중빈은 비로소 기쁨으로 훨훨 날며 시키지 않아도 얼른 뛰어가 공을 되가져왔다. 예상치 못한 '선수'는 나탈리였다. 나탈리는 금방 정확하게 공을 조준하고 몸의 힘을 공에 실어 세게 쏘아 올리는 법을 터득했다. 무엇보다도, 온몸을 날려 데굴데굴 구르며 넘어지며 까르르까르르 웃으며 미친 듯이 공을 향해 덤빌 줄 알았다. 나탈리의 실력이 급상승한 덕분에 우리는 적절히 팀을 구성할 수가 있었다. 나와 나탈리가 한 팀, 타키와 중빈이 한 팀. 타키는 여성적인 아이였지만, 공의 흐름을 적당히 맞추며 게임을 즐겼다. 막내는 자기 적성을 찾아 에일린의 손을 잡고 놀이터로 돌아갔다.

공터에는 함정이 많았다. 풀에 가려 보이지 않는 구멍도 제법 되었고, 돌부리도 여기저기 솟아 있었다. 우리는 공을 쫓으며 예사로 넘어졌다. 발목을 삐끗하여 비명을 지르기도 했다. 공을 뺏기고 풀밭 위에 대자로 드러눕기도 했다. 그 어떤 것도 우리의 뜀박질을 멈추게 하지 못했다.

"나탈리!"

"나탈리!"

나는 천 번쯤 외친 것 같았다. 모락모락 먼지에 싸인 나탈리에게, 드러누워 숨을 헐떡이는 나탈리에게, 소담스러운 산자락을 배경으로 우뚝 서 있는 나탈리에게, 공을 보내고 또 보냈다. 나탈리는 간지럼 타는 아이처럼 까르르까르르 웃고 또 웃었다.

　땅 위에 그늘이 가뭇하게 내렸다. 화산 분화구 높은 쪽에만 늦저녁 햇살이 걸렸다. 공터에 함부로 벗어둔 재킷을 찾아 걸치며 돌아갈 채비를 하는 동안, 아이들은 다시 올 때처럼 손에 손을 잡았다. 그러나 이제 세 아이들은 에일린의 두 손을 놓고 다투지 않아도 좋았다. 나탈리가 내게로 와 손을 꼭 잡았던 것이다.
　오타발로 외곽에는 버려진 기찻길이 있다. 누가 먼저랄 것도 없이 여자들은 선로를 밟으며 걸었다. 양팔을 벌려 흔들흔들 균형을 잡으면서. 선로에서 떨어지는 사람이 있으면 대열의 순서가 뒤바뀌었다. 뒤바뀌는 대열 사이사이로 중빈이 공을 차며 지그재그로 오갔다. 기찻길이 소실되는 지점에는 먹구름이 가득했다. 분화구에만 남아 있는 저녁햇살과 까맣게 몰려드는 먹구름의 대조는 너무 아름다워서 가슴이 뻐근해질 지경이었다. 뻐근한 가슴을 다독이기 위해 숨을 크게 들이킬 때마다, 비를 머금은 바람이 폐부 깊숙이 파고들었다.
　비는 내릴 듯 내릴 듯 내리지 않았다. 기찻길 옆 초원 속에서 어린 송아지가 촉촉한 바람을 맞으며 어미의 젖을 빨았다. 개들이 나부끼는 풀 사이를 늑대처럼 홀연히 거닐었다. 근교의 마을 안으로 들어섰다. 아이들이 정말 많았다. 아이들의 소란스런 외침 사이로 매우 아름다운 멜로디가 흘렀다. 먹구름과 햇살이 비를 머금은 저녁, 개와 늑대의 환영이 노니는 저녁, 땀과 웃음을 실컷 흘려 얼굴이 꽃봉오리처럼 환해진 소녀들의 손을 잡고 거니는 저녁, 안 그래도 뻐근한 가슴을 더욱 뻐근하게 하는 멜로디였다.
　"에일린, 이 음악은 어디서 나오는 거야?"

"이거? 쓰레기차야."

세상에. 누가 음악의 본고장 안데스가 아니랄까봐, 쓰레기차마저 저토록 아름답게 노래하는구나. 나는 사라지는 노을의 여운을 끝까지 바라볼 때처럼, 쓰레기차의 노래가 더는 들리지 않을 때까지 귀를 기울였다. '행복한 저녁'이었다. 소박한 장소에서 소박한 만남과 소박한 시도들이 모여, 그 어떤 거대한 장소를 찾아 헤맬 때보다 진한 행복을 안겨주는 저녁.

오타발로 시내에 접어들자, 에일린은 그동안 자신이 이곳에서 일궜던 재산을 양도하듯, 내게 일일이 일러주었다.

"여기는 동네 사람들이 매주 모여 춤도 추고 운동도 하는 곳이야. 너도 참여할 수 있어."

"학교로 가는 버스는 여기서 타면 돼. 가서 자원봉사를 하고 싶다 말하면 얼마든지 자리가 있을 거야."

"저쪽에 빨래방이 있어. 주인이 아주 친절해."

그녀는 골목골목마다 걸음을 멈췄다. 목소리에서 애정과 아쉬움이 뚝뚝 묻어났다. 알고 있었다. 에일린이 가장 성심성의껏 당부하고픈 재산목록 1위는 아마도 카롤린을 포함한 네 자매일 것이다. 비록 내가 머무는 날이 많지 않더라도. 머무는 동안만이라도.

자매를 가게에 데려다주었을 때, 가게를 지키고 있었던 건 아이들의 엄마였다. 카롤린은 토요학교에 가고 없었다. 엄마는 에일린과 나를 향해 기계적으로 미소 짓고 이내 딱딱하게 굳어버린 얼굴을 아이들에게 돌렸다. 아이들은 마치 접착제로 붙은 손을 떼어내기가 힘든 것처럼, 가게 안에 들어서면서까지도 에일린과 내 손을 놓지 않았다.

수크레로 돌아오자마자, 중빈은 벽난로에 불을 지피러 갔다. 나는 내

방의 나무책상에 앉아 편지를 쓰기 시작했다.

　　에일린,

　　나는 오늘 정말 행복했어. 네 뒤를 졸졸 쫓아다니는 동안, 한 사람이 새로운 곳에서 얼마나 아름답게 뿌리를 내리고, 얼마나 커다란 결실을 거둘 수 있는가를 직접 눈으로 확인할 수 있었으니까 말이야. 네가 추수한 소중한 낟알들을 아낌없이 내게 남겨주어 고마워. 비록 일주일 남짓 머물겠지만, 힘닿는 데까지 그것들을 돌볼게. 특히 카롤린 자매들을 돌보는 걸 잊지 않을게. 언젠가 아이들이 폭포에 놀러갔을 때 굉장히 행복해 했다고 했지? 다음 주말에 꼭 거길 데려가겠다고 약속할게.
　　정말이지, 너는 그 어떤 척박한 곳에 떨어져도 행복의 씨앗을 뿌리는 사람 같아. 또 다른 곳에서 아름다운 결실을 거두게 되거든 꼭 내게 알려줘야 해!

　　P.S. 네가 떠나면 저 예쁜 오두막을 바라볼 때마다 많이 허전할 거야.

나는 편지봉투 안에 편지와 함께 '할머니의 다락방' 반지를 넣고 봉했다.

비를 맞으며
바람 길을 걷다
Otavalo

 수크레의 나무 덧문을 열자, 아침 햇살이 물결처럼 방 안으로 쏟아져 들어왔다. 나른한 거리의 소음도 함께. 봄이다. 그리고 일요일이다. 장기여행은 지속적으로 준비하고 이동하고 적응하는 강도 높은 노동이어서, 여행자들은 일요일을 따로 챙겨 쉬어주는 게 좋다. 그러나 이번 여행 중 처음인 것 같다. 이렇게 일요일 아침 늦게까지 침대에서 뒹굴어 본 게. 나는 중빈의 침대를 파고들었다. 봄볕에 눈이 부신 중빈이 얼굴을 잔뜩 찡그린 채 내 얼굴에 코를 대고 킁킁거렸다. 직접 살을 비비고 사는 가족 간의 사랑 표현은 의외로 후각에 많이 의존한다.
 "엄마, 만약에 이 세상 엄마들 얼굴을 다 가리고 엄마를 찾으라 한다면,

난 엄마를 금방 찾을 수 있어. 이렇게 냄새를 맡아서."

나는 오징어포처럼 납작해지도록 아들을 꽉 끌어안았다. 그리고 머리와 이마와 뺨 냄새를 실컷 빨아들인 후 명령했다.

"자, 오늘은 네가 아침을 차려봐."

"그래, 엄마는 쉬었다가 천천히 내려와."

선선히 수락한다 싶더니, 그대로 앉아 한동안 발가락 사이만 들여다보고 있다. 그러면 그렇지. 빵은 사두었으니, 사과를 씻고, 높은 찬장에서 접시를 꺼내는 일 정도만 하면 될 것이다. 발가락 검사를 끝낸 아들은 뭉그적거리며 침대에서 벗어났다. 잠시 후 아래층으로 내려가보니, 아들이 식탁 앞에 서서 나를 기다리다가 벅찬 얼굴로 허리를 90도 굽혀 인사했다. VIP를 맞이하는 고급 레스토랑의 웨이터처럼.

"오오오~!"

동그란 접시 위에 빵, 사과, 바나나가 각각 삼분의 일씩 고르게 공간을 차지하고 있다. 포크, 나이프, 필요도 없는 스푼까지 고르게 챙겨놓았다. 무언가를 예쁘게 꾸미거나 꼼꼼히 배치하는 데 관심이라곤 없는 사내아이에게서 나름 굉장한 정성을 쏟았다는 것을 알겠다.

우리는 빵을 먹으며 자원봉사와 노는 것의 차이에 대해 이야기를 나눴다.

"학교에서 아이들과 놀더라도, 우리가 아이들을 위해서 거기 있는 거라는 걸 기억해. 우릴 위해 아이들이 거기 있는 게 아니라."

아이는 잘 알고 있다는 듯 자신만만하게 고개를 끄덕했다. 하지만 불과 만 아홉 해를 산 아이에게 '알고 있다'와 '알고 있나?'는 별 차이가 없는 개념이다. 나는 일단 고개라도 크게 끄덕여준 것이 고마워서 빵 냄새 솔솔 풍기는 아이 입에 뽀뽀를 했다.

"중빈아, 이런 것도 생각해봐야 할 것 같아. 처음 만난 아이들끼리 금방 친구가 될 만한 놀이. 특히 말이 안 통할 때 말이야."
"저글링 어때? 공기놀이도 금방 배울 수 있어."

문방구에서 저글링용 탁구공 두 개와 공깃돌로 쓸 만한 소품을 샀다. 자원봉사는 월요일인 내일부터 시작될 것이다. 오늘은 다른 계획이 있다. 택시를 잡아탔다.
"콘도르 공원이요."
택시는 오타발로 시내를 벗어나 산속으로, 다시 산 파블로 호수를 지나 들판으로 달렸다. 요금은 3달러. 다른 교통편은 없다.

콘도르 공원은 멸종위기에 처한 안데스 콘도르를 포함, 다양한 맹금류와 부엉이나 올빼미를 보호하는 야생 조류들의 안식처이다. 세계 각지에서 기부 받은 희귀한 새들과 사냥꾼에게 포획되었다가 구조된 새들을 보호하고 있는데, 구조된 새 중 건강한 것은 바로 자연으로 돌려보내고 다친 새는 치료하여 되돌아갈 수 있도록 돕는다.

공원 입구에 들어서니, 떡 벌어진 전망이 감동이다. 임바부라 화산이 오른쪽에서 공원을 감싸고, 돌을 박아 만든 산책로를 따라 걷노라면 저 멀리 코타카치 시내와 코타카치 화산이 아련하게 펼쳐진다. 산책로에는 각종 희귀한 맹금류들이 우리 속 활대에 점잖게 앉아 있다. 대머리독수리부터 말로만 듣던 콘도르, 지구상에서 가장 빠른 생명체라는 펠콘과 해리포터에 나오는 올빼미까지.

이 공원의 또 다른 백미는 평소에 직접 보기 힘든 맹금류들의 활공을 코앞에서 볼 수 있다는 점이다. 공원의 책임자인 네덜란드 남성이 직접 길들인 맹금류를 데리고 나와 훈련 겸 운동을 시키는데, 이 '쇼'가 하루 두 차례 공개된다. 우리는 쇼를 지켜보기 위해 야외극장에 앉았다. 돌로 만든 반원형 극장은 로마극장을 반으로 뚝 잘라놓은 것 같다. 잘린 단면은 저 멀리 코타카치 화산과 시내를 면하고 있고, 반원의 오른편에는 임바부라 화산이 구름에 휩싸여 있다. 하늘은 파랗고 바람은 상쾌하다. 네덜란드 남성은 이 부지를 선정하기까지 엄청나게 발품을 팔았을 것이다. 완벽한 로케이션이다. 단연코 세계에서 가장 뛰어난 배경을 지닌 야외무대 가운데 하나이다.

　잠시 후 중년의 백인 남성이 가죽 글러브를 왼손에 끼고 그 위에 독수리를 앉힌 채 등장했다. 날렵한 몸매에 청바지를 입고 카우보이모자를 쓴 그는 무대 가운데에서 저 멀리 코타카치 시내 쪽으로 힘차게 걸어나가 독수리를 던졌다. 새를 던지는 행위는 우리에 갇혀 지내던 새에게 일종의 '도움닫기'가 되어주는 것 같았다. 독수리를 던지는 남성의 손길은 조심스럽지만 확신에 차 있다. 새의 의지를 존중하면서도 동시에 북돋는 손길이다. 새는 던져짐과 동시에 날개를 위엄 있게 펴고 활공을 시작했다. 활공의 반경은 작게 시작해 점점 커졌다. 독수리는 임바부라 화산을 발톱으로 낚아챌 듯 가까이 날아가다가, 다시 코타카치 쪽 하늘로 크게 선회했다.

　관람객들은 반원형 객석에 흩어져 앉아, 독수리를 따라 같은 방향으로 고개를 돌렸다. 독수리를 바라보는 아이들은 침을 꼴딱꼴딱 삼켰고, 어른들은 눈이 부셨다. 가볍이 훨훨 나는 것, 아무 때나 자유로이 선회하는 것, 그것이 부러워 어른들은 눈이 부셨다. 전통복을 입은 인디오 여인이나, 반바지를 입은 백인 관광객이나 부럽긴 매한가지였다. 쩍 갈라질 듯 파란 고지대의 하늘을 날아가는 새를 오래 쳐다보는 것만으로도, 납덩이 같은 어른의 무게가 가슴에서 쑥 빠져나갔다. 이제 관객은 새가 되었다. 부러움은 대리만족이 되었다. 우리에게 대리만족을 준 독수리는 두 마리였다. 6살짜리 검은 가슴독수리와 4살짜리 대머리독수리.

쇼가 끝나고 책임자인 백인 남성에게 다가갔다. 그의 손에는 피가 얼룩덜룩 묻어 있어, 중빈이 긴장했다. 내가 중빈의 귀에 대고 속삭였다.

"새만 길들이는 게 아니래. 어린아이도 길들이다가, 말을 안 들으면 잡아먹는다지 뭐니. 혹시 저 피도……?"

중빈이 떨면서 그에게 물었다.

"왜…… 왜…… 손에 피가 묻었죠?"

"너도 보았잖니. 방금 그 새들에게 생고기를 먹이로 주어야 했지."

중빈이 나를 째려보았다.

책임자는 눈빛부터 어투까지, 매우, 매우, 남성적인 사람이었다. 예쁘고 부드러운 것들보다 강하고 사나운 맹금류에 관심을 갖고, 좀처럼 길들여지지 않는 그들을 직접 길들일 뿐 아니라, 그들과 함께하는 삶까지 선택하는 사람이라면 당연한 일인지도 모르겠다. 그는 군더더기가 될 만한 어휘나 시간 낭비를 피하며 후딱후딱 공원에 대해 설명해주었다.

"나는 키토에 살고 있었어요. 2002년에 문득 극심한 사냥과 벌채 때문에 망가져가는 에콰도르의 자연을 보며 뭔가 하고 싶다는 생각을 했어요. 그러던 중 네덜란드 대사관에서 후원을 약속하면서 이 프로젝트가 시작되었죠. 이곳의 설립 취지는 새들을 보호하는 것뿐만이 아니에요. 나아가 환경보호에 대한 교육을 하고, 최종적으로 지역개발과 연계된 활동을 펼치는 겁니다. 도로, 전기, 어린이 교육 같은 것까지요. 예를 들어, 우리는 지금 오타발로의 초등학교에 급식지원을 하고 있습니다. 이곳에 놀이터도 구상 중이죠. 입장객 중 80퍼센트 정도가 에콰도르인들인데, 이들에게는 환경보호에 대한 교육이 절실합니다. 환경을 이슈로 한 박물관을 지어 어린이 워크숍을 운영하고 싶은 바람도 있습니다. 물론 모든 계획은 절대적으로 후원에 달려 있어요. 대사관에서 후원해주는 것만으론 부족하니까요."

그는 네덜란드에 살 때에도 펠콘을 키웠다고 했다. 독수리를 길들이는 데에는 3개월, 매나 펠콘은 6주면 충분하다니, 골든리트리버 한 마리도 제대로 길들이지 못해 산책시킬 때마다 질질 끌려 다녔던 나로서는 놀랍기만 하다. 맹금류를 다루는 그의 손은 나무껍질 같았다. 그는 나무껍질 같은 손으로 곁에 앉아 있는 개를 쓰다듬었는데, 새색시처럼 공손히 앉아 있는 그것은 도사견이었다.

"길들이기 어려운 것만 좋아하시는군요."

"도전을 두려워하지 않죠."

"이 공원에 대한 도전은 어느 정도 진행된 건가요?"

"제 꿈의 50퍼센트는 실현된 것 같습니다."

"그 과정을 짧게 표현한다면?"

"잠 안 오는 날들이 너무 많았죠."

그렇게 말하면서도 그는 호탕하게 웃었다.

제3세계를 여행하다보면, 그곳을 식민지로 망쳐놓은 것도 서구열강들이지만 그곳을 더 낫게 하기 위해 고민하는 사람들도 종종 같은 곳에서 온 이들이다. 그들은 자신이 머무는 장소와 사람과 문화에 진득한 애정을 지니고 오랜 시간에 걸쳐 지역사회를 변화시킬 만한 프로젝트를 진행한다. 그들은 선교사나 사업가가 아니다. 자신의 종교나 이익을 위해서가 아니라, 순수하게 그곳을 더 낫게 만들기 위해 노력을 경주한다. 그 힘은 어디에서 왔을까? 역사에 대한 반성과 고찰에서 왔을까? 또 다른 도전과 개척정신의 표현일까? 혹은, 그들의 선조가 수단방법을 가리지 않고 긁어모은 '부'가 후대에 가능하게 한 '지적 소양'의 긍정적 일면일까?

남미에서는 유독 삼성이나 LG 같은 한국 대기업 제품들이 인기였다. 그러나 한국 대기업들이 이익을 챙겨 가져갈 뿐, 지역사업을 위해 환원하고 있다는 이야기는 별로 들어본 적이 없었다. 환원이 전혀 이루어지고 있지 않아서라기보다, 그만큼 적게 이루어지고 있기 때문일 것이다. 현지의 지식인들 역시 이를 지적했으며, 이는 고스란히 한국과 한국인에 대한 인식을 좌우하고 있었다. 한국 기업들이 '이익'보다 '공존'에 대해 궁리할 시점이라는 것을 반영하는 민심인 것이다.

콘도르 공원에서 오타발로까지는 5.5킬로미터의 거리였다. 공원 관계자는 거리와 안전을 이유로 택시를 잡아타고 내려갈 것을 권했지만, 우리는 걸었다. 길 때문이었다. 쭉 뻗은 황톳길을 가운데 두고 왼쪽으로는 임바부라 화산이, 오른쪽으로는 드넓은 평원이 펼쳐졌다. 화산의 정수리는 먹구름으로 덮여 있었고, 내내 쨍하던 하늘도 약간 흐려져 도리어 걷기 좋았다. 황톳길을 따라 촉촉한 바람이 불어왔다. 어제 기찻길을 걸을 때 가슴을 뻐근하게 했던, 바로 그 비를 머금은 바람이었다. 화산 밑으로는 직사각형 밭들이 정성스럽게 이어붙인 조각보처럼 손질되어 있었다. 드넓은 평원 쪽으로는 라벤더 꽃들이 무더기무더기 진한 향기를 내뿜었다. 그러니 누구라도 취한 듯 걸을 수밖에.

직사각형 밭 안에서 할아버지가 흰 와이셔츠에 검은 판초를 걸치고 중절모를 쓴 채 양과 소를 몰았다. 할머니는 흰 블라우스와 검은 스커트에 빨간 조끼를 입고 빨간 두건을 쓴 채, 그러니까 작업복이라고는 도저히 믿을 수 없을 만큼 아름다운 전통복 차림으로 괭이의 일종인 원시 농기구를 들고 땅을 갈았다. 완벽하게 아름다운 자연 속에서, 완벽하게 아름다운 의상을 차려입은 사람들이 백 년 전 모습 그대로 노동을 하고 있다. 고산지대의 강한 햇살에 타다 못해 터져버린 할머니의 검은 손등과 그 아래 언뜻 내비치는 새하얀 손바닥, 그 극단적인 명암 대조로부터, 나는 문득 그녀가 할머니가 아니라 다만 내 연배일지도 모르겠다는 생각을 했다.

우리가 전진할수록 왼편의 화산 능선이 점점 낮아졌다. 그리고 산 파블로 호수가 이어졌다. 호수는 거대했고, 호숫가에는 촌락이 형성되어 있었다. 놀랄 만큼 아름다운 풍경화 속에 들어와 있었다. 그러나 좋은 것도 잠시, 커다란 개가 우리 앞에 우뚝 섰다. 나는 얼른 돌을 집어들었다. 그대로 한동안 대치했다. 길 끄트머리에서 할머니와 어린 손자가 나타나 개 이름을 부를 때까지. 개는 부름을 듣고 조용히 사라졌다. 모험을 좋아하는 중빈은 이 대치가 흥미로웠던지, 이때부터 짱돌만 보면 계속 주워 모았다.

"엄마, 큰 개가 나타나면 내가 하나 줄게. 떼로 나타날 때를 대비해서 엄청 많이 모아야지."

"이 사람아, 떼로 나타나면 도망가야지!"

중빈은 까륵까륵 웃었다. 도망가는 게 좋다니, 아직도 강아지인 게 틀림없구나. 강아지는 강아지답게, 얼마 지나지 않아 길가에 쉬를 했다. 산과 호수와 들판에 인적이라곤 없어서, 최대한 넓게 쉬를 뿌리며 장난을 쳤다. 비를 머금은 바람이 차르륵 꽃들을 쓰다듬었다. 왈칵 쏟아지는 라벤더 향기가 가슴에 꽉 들어찼다.

술 취한 사람처럼, 내가 향기에 취해 고래고래 소리 질렀다.

"아아~! 좋다~!"

중빈이 똑같이, 그러나 놀라듯 외쳤다.

"울 엄마~! 미쳤다~!"

나도 외쳤다.

"오중빈~! 쉬 싼다~!"

"으, 울 엄마~! 정말 미쳤다~!"

"미쳐도 좋다~!"

메아리가 서라운드 사운드로 우리의 실없는 외침을 되받아주었다. 오른쪽 들판은 이제 경사가 낮아져, 그 너머의 오타발로 전경을 보여주었다. 도시를 감싼 계곡 한 자락에서 구름을 쭉 빨아들이더니, 그 자리에 하늘과 땅을 연결하는 허연 물기둥이 섰다. 거기 비가 내리는 것이다. 이쪽 바람도 점점 눅눅해지는 것이 심상치 않았다.

커다란 개 세 마리가 우리 앞을 가로막았다. 엄마야. 그 자리에 우뚝 섰다. 중빈의 짱돌은 언제 어디서 새버렸는지 하나도 남아 있지 않았다. 때마침 비가 후두둑 떨어지기 시작했다. 개들은 다행히도, 그리고 영리하게도, 가까운 농가의 처마를 찾아 비를 피했다. 우리는 안도했다. 그렇다고 바로 뛰어 달아날 배포는 없었다. 천천히 자리를 벗어나는 동안 비에 젖었다. 이마를 굴러 눈으로 들어온 비가 눈물처럼 흘렀다. 자연 속에서는, 언제나 나와 나 아닌 것의 경계가 이처럼 흐릿해진다.

"중빈아, 이 비를 느껴봐. 언제 이렇게 온전히 비를 맞아보겠어?"

중빈이 핵심을 짚었다.

"그러니까 우린 저 개들만도 못한 거야."

나는 커다랗게 웃음을 터뜨렸다. 입속에 빗물이 든다. 달다.

어느덧 오타발로에 이르렀다. 우리는 빵집에 들어가, 젖은 몸을 부리고 뜨거운 코코아와 치즈를 넣고 데운 빵을 주문했다. 긴 산책과 모험으로 허기진 몸 안에서 음식은 눈송이처럼 스르르 녹아버렸다. 따뜻하다. 달콤하다. 부드럽다. 그런데 아직이다.

"중빈아, 엄마는 계속 배가 고파. 그리고 느끼해. 우리 빨리 수크레 가서 마지막 남은 신라면을 해치우자!"

"그래!"

또, 젖으며 걸었다.

하나뿐인 라면을 나눠 먹는데, 미국인 할아버지가 나타났다. 수크레에서 장기체류 중인 그는 작곡가 제임스였다. 동방예의지국에서 온 한국인답게, 나는 피 같은 라면을 제임스에게 한 젓가락 권했다. 내심 생각했다. 맵다고 할 거야. 그러나 이게 웬일, 그는 일 초 만에 후루룩 면발을 흡입하더니 아쉬운 듯 입맛을 다셨다. 눈물을 머금고 두 번째 젓가락을 권했다. 그는 또 뚝딱 흡입한 뒤 "정말 훌륭한 인스턴트 음식"이라며 찬사를 보냈다. 계속 머무르면서. 동방예의지국이고 자시고, 할아버지, 차라리 꽃등심을 한 쟁반 구워 드리겠어요. 이 마지막 라면은, 더는, 절대, 아니 되어요. 나는 눈을 질끈 감고 모른 체했다. 그것이 제임스와의 첫 번째 만남이었다.

JB, 선생님이 되다
Otavalo

아침 일찍 일어나 버스를 타고 오타발로 근교의 페구체로 갔다. 페구체는 본래 폭포가 유명한 계곡인데, 그곳 초입에 에일린이 추천해준 학교 카스카다가 있었다. 버스에서 내려 산자락을 조금 오르자, 교사校舍가 다섯 개 동쯤 되는 학교가 나타났다. 각 교사마다 교실이 한두 개씩밖에 없는 아담한 학교였다. 아이들의 연령은 유치부에서 초중고까지 다양했다. 산자락에 위치한 학교답게 사방이 초록이었다. 풀밭으로 뒤덮인 교정을 밟으니 이슬이 발가락을 적셨다. 싱그러운 아침 기운이 등교하는 모든 이에게 힘을 불어넣는 듯했다.

제3세계에서 자원봉사를 한다는 것은 특별한 자격증이나 신분확인 없이도 '늘' 가능하다. 도움은 많이 필요하고 조직은 허술하기 때문이다. 학교에 들어가, 아무 선생님이나 붙잡았다. "나는 이곳에서 영어를 가르치고 아들은 아이들을 위해 바이올린을 연주하고 싶다"고 하자마자, 교무주임쯤 되어 보이는 다른 선생님에게 안내되었다. 오 분 뒤, 그는 나를 디아니라는 예쁜 영어 교사와 함께 영어수업에 투입해버렸다. 오, 속전속결!

한국인 모자가 예고 없이 등장하자 아이들은 호기심 천국이 되었다. 한 반에 학생 수는 30여명쯤. 다 인디오 아이들이었다. 검은 치마에 흰 블라우스를 입은 여학생들과 흰 바지와 와이셔츠를 입은 남학생들이 똑같이 긴 머리를 길게 땋거나 묶고 있었기에 중빈이 부끄러운 듯 속삭였다.

"여자반이잖아!"

"자세히 봐. 치마 입은 아이들만 여자야."

디아니가 간단히 우리 소개를 한 뒤에 교실 뒤로 물러났다. 즉석에서 수업이 시작되었기에, 중빈은 어정쩡하게 바이올린을 들고 그냥 곁에 서 있었다. 아이들 영어 진도는 마침 현재진행형을 배우는 중이었다. 나는 칠판에 다양한 인물들의 이름을 쓰고 그들이 무언가를 하는 그림을 그렸다. 저글링용으로 준비해간 탁구공을 던져 받는 아이에게 질문했다.

"What is Mary doing?"(메리는 무엇을 하고 있습니까?)

"She⋯⋯ she is reading."(그녀는⋯⋯ 그녀는 책을 읽고 있습니다.)

에콰도르의 수업 분위기는 우리 80년대 수업 분위기와 흡사했다. 교사들은 수시로 아이들에게 소리를 지르거나 매를 들었다. 당연히, 게임으로 진행되는 새로운 수업을 아이들은 좋아해주었다. 나중에는 서로서로 공을 잡으려고 모두 일어섰다. 칠판에는 점점 더 많은 인물들과 동사가 등장했다. 디아니는 이 낯선 수업방식에 당황한 듯했다. 그래도 아이들이 뺨이 발개지도록 열광했기에 그대로 달렸다. 마치 원 플러스 원 상품처럼, 마지막에는 중빈의 연주를 끼워넣었다. 역시 클래식 음악은 졸린 것인가. 빰이 도로 제 빛으로 돌아오면서 아이들이 차분해졌다. 그래도 박수만큼은 후하게 터져 나왔다.

"오트로!" (하나 더!)

"오트로!"

음악을 사랑하는 안데스의 아이들답다.

열 시가 되자, 30분가량의 긴 휴식 시간이 주어지더니, 교문 밖에 세 명의 행상들이 나타났다. 옥수수와 잘게 썬 토마토, 양파를 섞은 일종의 샐러드를 그릇에 담아 팔기도 했고, 튀긴 감자를 콜라와 함께 팔기도 했다. 간식 시간이었다. 대부분 아침을 거르고 오기 마련인 불우한 아이들을 위해 학교에서는 사과나 빵을 나눠주는데, 용돈에 여유가 있는 아이들은 밖으로 나와 이런 별식을 사 먹는 것이다. 내가 사과를 먹는 동안 여자아이들이 내 곁에 오종종 몰려들어 이름을 묻고 질문을 퍼부었다. 중빈은 남자아이들에게 에워싸인 채 짧은 스페인어로 아이들의 질문을 받아내고 있었는데, 눈길은 축구를 하고 있는 큰 형들 무리에 가 있었다. 중빈 같은 작은 아이를 끼워줄 리 만무한 실력이었다. 축구가 한창일 때 한 아이가 장난으로 축구공을 교실 안에 감췄다. 교실 안 아이들이 창가에 매달려 키득댔다. 중빈이 교실에 들어가 따져 물었다.

"축구공 어딨어?!"

순진한 아이들은 또 키득대며 금세 공을 돌려주었다. 중빈이 공을 들고 나오자, 밖에서 축구를 하다 멈춘 형들이 함성과 휘파람으로 맞아주었다. 중빈은 공짜로 영웅이 되었다. 덕분에 형들의 축구팀에 감히 낄 수 있게 되었다.

내가 여자아이들과 손뼉치기 놀이인 '퐁당퐁당'을 하고 있을 때, 사람 좋게 생긴 음악교사 루이스가 성큼성큼 걸어왔다. 그는 영어를 할 줄 알았다. 인사를 나눈 뒤, 곧바로 그가 나를 음악실로 안내했다. 벽장 안에는 안데스 전통 악기들이 가득했다. 기타, 팬파이프, 봄보북……

"아시다시피, 이 학교는 100퍼센트 독일 알레마니아 재단의 후원으로 운영됩니다. 이 학교에서도 다른 학교처럼 음악시간에 서양음악을 교육했었어요. 오늘날 에콰도르에서 안데스 음악을 교육하는 학교가 거의 없지요. 그러다 최근 안데스의 아름다운 음악을 아이들이 배워 명맥을 이어나가야 한다는 취지하에, 재단에서 안데스 전통악기들을 구비해주었어요. 그리고 전통음악 연주가인 저를 고용했죠. 이제 아이들은 다양한 안데스 음악을 접하고 또 연주하고 있습니다."

이야기를 하는 동안 쉬는 시간이 끝났다. 아이들이 음악실로 들어와 루이스로부터 자신들이 연습 중인 악기를 하나씩 받았다. 그리고 제각각 흩어져 연주하기 시작했다. 루이스가 중빈의 바이올린 케이스를 가리켰다.

"당신이 바이올린을 연주하나요?"

"아뇨, 제 아들이요."

내가 아이들을 따라 들어온 중빈을 루이스에게 소개했다.

"오, JB! 이렇게 반갑고 고마울 수가! 지금 내 학생 중 2명이 바이올린을 배우고 있단다. 내가 가르쳐주고는 있는데 난 바이올린을 배운 적이 없어. 그 아이들에겐 제대로 바이올린을 배운 선생님이 필요해. 이번 주말에 음악 중간고사가 있어. 네가 그 아이들의 바이올린 선생님이 되어줄래? 좋은 성적을 낼 수 있도록 말이야."

나는 어안이 벙벙했다. 바이올린을 배워본 적 없는 선생님이 바이올린을 가르치고 있었다는 것부터가 내게는 신선한 충격이었다. 바이올린은 매우 까다로운 악기여서, 소리 내는 법을 비롯하여 기본을 튼튼히 배우기 전에는 연주가 불가능한 악기 중 하나이다. 적어도 내가 속한 세상에선 그렇게들 알고 있다.

선생님의 열린 자세가 두 번째 충격이었다. 그는 자유자재로 다룰 수 있는 다양한 안데스 악기들을 놔두고, 굳이 자신에게도 미숙한 서양악기를 아이들이 선택하도록 허락했다. 그리고 그 악기를 아이들과 함께 붙잡고 씨름하며 배워나가고 있었던 것이다. "오, 저는 정말 바이올린을 배우고 싶어요!" 그가 중빈의 바이올린을 보자마자 가장 먼저 한 말이었다.

선생님의 평등한 사고가 세 번째 충격이었다. 그는 중빈에게 동등한 뮤지션으로서 제안하고 있었다. 심지어 시간이 되면 자신에게도 꼭 좀 바이올린을 가르쳐달라면서. 이 철딱서니 없는 것에게 첫날부터 이렇게 막중한 임무가 주어질 줄이야.

중빈이 눈을 빛내며 시원스럽게 대답했다.

"네! 저는 정말 제가 배운 걸 아주 아주 잘 가르쳐줄 수 있어요!"

흐음, 한 문장 속에 '정말'이 한 번, '아주'가 두 번이로구나. 불안한데.

루이스가 바이올린을 배운다는 아이들 둘을 불렀다. 아주 착하게 생긴 열한 살 소년, 열두 살 소녀였다. 아, 나는 얘네들이 벌써부터 왜 이렇게 가엾냐. 음악실 안에서는 루이스가 안데스 악기를 가르치고, 바이올린 조는 밖으로 나왔다. 좀 전까지 축구를 하던 잔디밭이 연습실이 되었다. 그런데 막상 수업을 시작하자, 아니나 다를까. 중빈, 왜 그리 두 손이 허리로 올라가는고?

아이들은 아주 기초적인 것부터 당연히 엉망이었다. 꼬마 교사는 다양한 문제에 당면했다. 가르쳐본 적이 없다는 것, 그래서 두서가 없다는 것, 두서없는 와중에도 한 번 말하면 그대로 될 줄 안다는 것, 안 되면 이해를 못한다는 것, 언어까지 안 통하니 자꾸 팔짝팔짝 뛴다는 것.

"중빈아, 친절하게. 하나씩 하나씩 친절하게, 응?"

나는 그렇게 당부하고 음악실로 들어갔다. 차라리 안 보는 게 속 편해. 음악실에서는 아이들이 루이스의 수업에 귀를 기울이고 있었다. 루이스는 확실히 다른 선생님들과 달랐다. 풍부한 표정과 동작으로 아이들을 이끌었다. 바닥에 무릎을 꿇는가 하면 두 손을 하늘로 뻗어 올렸다. 그의 두 눈에서는 섬광 같은 열정이 뿜어져 나왔다. 온몸을 마지막 1인치까지 다 써도 음악을 표현하기엔 모자란 모양이었다. 잠시 후, 루이스가 물러나고 기타 6인조가 나란히 자리를 잡고 앉았다.

아, 나는 그 순간을 잊을 수가 없다. 똑같이 머리를 땋은 소년 여섯이 동시에 다리를 꼬고 기타를 올렸다. 하얀 천으로 만든 똑같은 샌들이 허공에 여섯 개 나란히 떴다. 개중에는 기타보다 몸통이 작은 아이도 있었다. 끌어안듯 부여안듯 소중하게 기타를 품었다. 그리고 음악이 터져 나왔다. '터져 나왔다'라고 밖에 표현할 길이 없다. 전혀 예상치 못한 실력이었다. 에콰도르의 산골 학교에서, 더러운 유리창으로 다른 반 아이들이 힐끔힐끔 안을 엿보는 허름한 교사에서, 자신의 악기를 소유해본 적조차 없이 수업 시간에만 띄엄띄엄 악기를 만져볼 뿐인 아이들이, 불꽃을 터뜨리듯 음악을 터뜨렸다. 빠르고 정교하게, 진지하고 조화롭게, 때로는 단순하게, 때로는 화려하게. 부모의 잔소리와 돈의 힘으로 쥐어짜낸 소리가 아니었다. 스스로 정성을 다해 빚어낸 소리였다. 간절함에서 기원한 소리였다. 그러므로 그곳이 학교라는 걸 감안할 때, 그들의 음악에는 보석만큼이나 값진 것이 담겨 있었다. 열정. 배우고자 하는 넘치는 열정. 루이스의 열정이 아이들의 음악 속에 고스란히 전이되어 있었던 것이다. 너무나 아름다워서 나는 그저 넋 놓고 들을 뿐이었다.

    6인조 가운데 가장 작은 아이는 열 살 마이크였는데, 한눈에도 신동이라고밖에 볼 수 없을 만큼 눈부신 기량을 지닌 아이였다. 제3세계에서 종종 그런 아이들을 만나게 된다. 탄자니아의 황무지에서 신기에 가까운 솜씨로 공을 차던 축구 신동 이삭, 필리핀의 작은 섬에서 셀린 디옹처럼 노래하던 열 살 소녀 웬디, 그리고 바로 저 마이크처럼 좋은 환경에서 태어났다면 대대적인 후원을 받고 시대의 아이콘이 될 가능성이 충분한 아이들을.

    "마이크는 기타를 배운 지 얼마나 되었나요?"

    "이제 1년쯤 되어 갈 겁니다."

    "겨우…… 1년…… 이라고요?"

    음악이 사라지고, 수업이 끝났을 때에도 아름다움은 계속되었다. 언제나처럼 루이스가 도로 벽장에 악기를 보관하기 전 한 시간 정도 연습 시간을 주었는데, 아이들이 자발적으로 음악실에 남아 악기를 연습했던 것이다. 서로 열심히 묻고 가르쳐주면서. 단연, 기타 신동은 여러 아이들을 가르쳐주느라 바빴다. 배워만 봤지 가르쳐본 적이 없어서, 뜻대로 되지 않을 때 팔딱팔딱 뛰던 아들과 대조적인 모습이었다.

    나중에야 알았다. 이들은 자본화된 우리의 음악교육과 정반대의 시스템을 지니고 있었다. 먼저 안데스 음악에는 교재도 악보도 없다. 모두 어깨 너머로 주법을 배우는 것이다. 돈을 내고 배울 형편은 더더욱 안 된다. 형이나 아버지는 물론, 친구나 동생에게도 배운다. 그저 나보다 조금 더 잘하는 사람이면 누구나 스승이 되는 것이다. 모자란 쪽에서는 배우는 것이 부끄럽지 않고 넘치는 쪽에서는 돕는 것이 당연하다. 왜냐하면 누구나 그렇게 시작하기 때문이다. 상하 없이 열린 자세는 여기서 생겨난다.

또 안데스 음악은 혼자서 여러 악기를 섭렵한다. 열린 자세로 이것저것 다 해본다. 그래서 대부분의 연주자가 안데스 악기의 절반 이상을 연주할 줄 안다. 교재와 선생과 돈이 없는 배움, 즉 경계 없는 배움 덕분에 오히려 가능한 일이다. 이런 식의 배움으로는 카네기홀에서 독주를 펼치기에는 부족한 실력이 될지 모른다. 그러나 그것은 어디까지나 서양음악에서 요구하는 전문성이자 긴장감일 뿐, 서로 보완하며 합주하는 흥겨움이 목적이 되는 안데스 음악에서는 반드시 필요한 요소로 작용한다. 루이스를 보라. 그는 바이올린이 '또' 배우고 싶다. 이 세상 모든 악기가 그에게는 열정을 불러일으키는 대상이자, 사랑 가능한 대상이다. 그 경계 없는 열정이야말로 루이스의 가장 큰 가르침이어서, 그의 제자들은 그것을 고스란히 물려받아 수업이 끝나도 묻고 답하며 다 함께 음악을 쌓고 있는 것이다.

중빈의 수업도 끝났다. 학교에 있는 바이올린은 한 대뿐이었는데, 원칙적으로 대출이 불가능했다. 중빈은 자신의 바이올린을 빌려주고 방과후 집으로 가져가 연습해도 좋다고 했다. 히로가 중빈에게 첫 만남에서 차랑고를 빌려주었던 것처럼. 두 아이들은 무척 기뻐했다.

"시험 때 지금처럼 하면 쟤네 빵점 받아. 연습 많이 해야 해."

꼬마 교사는 걱정이 태산이었다. 그러나 걱정은 늘 일 분을 넘기지 못했다. 그네와 시소가 있는 쪽을 바라보다가, 빈자리가 생기면 냉큼 달려가 올라타야 했기 때문이다.

그래도 오후에 학교를 나서면서, 중빈은 맛있는 음식을 먹고 레스토랑을 나설 때와 똑같은 어조로 말했다.

"아, 너무 좋았다!"

우리는 오타발로에 머무는 일주일 동안만이라도 스페인어를 배우기로 했다. 오후에 여유가 있기 때문이기도 했고, 그동안 스페인어를 못해 겪은 답답증이 극에 달했기 때문이기도 했다. 일주일 동안 언어를 배우면 얼마나 배우겠는가마는 다시 학생이 된 것만으로도 나는 즐거웠다.

스페인어 선생님은 빨간 야구모자를 즐겨 쓰는 동갑내기 남성 페르난도였다. 두 달이 넘는 시간 동안 남미 여기저기서 진탕 고생을 하고 나서 수업을 들으니, 분명한 장점이 있었다. 그동안 많이 들었던, 그래서 환장할 만큼 그 뜻이 궁금했던 표현이 나올 때 앉은 자리에서 쑤욱 흡수가 되었던 것이다. 알게 모르게 주워들은 단어도 제법 여럿이었다. 페르난도는 우리가 최소한의 어휘밖에 사용하지 못하면서 상대방의 말을 눈치로 때려잡는 수준은 최대한이라면서 몹시 놀랐다. 좋아해야 할지 슬퍼해야 할지.

첫 수업 후, 중빈이 정말로 궁금하다는 듯 물었다.

"대체 (첫 여행지인) 페루에선 어떻게 살아남았지?"

"그러게 말이야. 엄마도 지금 그걸 생각하는 중이었어."

우리는 고개를 갸웃하며 골똘히 서로의 얼굴을 바라보았다.

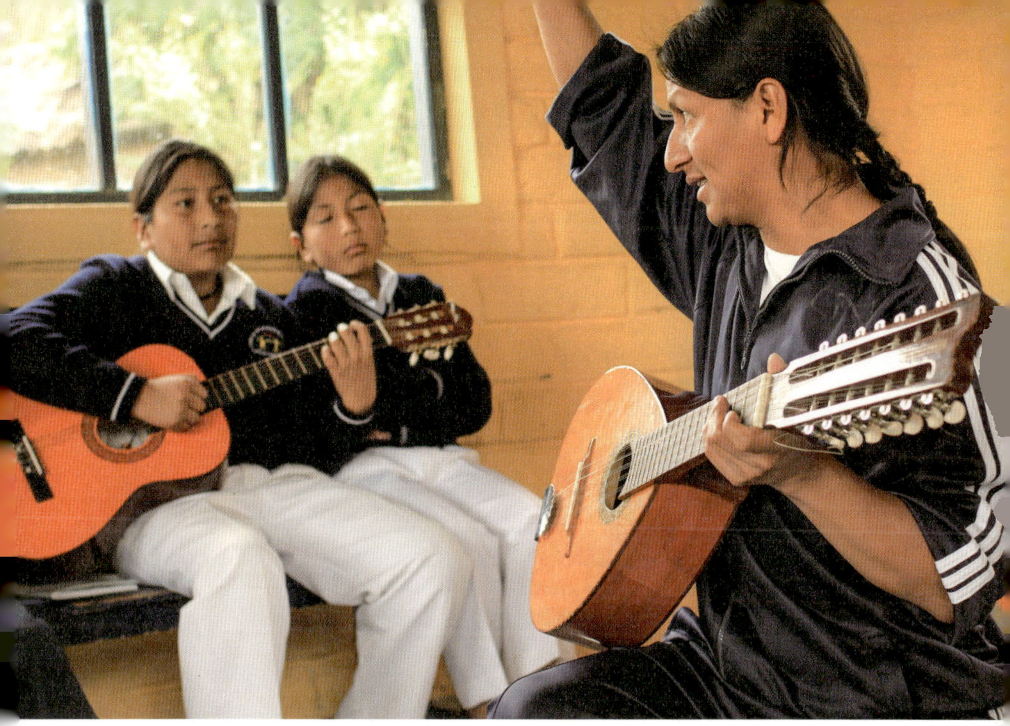

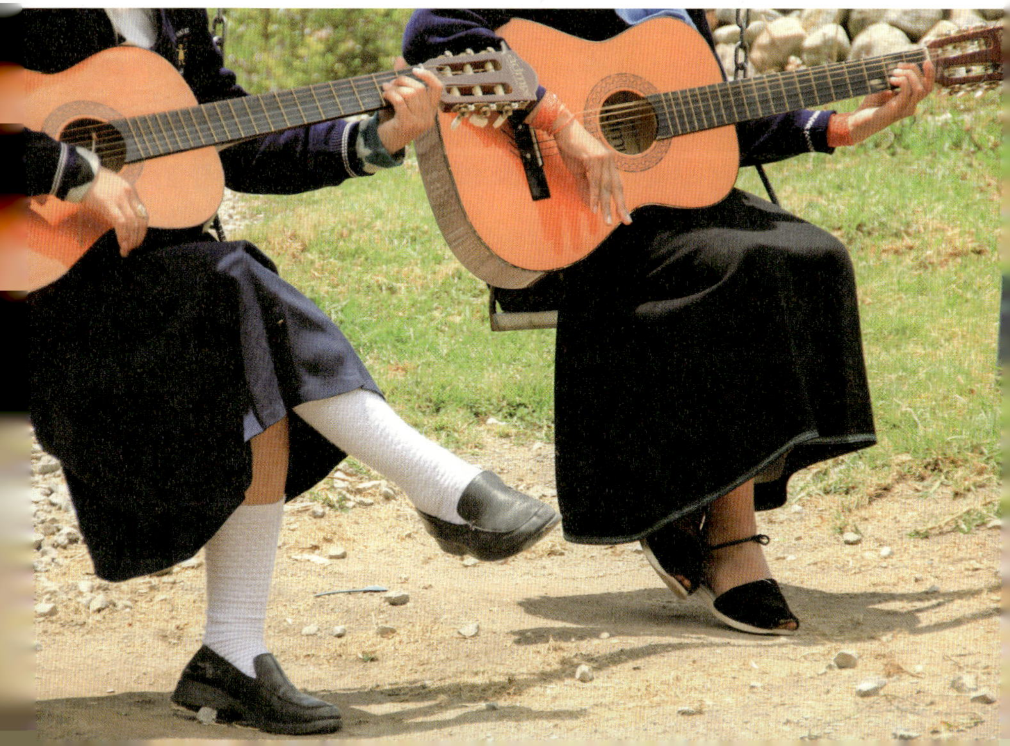

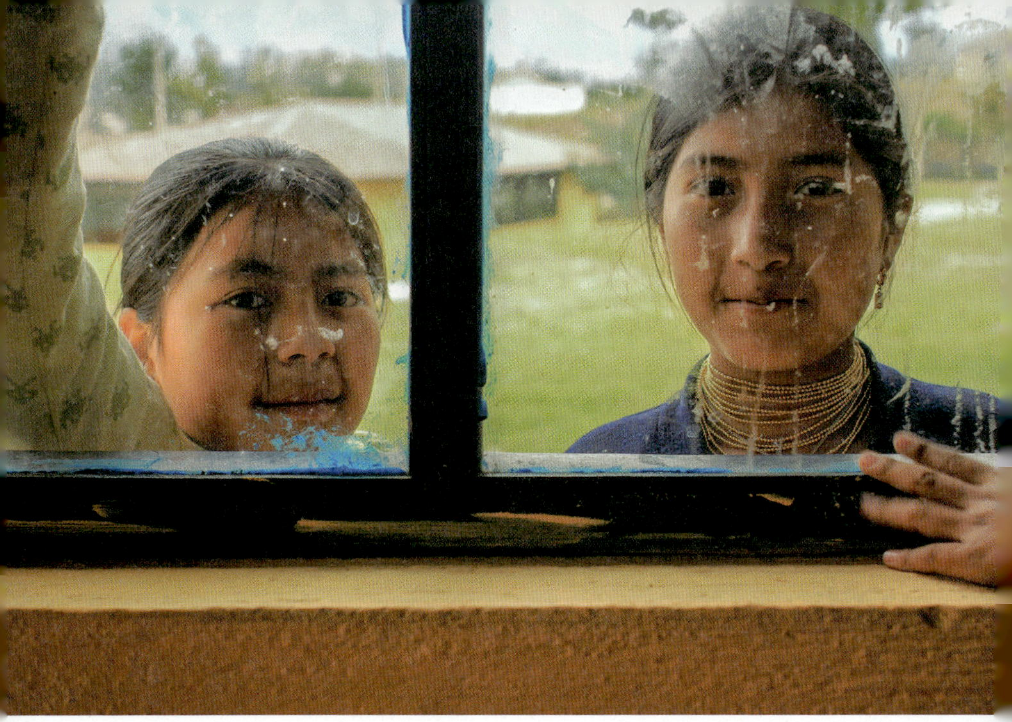

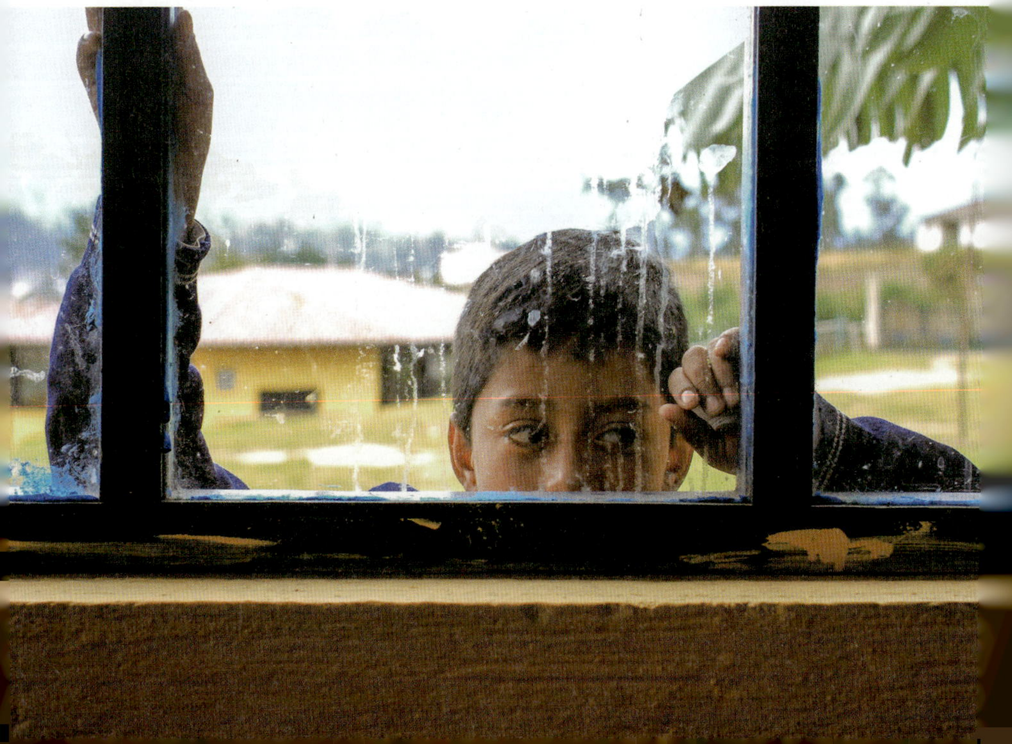

우노, 도스, 트레스, 그것만으로 충분한 시작

Otavalo

유난히 맑은 아침이었다. 버스를 타고 가면서 보니, 코타카치와 임바부라 두 거대한 화산 봉우리가 처음으로 깨끗이 정수리를 드러냈다. 흠, 구름에 싸여 있을 때 가졌던 기대는 확 무너지는구나. 영락없이 대머리를 닮았다.

어젯밤 에일린과 이별 인사를 나눴다. 매일 밤 그러했듯 우리는 소파에 마주 앉았고, 중빈은 옆에서 불을 지폈다. 내가 편지봉투를 내밀었다.

"오오오!"

그녀는 편지를 읽고 커다랗게 미소 지었다. 반지가 딱 맞았다.

"마음에 들어?"

"정말 마음에 들어!"

나는 그것이 에일린과의 마지막일 거란 생각이 들지 않았다. 우리는 속속들이 사적인 부분까지 공유했고, 그렇게 깊숙이 나누어진 사이는 어떤 식으로든 계속 소통할 방법을 찾아내는 까닭이다. 이제 겨우 스물여덟, 하지만 이토록 성숙한 그녀가 앞으로 얼마나 찬란한 날들을 만들어갈까 생각하니, 언니로서 가슴이 뛰었다. 따뜻한 불 옆에 서서, 나는 꼭꼭 힘을 주고 그녀를 안았다. 아니, 안긴 건가? 발꿈치를 좀 들어야 했으니.

페구체 학교에 도착하니, 디아니가 보이지 않았다. 출장을 가서 오늘은 학교에 나오지 않는단다. 물론, 우리가 올 것에 대비해서 디아니는 아무런 조치도 취해놓지 않았다. 다른 교사가 말했다.

"오늘은 디아니가 수업이 없으니, 영어수업도 없는 겁니다. 당신이 할 일이 없다는 뜻이죠. 그냥 수업 참관을 하세요."

수업 참관을? 아무튼 시키는 대로 했다. 수업을 시작할 때 중빈이 바이올린을 연주하고 나머지는 앉아서 지켜보았다. 수업은 아쉬운 점이 많았다. 교사들은 화난 사람들 같았다. 자료준비 같은 건 전혀 없이, 오직 칠판에 쓰고 설명하는 식으로 수업을 진행했는데 몹시 지루했다. 학생이 딴전을 피우기라도 하면 예사로 소리를 지르고 윽박을 질렀다. 개개인으로서의 교사들은 성격도 좋고 능력도 뛰어났다. 하지만 조금만 다른 방식으로 노력하면 학생과 교사 모두가 즐거울 수 있는 수업 방식에 대해서 아직 접해본 적이 없는 것 같았다. 많은 것을 바랄 수는 없을 것이다. 이곳은 후원을 통해 간신히 학교의 구색을 갖추었고, 불우한 학생들이 꾸준히 출석하는 것만으로도 일차적인 교육 목표가 달성되는 곳인 까닭에.

뭐가 어떻게 돌아가는 건지, 디아니가 돌아왔고 내게 다시 수업을 하라고 했다. 4시간 동안 유치부와 고등부를 넘나들며 정신없이 수업을 했다. 어휴, 여기선 순발력이 필수로구나. 그동안 중빈은 루이스 선생님에게 에콰도르 국가를 배워 내가 돌아오자마자 연주해보였다. 바이올린 수업도 한창이었는데, 열 살 소년은 가르친다는 게 얼마나 힘든 일인가를 제대로 깨우치는 중이었다.

"엄마, 미치겠어. 여자애가 전혀 안 좋아져."

"굉장히 좋아진 것 같은데. 이제 겨우 며칠 했을 뿐이란 걸 생각하면 말이야."

"하지만 이제 곧 시험이야."

중빈이 심각하게 미간을 오므리고 팔짱을 꼈다. 나는 웃음이 쿡 나오려 했지만 참았다.

"시간이 되는 데까지 최선을 다하면 돼. 네가 자꾸 긴장하면 학생들은 더 긴장할 거야. 자, 힘을 내보자."

선생님을 애타게 할 줄만 알았던 말썽꾸러기가 선생님의 애타는 심정을 경험하다니, 이보다 더 큰 공부가 없구나.

"JB! 풋볼!"

사내아이들이 축구공을 높이 쳐들고 중빈을 불렀다. 열 살 선생은 중대한 기로에 섰다. 축구냐 수업이냐 이것이 문제로다. 결국 중빈은 한 인간이 책임과 자유 사이에서 얼마나 갈팡질팡할 수 있는가를 열 살 버전으로 보여주기로 했다. 잔디밭으로 가 공을 한 번 찼다. 두 학생에게 뛰어와 팔짱을 꼈다. 다시 공을 한 번 찼다가, 팔짱을 꼈다가, 공 한 번 찼다가, 팔짱 꼈다가. 아이고, 숨차라.

축구의 마무리는 언제나 같았다.

"JB! 바이올린!"

물론 중빈은 아이들이 요청하면 언제라도 바이올린을 어깨에 올렸다. 처음에, 아이들은 '어디 들어볼까?' 하는 진지한 얼굴로 바이올린을 에워싼다. 하지만, 한 곡이 끝날 즈음이면 이미 대열이 흩어져 있다. 기타를 들고 흔드는 녀석, 춤추는 소녀, 모자를 벗어놓고 돈 걷는 시늉을 하는 녀석……. 결국 모든 아이들이 키득대고 깔깔대는 가운데 광란의 춤판이 벌어지는 것으로 대단원의 막이 내린다. 수업 시작종이 울려도 춤판을 지키려는 녀석들이 있어, 선생님이 교실 창밖으로 빽 소릴 질러야 허겁지겁 뛰어 들어가는 일도 비일비재했다.

목요일 오후, 아이들은 음악 중간고사를 치렀다. 한참 만에 음악실에서 나온 루이스는 바이올린을 하는 두 아이들이 우수한 성적을 냈다고 말해주었다. 중빈은 교사답게 시험을 치른 두 아이를 붙잡고 앞으로도 열심히 연습하라고 당부…… 같은 건 하지 않았고, 마치 자기가 시험을 치른 듯 외쳤다.

"끝났다아아!!!"

그리고 곧장 축구 무리로 뛰어갔다.

시험이 끝난 교정은 아름다웠다. 여고생 둘이 그네에 나란히 앉아 기타를 치며 흔들거렸다. 분홍색 가방을 맨 어린소녀가 풀밭에 공책을 펴고 웅크려 숙제를 했다. 머리를 땋은 그을린 얼굴의 소년이 피리를 불며 교정을 가로질렀고, 저학년 아이들 몇몇이 종이에 괴물을 그려 서로의 얼굴에 갖다대며 깔깔거렸다. 내 주변엔 언제나처럼 여자아이들이 몰려들었다. 말하자면, 내가 시험을 치를 차례였다.

"내 이름이 뭐죠?"

"너?…… 링!"

"내 이름은요?"

"넌…… 넌…… 그러니까…… 넌…… 호마이라!"

이 아이들은 어쩜 이다지도 크고 예쁜 눈을 지닌 것이냐. 차라리 교실에 앉아 중간고사를 보는 게 속 편하지, 내가 제대로 이름을 기억 못해 이 예쁜 눈들에 실망이 담길 때면…… 아, 나는 순간적으로 땅바닥에 머리를 박고 싶어졌다.

무사히 이름 관문을 통과하면 아이들이 내 곁에 앉았다. 공책을 꺼내 자신들이 하루 동안 공부한 것들을 보여주곤 했다. 그러면 나는 스페인어도 모르면서 한 자 한 자 열심히 짚어가며 보아주었다. 학생들 대부분은 해외노동 혹은 다른 이유로 부모들과 별거 중이었기에, 그저 자신들의 '현재'에 다정한 관심을 가져줄 누군가가 필요했을 것이다. 아이들은 카롤린의 동생들이 에일린에게 그랬던 것처럼 앞다퉈 내 손을 잡았다. 옆자리를 차지하려고 신경전을 벌였다. 나는 늘 관심이 고르게 안배되도록 신경을 써야 했다. 내가 가장 좋아하는 순간은, 아이들이 한바탕 스킨십을 끝낸 뒤 평화롭게 곁에 머물며 저 멀리 코타카치를 나란히 바라볼 때였다. 아이들은 휑한 마음의 외로움을 덜어냈고, 나는 여행의 거친 결을 쓰다듬었다. 그것은 아이들에게도 내게도 영양이 공급되고 윤기가 흐르는 순간이었다. 오후의 코타카치는 언제나 구름이 정수리를 덮어 머리털을 되찾은 멋쟁이가 되곤 했다.

우리가 스페인어 수업까지 마치고 수크레로 돌아오면, 기다렸다는 듯 제임스가 나타났다.

"JB, 넌 이제부터 뭐 할 거니?"

'라면을 좋아하는' 작곡가 제임스는 언제나 헝클어진 머리에 야구모자를 눌러쓰고 다녔다. 한껏 목이 늘어진 셔츠에 손질하지 않은 수염이 덥수룩했다. 사실 그는 독특한 성격의 소유자였다. 수크레에 장기투숙하면서도 그 누구와도 사무적인 말 외엔 섞지 않았다. 그가 섞지 않는 것이 먼저인지, 사람들이 섞지 않아 그리 된 것인지는 알 수 없었으나, 까다롭고 수줍음 많은 성격이 그를 사람들로부터 소외시키는 것만은 분명해 보였다. 그런데 이상하게도 제임스는 우리만 보면 반겼다. 정확하게는 중빈을 반겼다.

아무에게나 찰싹 붙어 수다 떨기 좋아하는 중빈은 사람들과 섞이기 힘들어하는 제임스에게도 예외가 아니었다. 그가 말문을 열 때까지 말을 시켰다. 제임스는 이것을 귀찮아하기는커녕, 오히려 자신이 말문을 열 준비가 될 때까지 끈기 있게 말을 걸어주길 기다리는 것 같았다. 그리고 마침내 말문이 터지면, 그는 중빈 못지않은 수다쟁이가 되었다.

제임스에겐 아이 같은 엉뚱함이 있었다. 때문에 어른들은 아무도 그의 수다를 진지하게 받아들이지 않았지만, 중빈은 번번이 그 엉뚱함에 열광했다. 이를테면, 제임스의 이혼한 아내가 '새의 울음소리를 똑같이 흉내내 새를 불러들이는 직업'을 가졌으며, 그로써 각종 방송에 출연하여 부자가 되었다거나, 그가 복권에 당첨되어 이미 한몫 크게 챙겼으며, 근래 천지의 기운이 또 한몫 챙기게 해줄 것 같은 방향으로 흐르고 있다거나…… 하는 그야말로 『백 년 동안의 고독』에서 부엔디아 일족에게나 벌어질 법한 희한한 이야기들 말이다. 중빈에게 제임스는 책 속에 등장하는 흥미롭고 괴상한 캐릭터의 전형이었다. 게다가 그들에겐 '음악'이라는 공통의 관심사가 있었다. 둘은 만나기만 하면 음모를 속닥거리고 요상한 아이디어를 공유하고 노래를 부르며 키득거렸다.

제임스를 만난 지 불과 사흘 만에, 중빈은 아내도 자식도 없는 그에게 말했다.
"제임스, 나는 한국에 두 분의 할아버지가 계세요. 그리고 당신은 나의 세 번째 할아버지예요."
눈물을 글썽이면서, 제임스가 힘차게 중빈을 끌어안았다.
"오, 나의 '비공식' 명예손자, JB!"

오타발로에 머무는 동안 에콰도르에 커다란 국가적 위기가 발생했다. 대통령 코레아가 감금된 것이다. 그 개요는 이러했다. 코레아는 심각한 국가 재정적자를 해결하기 위해 경찰이 승진 때마다 받는 메달과 보너스를 없애는 법안을 통과시켰다. 이 때문에 경찰들이 파업을 시작하였는데 이것이 쿠데타에 가까운 폭력사태로 번졌다. 정치인이자 투사인 코레아는 경찰들과 대화하는 자리에서 말했다.
"나는 한 발짝도 물러나지 않을 것입니다. 신사 여러분, 여러분이 만일 대통령을 죽이고자 한다면, 바로 여기 있습니다. 용기가 있다면 죽이세요."
분노한 경찰들은 그 자리에서 코레아를 감금해버렸다. 그것이 2010년 9월 30일의 일이다. 대통령이 경찰들에 의해 포로가 된 것이다. 경찰본부 내의 병원에 잡혀 있는 동안, 코레아는 국가 비상사태를 선포했다. 그날 밤 특수군대가 병원에 침입하여 경찰과 전투 끝에 코레아를 구출했다. 이 사태로 인해 8명의 사망자와 274명의 부상자가 발생했다. 궁으로 돌아간 코레아는 책임자들을 반드시 처벌하겠다고 밝혔다.
사태가 발발하자, 남미의 각국 대통령들은 즉시 코레아에 대한 전폭적인 지원을 아끼지 않겠다고 발표했는데, 미국이 같은 취지의 발표를 하자 에콰도르의 외교부 장관이 "미국이 이 일과 상관이 없기를 바란다"는 의미심

장한 발언을 함으로써, 평소 반미 대통령 코레아를 눈엣가시처럼 생각하는 미국 측의 개입 가능성을 시사하기도 했다.

오타발로 어디를 가든 TV마다 대통령이 감금되었다는 어마어마한 뉴스가 특보로 쏟아졌다. 풍경도 살벌해졌다. 총을 멘 군인들이 거리에 꽉 깔렸다. 특히 은행이나 관공서는 군인들이 시민들을 줄 세워 신원을 확인한 뒤 한 명씩만 들여보냈다. 그래도 오타발로는 워낙 평화로운 소도시여서 별다른 동요 없이 질서가 유지되는 편이었다. 에콰도르 최대 항구도시이자 경제도시인 과야킬은 무법천지가 된 듯했다. 뉴스를 보니 일부 과야킬 시민들이 경찰력이 혼미해진 틈을 타 상점을 습격하고 강도짓을 했다. 키토의 정부청사도 쿠데타 세력에 의해 점거되었으며 공항 역시 폐쇄되었다. 며칠 뒤 키토에서 칠레 행 비행기를 탈 예정이었던 우리는 몹시 불안해졌다. 옴마야, 이러다 우리 한국에 못 돌아가는 거 아냐?

언제나처럼 제임스가 엉뚱한 상상력을 발휘했다.

"이번 납치 사건은…… 아무래도 구린내가 나. 구린내가. 분명히 코레아의 자작극일 거야."

그는 온종일 흥분하여 TV 앞을 떠나지 않고 시나리오를 썼다. 제임스가 코레아를 싫어하는 이유는, 코레아가 최저생계비와 고용안정 등 노동자들의 권익을 확대하고 특권층인 자본가와 외국인의 조세부담을 확대했기 때문인지도 모르겠다. 후문에 의하면, 코레아가 경찰본부 내 병원에 갇혀 있는 동안 수천 명의 국민들이 경찰본부 앞으로 몰려갔다고 한다. 그들은 무장한 경찰병력에도 전혀 굴하지 않고 몇 겹씩 건물을 에워싸며 "코레아를 내놓으라!"고 외쳤다고 한다. 나는 생각해보았다. 우리에게도 그토록 사랑했던 대통령이 있었던가? 흡사하게 사랑했던 단 한 명의 대통령이 있었을 것이다. 하지만 우리는 그의 마지막을 지키지 못했다. 그가 있는 곳을 몇 겹으로 에워싸고 지켰더라면, 그의 마지막은 달라졌을까?

그 신사는 며칠 전부터 내 방 건너편 테라스에 앉아, 아래쪽 중정을 내려다보고 있었다. 중정에는 물이 흐르지 않는 분수 하나가 메마른 구멍 속으로 주변의 고요를 빨아들이고 있을 뿐이었다. 그의 이름은 짐, 61세의 미국인이었다.

제임스와 비슷한 연배의 그는 모든 면에서 제임스와 정반대였다. 마지막 한 올까지 정리된 머리, 빳빳하게 다림질 된 새하얀 리넨 셔츠, 칼처럼 주름을 세운 베이지색 리넨 바지, 옅은 갈색 가죽벨트와 윤을 낸 같은 색 구두. 그가 앉았던 자리엔 언제나 신선한 애프터쉐이브 향기가 떠돌았다. 나는 어떻게 여행 중인 사람이 저렇게 외양을 잘 관리할 수가 있는 건지 궁금했다. 혹시 그는 방에 고급 의상으로 꽉 찬 대형 트렁크 세 개와 그것을 관리하는 시종 두 명을 감춰둔 것이 아닐까. 힐끔, 그의 방문 안을 들여다보기도 했다.

옷차림뿐만이 아니었다. 그는 모든 면에서 자신의 신분인 '여행자'와 거리가 있었다. 언제나 베란다의 나무의자에 앉아 하루의 대부분을 보냈다. 사람들과 이야기도 하지 않았다. 오타발로 이곳저곳을 구경하러 다니는 것 같지도 않았다. 심지어 자신이 머무는 장소에 흥미를 느끼는 것 같지도 않았다. 그렇다면 그는 이곳 에콰도르에, 오타발로에, 왜 왔을까? 자신의 의상과 더 편하게 어울릴 것 같은 세상의 깨끗하고 멀쩡한 곳들을 놔두고?

떠나지 않는 사람들은 많지만, 떠난 뒤 짐처럼 무기력하고 부조화스러운 모습을 보이는 사람은 많지 않다. 나는 정반대로 노년을 보내던 잭과 메리를 떠올렸다. 가방 안에 적극적으로 생의 마지막을 부려 넣고, 전 세계를 누비며 거대한 폭포에까지 뛰어들던 '카르페디엠'의 노년을.

어느 날 외출을 하고 돌아와보니, 중빈이 수크레에 새로 들어온 두 젊은 여행자 커플을 앞에 앉혀놓고 쇼에 가까운 수다를 떨고 있었다. 잔뜩 그을린 두 여행자는 빨간 곱슬머리에 히피풍 옷차림을 한 엘리자베스와 초록 눈의 매트였다. 엘리자베스가 정말로 즐거운 듯 얼굴 가득 환한 미소를 띠고 말했다.

"JB가 우리를 재미있게 해주고 있어요!"

흠, 녀석의 개그 소재는 주로 우리 가족의 치부인데. 중빈은 쇼를 계속 이어나가고 싶어 안달이 났다.

"엘리자베스, 내가 바이올린을 연주해줄까요?"

그러고는 나비처럼 팔랑대며 악기를 가지고 왔다. 연주가 시작되자, 엘리자베스의 얼굴이 굳어졌다. 그녀가 연주를 마친 중빈을 끌어안았다.

"나는 네가 우리를 위해 이렇게 진지하게 연주해줄 줄 몰랐어. 오, JB, 정말 고마워."

쇼가 끝나고 중빈과 둘이서 저녁을 먹으러 나가다 짐을 만났다. 그는 우리에게 근처의 괜찮은 식당을, 특히 주인이 영어를 할 수 있는 식당을 아느냐고 물었다. 그리고 약간 부끄러운 듯 덧붙였다.

"나는 스페인어를 못하거든요. 한 마디도."

내가 가까운 식당을 가르쳐주자, 짐이 뜻밖에도 같이 저녁식사를 하지 않겠느냐고 제안했다. 셋은 한 테이블에 앉았다. 아무거나 대충 먹고 나오는 우리와 달리, 짐은 그 식당에서 조리 가능한 메뉴를 총동원해 애피타이저부터 후식까지 제대로 된 코스요리를 만들어냈다. 와인을 한 병 따면서 내게도 권해 이제 분위기는 그 어느 때보다 풍성해졌다.

우연히 엘리자베스와 매트가 같은 식당으로 들어왔다. 그들은 옆 테이블에 앉았고 특유의 열린 태도로 대화를 이끌었다. 에콰도르 국경을 넘을 때의 에피소드에 대해서. 화장실을 못 찾아 괴로웠던 에피소드에 대해서. 짐을 제외한 모두가 왁자하게 웃었다. 짐은 대화를 듣는 것 같기도 했고 듣지 않는 것 같기도 했다. 그저 무표정한 얼굴로 자신의 와인 잔을 채웠다. 엘리자베스가 몇 번 말을 걸었지만 짐은 단답형으로 자신을 감췄다. 누구라도 그가 비사교적인 사람이란 걸, 혹은 뭔가 말 못할 사연을 지닌 사람이란 걸 짐작할 수 있었다. 대화는 그에 이르러 반드시 불편해졌다. 매트가 내게 킬로당 65센트인 저렴한 빨래방의 위치를 물었을 때, 짐이 처음으로 스스로 말문을 열었다.

"거기서 드라이클리닝도 하나요?"

드, 라, 이, 클, 리, 닝이라……. 엘리자베스와 매트가 황당한 표정을 지었다. 아, 나는 딱하다는 생각이 들었다. 이 옷가방이 두둑한 상류층 할아버지는 과연 남미에서, 아니, 당장 오타발로에서 살아남을 수 있을까? 이곳에는 친절한 사람도 많지만, 택시 미터기까지 가짜를 장착해가며 외국인으로부터 달러를 긁어모으려는 사람도 있기 때문이다. 그 또한 그것이 두려워 아무것에도 뛰어들지 못하고 날마다 베란다에 앉아 메마른 분수만 바라보는 게 아닐까? 그러나 주사위는 던져졌다. 그가 이곳까지 왔다는 것 자체가 미스터리이자 새로운 시작이었다.

두 젊은이가 자신들만의 대화에 빠져 있을 때, 내가 짐에게 조용히 말했다.

"그런데, 짐……. '우노, 도스, 트레스'가 시작이에요."

"네?"

"스페인어로 '하나, 둘, 셋'이란 뜻이에요. 저도 거기서부터, 그것만 가지고 시작했어요."

짐이 나를 똑바로 바라보았다.

"그런데 두 달 반 동안 다섯 나라를 거쳐 여기까지 왔어요. 쉽진 않았지만 생각처럼 어렵지도 않았어요. 원숭이처럼 손발을 다 사용하니까, 꼭 알아야 할 말이 그렇게 많지도 않더라고요."

무표정한 짐의 눈에 흐릿한 표정이 담겼다. 미소 같기도 하고 온기 같기도 한, 혹은 그저 살아 있음의 증거 같기도 한 무언가가. 표정을 지닌 그의 얼굴은 한결 아름다워 보였다. 말수 적은 그를 위해 그쯤에서 수다스러운 입을 다물고 남은 식사를 마쳤다. 짐은 부득불 자신이 중빈과 나의 저녁값을 내주고 싶다고 했다. 다소 이례적인 일이었으나, 그의 살며시 열린 마음을 감사히 받기로 했다.

그날 밤, 나는 내 방의 나무책상에 A4 용지를 펴고 앉았다. 스페인어 학원에 다니는 학생으로서, 성실히 복습하는 마음으로 외고 있는 스페인어 단어를 모조리 써내려갔다. 시간은 오래 걸렸으나 불행히도 아는 표현은 많지 않다. A4 용지 한 장을 간신히 앞뒤로 채워낸 정도. 뭐, 그래도 이 정도면 목숨을 부지하는 덴 충분할 거야. 스페인어 선생님 페르난도로부터 "최소한의 어휘로 최대한을 눈치로 때려잡는다"고 칭찬받은, 바로 그 특별한(?) 어휘 리스트니까.

나는 종이 맨 위에 제목을 적었다.

'Survival Spanish for Jim' (짐을 위한 서바이벌 스페인어)

그리고 짐이 늘 앉아 있는 베란다의 나무의자에 놓아두었다.

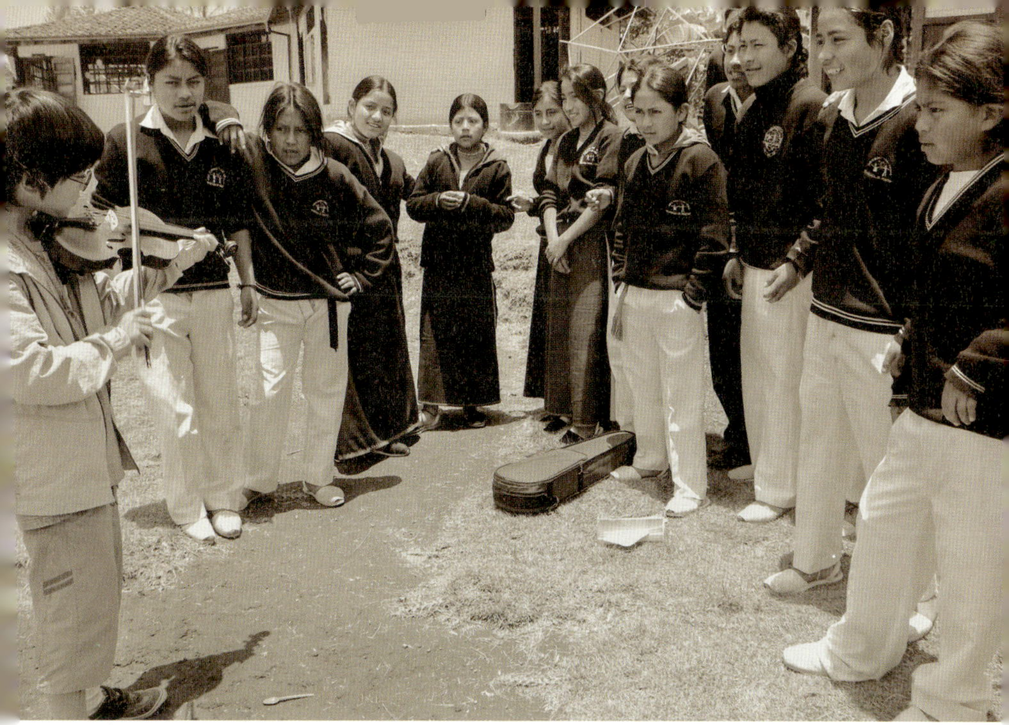

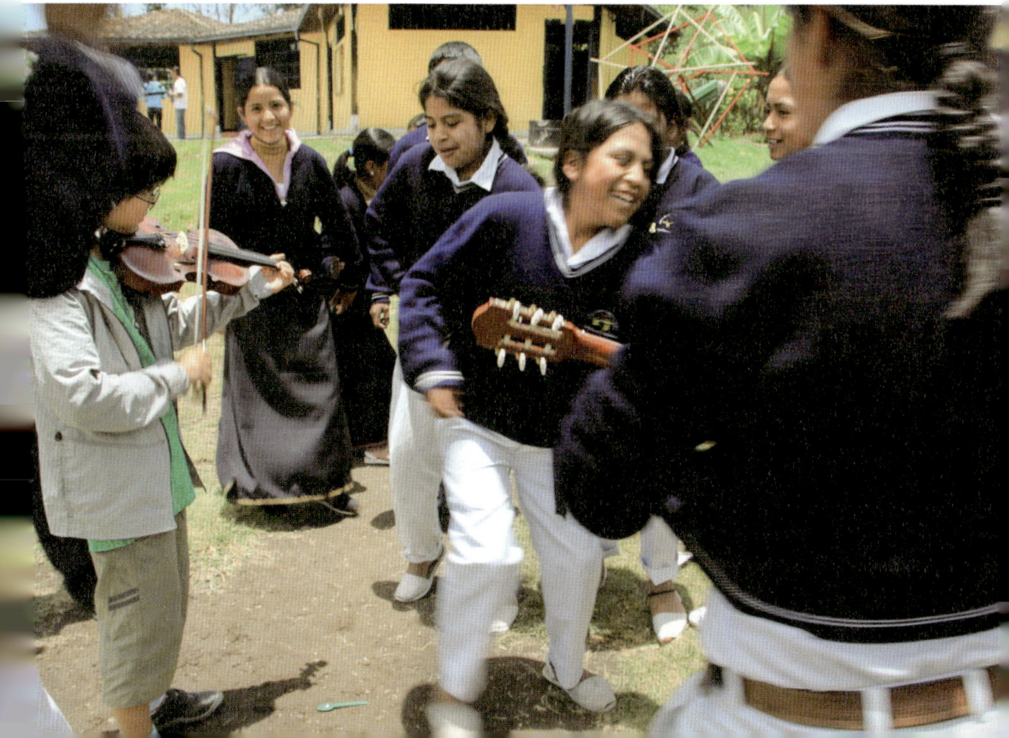

갈라파고스보다 아름다운 눈망울들
Otavalo

페구체 학교에서 자원봉사를 하는 마지막 날이었다. 수업이 끝나자, 아이들이 몰려들었다. 그리고 앞다퉈 노트를 찢어 자신들의 전화번호와 이름을 적어주었다. 레슬리, 샌디, 마이크, 셜링…… 한 움큼의 종잇조각이 순식간에 내 손 안에 쌓였다. 아이들은 또 내 전화번호를 적어달라고 서로 다투어 노트를 내밀었다. 아이들은 너무나 순진해서, 연락처를 주고받는 이 행위가 이별의 아쉬움을 달래는 하나의 '의식'일 뿐, 정말로 에콰도르에서 대한민국까지 이 번호를 쓰게 될 일은 없을 거라는 걸 모르고 있었다.

"내 전화번호는 필요하지 않아요?"

서운한 듯 묻는 아이들에게 일일이 번호를 받으면서, 나는 가슴이 아렸다. 쓰고 싶은 마음들. 그러나 쓰지 않을 번호들.

일주일은 생각보다 빨리 지나갔다. 그리고 아이들은 생각보다 빨리 마음의 문을 열어주었다. 여자아이들 하나하나가 다가와 뜨겁게 안겼다. 사랑이 고픈 아이들은 포옹을 하고도 또 줄을 서 다가오고 또 줄을 서 다가왔다. 나는 키 작은 인디오 아이들을 안고 곱게 땋아 내린 머리칼 위에 입을 맞추었다. 내 입술에 향기가 묻고, 땀이 묻고, 그들의 수프 내음이 묻었다. 다 좋았다. 부드럽고 사랑스러웠다. 가슴과 가슴이 닿도록 안고 그러고도 또 다가오면 갈비뼈가 으스러지도록 안았다. 그러면 아이들은 깔깔거리면서 이제 충분하다는 듯 그 포옹을 마지막으로 인정했다.

영어교사 디아니가 마지막 인사를 하며 뜻밖의 말을 건넸다.

"사실 당신의 수업을 보고 충격을 받았어요. 나는 수업은 엄격해야 한다고 생각했어요. 게임 같은 걸 하면서도 학생들이 뭔가 배울 수 있다는 걸 처음 알았어요. 감사했습니다."

나는 깜짝 놀랐다. 디아니가 내 수업을 참관할 때면 으레 그녀의 표정이 굳어 있었다. 나는 그것을 '수업의 권위를 떨어뜨리는' 내 수업방식을 그녀가 못마땅해 하고 있는 거라 짐작했었다. 굴러온 돌이 박힌 돌을 존중하지 않는 것처럼 보일까 은근히 눈치도 봤다. 그런데 오해였구나.

"그렇게 말씀해주시니 정말 마음이 놓입니다. 실은 내가 고마웠어요. 이렇게 좋은 아이들과 함께 지낼 수 있게 해주어서. 고작 영어 하나를 주고 너무 많은 걸 받아 갑니다."

한 무리의 아이들이 중빈과 내가 버스를 타는 곳까지 배웅해주었다. 우리는 이별 사진을 찍고, 다시 이별 포옹을 하고, 그러고도 헤어지지 못해서 손을 흔들고, 또 흔들고, 흔들었다. 마침내 아이들이 다 사라졌을 때, 기다렸다는 듯 열한 살 소녀 호마이라가 동생 손을 잡고 나타났다. 아이들 무리 속에 함께 있을 때, 호마이라는 손을 흔들지도 번호를 교환하지도 않았다. 영리한 호마이라는 이렇게 따로 오붓한 이별을 하고 싶었던 것이다. 우리는 연락처를 교환하고 이별 포옹을 했다. 호마이라가 내 시계를 가리키며 다시 올 땐 하나 갖다달라고 했다. 약속을 지킬 수 없을 것 같아, 대신 머리에 두르고 있던 두건을 풀어 호마이라 머리에 씌워주었다. 호마이라는 흡족한 미소를 지으며, 다시 동생 손을 잡고 폴짝폴짝 뛰어갔다.

아이들이 사라진 페구체는 고요했다. 이제 정말 안녕이로구나. 중빈과 나는 버스가 지나가면 잡기로 하고 일단 걸었다. 마음이 바다를 건너는 해초처럼 묵지근하게 풀어헤쳐져서 우리는 아무 말도 하지 않고 걸었다. 여행 중 마음이 풀어헤쳐진 날이면, 우리는 아무 말도 하지 않는 것이 어느덧 습관처럼 되어버렸다. 마음의 테두리 밖으로 무럭무럭 퍼져 나오는 마음 갈피를 잡지 못해서, 말을 고를 수가 없기 때문이다.

한참 걷다가 지나가는 버스를 세웠다. 버스는 언제나처럼 만원이었다. 아기 엄마, 할머니와 남자들, 하굣길의 아이들로 가득했다. 간신히 아이를 버스 안에 집어넣고 열린 문가에 매달렸다. 그런데 지난 일주일 간 주고받은 사랑 때문이었을까? 갑자기 신비로운 시력이라도 지니게 된 사람처럼 그 많은 사람들 하나하나가 빠짐없이 눈에 들어왔다. 그들의 눈과 그 눈 속의 많은 이야기들, 밭일에 묻은 치마 밑단의 흙과 갈라진 손바닥의 검은 먼지까지. 그 작은 하나하나가 버스 전체를 터질 듯 가득 채운 소중한 삶의 조각들이었다. 버스는 다시 오타발로의 소중한 한 조각을 이루고, 오타발로는 다시 에콰도르의 소중한 한 조각을 이루고, 그렇게 라틴아메리카가, 지구가, 우주가, 소중하고 아름답게 다가왔다. 신기한 일이었다. 오타발로 일대의 온갖 짐 보따리와 사람들 체취에 떠밀려 간신히 버스 문가에 매달린 채로, 나는 그다지도 아름다운 세상 때문에 눈물이 날 것 같은 눈을 감아야 했다.

해초처럼 일렁이며 바다를 건너는 그 순간, 나는 그 어느 때보다 조용히 행복했다. 갈라파고스, 평생에 한 번, 이 먼 곳까지 왔으니 가봐야 하지 않겠냐고 주변인들이 종용하던 그곳. 갈라파고스는 참으로 멋지고 아름다웠겠지. 그러나 수많았던 아이들의 눈망울처럼 나를 사랑해주지는 않았을 것이다. 나 또한 아이들의 눈망울들보다 진하게 그곳을 사랑할 수는 없었겠지.

중빈은 일주일이 고되었는지, 수크레로 돌아오자마자 다디단 오수에 빠져들었다. 나는 짐을 정리하기 시작했다. 우리는 내일모레 키토로 가서 칠레 행 비행기를 탈 것이다. 칠레 북부에서 아타카마 사막을 건너 볼리비아 남부의 우유니로 갈 것이다. 볼리비아에서 버스 파업 때문에 갈 수 없었던 우유니를 끝으로 남미여행을 마무리할 예정이다.

엘리자베스와 매트가 방문을 두드렸다.

"소희, 혹시 이 근방에서 우리가 자원봉사를 할 만한 곳이 있을까요? 우리는 오타발로에 좀 오래 머물면서 현지인들에게 도움이 될 만한 일을 하고 싶어요."

아, 내가 에일린에게 같은 질문을 했을 때 에일린 마음이 꼭 이랬겠구나.

"있고 말고요! 페구체에 가면 카스카다란 학교가 있어요. 가서 자원봉사를 하고 싶다고 말하면 얼마든지 자리가 있을 거예요!"

나는 그들에게 무료 살사강습에 대해, 카롤린의 동생들에 대해 말했다. 내가 그랬던 것처럼 그들도 빠짐없이 정보를 챙겼다. 나는 진심으로 기쁘고 든든했다. 페구체의 아이들과 카롤린의 동생들이 계속해서 새로운 외국인 친구를 사귀게 된다는 것이. 그로써 좀 더 넓은 세상을 향해 마음을 열 준비를 한다는 것이. '나' 혼자의 역할은 언제나 보잘것없지만, 이렇게 '우리'가 서로의 빈자리를 채우고 끊어짐을 잇는 동안 하나의 튼튼한 체인이 만들어진다는 것이.

다시 토요일이 되었다. 장터가 시작되는 왁자한 아침, 우리는 카롤린의 가게에서 과자를 잔뜩 샀다. 그리고 세 자매와 함께 버스를 타고 페구체의 폭포로 소풍을 떠났다. 카스카다 학교 근처에서 계곡 입구로 들어서는데, 몇몇 아이들이 "올라!" 하더니 내게로 와서 안겼다. 어머나, 예쁜 강아지들! 학교에서 보았던 아이들이다. 아이들은 폭포 근처에 살고 있었다. 부모님이 등산객들을 상대로 작은 기념품점을 운영하고 있었던 것이다. 나는 아이들에게 부모님께 허락을 받아오면 함께 폭포에 갈 수 있다고 했다. 그렇게 해서 세 아이가 늘었다. 여덟 살 누스트라와 남동생인 다섯 살 초링, 그리고 누스트라의 이웃 친구인 라제리나였다. 중빈은 드디어 남자 쪽수가 한 명 늘었다며 초링을 금쪽같이 예뻐하기 시작했다.

시작부터 크고 높다란 나무들이 하늘을 찌르며 높은 숲을 이뤘다. 아이들은 숲 가운데 잘 닦인 길을 내버려두고 길을 따라 쌓은 돌담에 올라가 한 줄로 걸었다. 돌담은 초링 키보다 약간 높았는데, 초링은 용감하게 형 누나를 따라 걸었다. 초링의 누나 누스트라는 이제 겨우 여덟 살이라는 것이 믿기지 않을 만큼 동생을 잘 돌봤다. 나뭇가지가 튀어나와 있다든지 돌담의 폭이 좁아진다든지 할 때마다 얼른 초링의 손을 잡았고 혼자 힘으로 되지 않을 땐 적절히 내 도움을 요청했다. 초링이 넘어져 피를 흘렸을 때에도, 누스트라는 빛의 속도로 뛰어가 일말의 망설임도 없이 손으로 동생의 피를 문질러 닦았다. 초링은 마치 여덟 살 누나가 세상에서 가장 듬직한 존재인 양 마음껏 울며 의지했다. 아이들은 내가 나누어준 사탕을 초장에 먹어치워 버렸는데, 누스트라는 이런 때를 대비했다는 듯, 초링의 우는 입에 아껴두었던 자신의 사탕을 집어넣었다. 그제야 초링은 울음을 멈췄다.

제3세계에서 누스트라 같은 아이들을 볼 때마다 새삼 깨닫게 된다. 인간은 여지가 있는 만큼 적응한다. 그리고 여지가 있는 만큼만 어리광을 부린다. 팍팍한 삶의 여건은 본능처럼 아이들의 등짝에 들러붙고, 아이들은 덜 울고 덜 보챔으로써, 나아가 미처 손이 닿지 않는 어른의 역할을 분담하고 그것을 어른 못지않게 잘 해나감으로서 생존을 배운다. 특히나 여자아이들은 누스트라처럼 유아일 때부터 엄마 노릇을 대신하는 것으로 시작, 사춘기에 조혼을 하면서 진짜 엄마 노릇으로 이어간다. 한평생 휴식 없는 고된 엄마 노동을 하는 것이다. 그것을 아는 나는 안쓰럽게 누스트라를 바라보는데, 그것을 아직 알지 못하는 누스트라는 제 작은 몸에 담긴 열과 성을 지극하게 꺼내서 오직 초링에게 쏟아붓고 있었다.

드디어 폭포가 나타났다. 축구를 좋아하던 나탈리와 중빈이 죽이 맞아 폭포 위에서 큼지막한 돌들을 쌓아 댐을 만들었다. 나탈리의 언니 타키는 무리 중 가장 나이가 많았지만, 가장 내게서 떨어지지 않으려 들었다. 다리를 딱 붙이고 내 배를 만지며 전형적인 애정결핍 증세를 보였다. 시내에 가게가 있는 타키네 형편은 누스트라네에 비하면 좋은 축에 속했다. 실제로 겉모습만으로도 그들은 차이가 났다. 누스트라와 초링의 낡고 더러운 옷에 비해, 세 자매는 예쁘고 깨끗한 옷을 입고 있었다. 그러나 폭력이 타키의 성장 한복판에 있었다. 아빠가 엄마에게 칼을 겨누는 것도, 엄마가 도망치는 것도, 그 엄마가 "우리 아이들은 때려야 말을 잘 듣는다"라고 내게 말하는 것도, 타키는 직접 목격하며 살고 있는 것이다. 나는 타키에게 좋아하는 것이 무엇인지를 물었다. 그림이었다. 타키가 시키는 대로 그림을 그렸다. 다양한 의상을 입은 공주님들, 공주님이 된 타키……. 나는 특히 공주님이 된 타키에게 가장 화려한 의상과 보석을 입혔다. 이 세상에서 자기 자신보다 귀한 존재는 없다는 것을, 스스로를 귀하게 대접할 때에만 다른 존재들까지 귀하게 대접할 수 있다는 것을 알기 바라면서.

아이들이 계곡 구석에서 동굴을 발견했다. 내게는 너무 비좁은 동굴인데, 자그만 아이들이 거침없이 통과하며 나를 재촉했다.

"바모스! 바모스!" (가자! 가자!)

비틀비틀 간신히 따라잡았나 싶으면, 아이들이 도로 쏜살같이 멀어지며 키득거렸다.

"바모스! 바모스!"

오냐 오냐, 아흑.

아이들은 언제나 나보다 앞서 뛰었다. 함성을 지르면서 흔들다리를 뛰어 건넜다. 아이들 특유의 에너지가 뿜어져 나오기 시작하자, 서로서로 자연스럽게 섞이며 균형을 맞추기 시작했다. 타키도 내게서 멀어져 아이들 무리 속으로 들어갔다. 계곡물에 젖은 동생들을 위해 큰 녀석들이 알아서 겉옷을 벗어주었다. 과자와 음료수가 든 보따리도 큰 아이들이 알아서 나눠들었다. 어린 동생들 손도 적절히 나눠 잡아서, 전체의 흐름이 지체되거나 끊어지지 않도록 배려했다. 봄날의 좋은 볕이 아이들의 고운 머릿결을 반짝거리게 했다. 젖은 옷도 금방 따끈하게 말려주었다. 뛰고 소리치고 잡고 넘어지고 웃는 동안, 아이들 얼굴에 그늘 한 점 없는 순간이 왔다. 놀이가 치유가 되는 순간은 아마도 이런 순간일 것이다. 비록 한순간일 뿐이어도, 누스트라가 초링을 까맣게 잊고 저만치서 깔깔거릴 때, 타키가 내게서 멀어져 아이들 가운데서 어울릴 때, 나는 마치 상처에 약이 스미는 소리를 들을 때처럼 그 숲에서 안도감을 느꼈다.

돌아오는 길, 할아버지가 바위 위에 커다란 솥단지를 걸쳐놓고 옥수수를 삶았다. 옆에선 할머니가 도마에 튀긴 돼지머리를 올려놓고 썰었다. 나는 고기와 옥수수를 사서 아이들에게 나눠주었다. 고깃덩어리가 아이들 숫자보다 하나 모자라 중빈이 먹지 못하자, 할아버지가 인심 좋게 중빈 접시에 한 덩이를 올려주셨다.

누스트라는 옥수수만 먹었다. 고기는 아껴두었다가 초링에게 주었다. 초링은 그것을 선뜻 받지 않고, 도로 누나에게 내밀어 누나가 한입 깨물고 나자 그제야 자기 입에 넣었다. 여덟 살과 다섯 살밖에 되지 않은 아이들이 고기를 서로 양보하는 것과 차력사가 이빨로 기차를 끄는 것 중 과연 무엇이 더 어려울까? 아이를 키워본 사람으로서, 나는 솔직히 모르겠다. 여행을 많이 다녀본 사람으로서, 다만 이것을 알 뿐이다. 초링과 누스트라에겐 선진국의 아이들에게 없는 것이 있다. 선진국의 아이들에겐 초링과 누스트라에게 없는 것이 있다. 세상의 비극은 언제나 불균형한 배분으로부터 시작된다. 그리고 세상의 희망은 언제나 그 불균형을 조금이라도 균형 쪽으로 바꾸려는 노력으로부터 시작된다.

누스트라는 집으로 돌아가자마자, 폭포에 놀러온 사람들을 상대로 기념품을 판매하는 좌판을 지키기 시작했다. 이곳 아이들은 날마다 이빨로 기차를 끈다.

마지막 저녁은 카롤린과 함께 보냈다. 동네 사람들이 모여 에어로빅도 추고 체조도 하는 곳에 카롤린과 함께 놀러갔던 것이다. 노인들이 많은 곳이어서 또 다른 재미가 있었다. 강사가 시킨 동작을 해내는 것이 너무나 어렵기만 한 할아버지 할머니들이 달팽이처럼 느리게, 느리게, 그러나 끝까지 포기하지 않고 녹슨 관절을 움직여 동작 하나를 성취해낼 때마다 사람들이 왁자하게 웃으며 박수를 쳤다. 거기선 나도 의젓하게 진도를 맞출 수가 있었다.

카롤린과 숙소로 돌아오는 길에, 나는 페구체 학교의 여고생들과 나눴던 대화를 들려주었다.

"어제 여고생 세 명과 장래희망에 대해 얘기했어. 그 아이들의 꿈은 건축사와 치과의사와 엔지니어였어. 카롤린, 그 아이들이 꿈을 이룰 수 있도록 내가 당부한 게 뭔 줄 아니?"

"뭔데요?"

"학교에 꼭 다니라는 거야. 그 아이들이 말한 직업은 모두 전문성이 강한 거니까, 형편이 된다면 대학까지."

짧은 스페인어 때문에 더 길게 말할 수는 없었다. 배움에 욕심을 내야 한다는 것, 배움을 쉽게 포기해선 안 된다는 것, 나는 많이 보았다는 것, 소를 돌보기 위해 학교를 포기하는 아이들을, 오빠가 학교에 다닐 수 있도록 하기 위해 학교에 가지 않는 딸들을, 10대에 덜컥 임신을 하고 아기를 안은 채 모든 게 신의 섭리일 뿐이라고 체념하는 문맹의 소녀들을.

카롤린은 말이 없었다.

"그리고 또 있어. 배운 것을 이용해서 반드시 직업을 가지는 거야. 직업을 가진 뒤에 결혼하는 거야. 결혼하면 남편과 계획임신을 해야 해. 너무 많은 아이를 낳지 않도록."

나는 폭력과 가난으로 얼룩진 가정이 많은 곳일수록 여성이 스스로 경제력을 확보하는 것이 중요한 이유를 설명하고 싶었다. 그러려면 규모 있는 양육과 이를 함께해줄 수 있는 배우자를 선택하는 것이 중요한 이유도 설명해주고 싶었다. 1박 2일 동안 열거해도 시간이 모자를 이야기를 속속들이 전해줄 수가 없어 안타까웠다. 그러나 카롤린은 경험으로부터, 자신이 성장한 배경의 피눈물과 땀으로부터 어렴풋이 내 뭉툭한 말을 이해하고 있었다.

"무슨 일이 있어도 토요학교에 꼭 나가. 필요하다면 싸워. 상대가 엄마라도."

열여덟 살에 이미 깊어져버린 눈을 또렷이 빛내며, 카롤린이 답했다.

"네. 알겠어요. 꼭 그럴게요."

수크레를 떠나며, 중빈은 제임스와 힘든 이별을 했다. 제임스는 '처음으로' 자신의 방에 손님을 들였다. 그리고 그 꼬마 손님에게 아끼는 암모나이트 화석을 선물하고 자신의 사진을 주었다. 둘은 끌어안고 또 끌어안았다. 두 남자의 눈가가 분홍빛이 되었다. 매니저 캐서린은 역시나 깐깐하게 돈 계산을 마쳤다. 그러나 마지막으로 중빈과 나를 끌어안을 때, 평범한 에콰도르 할머니처럼 눈물을 흘렸다. 짐은 2층 베란다의 자기 자리에서 일어나 손을 흔들었다. 나는 그에게 승리의 V자를 그려보였다.

윌리가 택시를 잡아주었다. 모두가 수크레 밖으로 나와 우리가 차에 짐을 옮기는 것을 지켜보았다. 카롤린 네 자매도 가게에서 뛰어나와 한 번씩 안겼다. 황송한 이별이었다. 길 건너 빵집 지붕 위로 붉은 해넘이가 시작되고 있었다. 우리가 좋아했던 달콤한 슈크림 빵을 팔던 곳. 오, 에콰도르의 빵은 정말 황당하게 달았지. 매일 저녁 그 빵 하나를 입에서 녹이면, 포만한 돼지처럼 세상 근심도 녹아 사라지곤 했지. 택시가 출발했다. 중빈과 나는 다시 해초처럼 묵지근하게 풀어헤쳐진 마음 때문에 말이 없어졌다.

택시가 터미널에 도착했을 때, 키토행 버스가 막 출발하고 있었다. 택시기사는 고맙게도 요란하게 경적을 울려 버스를 세워주었다. 우리는 각자 바이올린과 가방들을 챙겨들고 버스를 향해 뛰었다. 운전석 뒤 TV에서는 다행히 웅웅대는 영화 대신 청룽 영화가 상영 중이었다.

아디오스, 오타발로.
아디오스, 에콰도르.

창밖에는 인간의 흔적이 사라졌다.
'달의 계곡'이었다. 같은 이름으로 불리는
지구상의 몇몇 황량한 곳 가운데
가장 거대한 달의 계곡이 아닐까 싶은 풍경이었다.

CHILE

● 산티아고

엄마가
나를 사막에 버린다고요?

Calama,
San Pedro de Atacama

칠레는 남미에서 여섯 번째이자 마지막 방문국가가 될 터였다. 세상에서 가장 긴 나라 칠레에서, 우리는 북부의 볼리비아 접경도시인 칼라마를 먼저 여행할 예정이었다. 칼라마에서 아타카마 사막을 통과해 볼리비아 남부의 소금사막 우유니에 도착하는 투어를 하고, 수도인 산티아고로 돌아와 근방을 여행하는 것이 우리의 남은 일정이었다.

사전조사를 해보니, 브라질과 칠레의 물가는 엇비슷한 것 같았다. 그래서 볼리비아에서 브라질에 도착했을 때처럼, 에콰도르에서 칠레에 도착하면 문화적 충격을 받을 거라 예상하긴 했다. 하지만 예상은 충격을 완화하는 데 아무 도움이 되지 못했다. 산티아고 국제공항에서 식당에 들어갔을 때,

실내는 빠릿빠릿한 눈빛을 한 백인들과 메스티소로 가득했다. 가장 저렴한 음식이 12,000원에 육박했다. 그럼에도 우리 앞에 던져진 접시엔 밥도 야채도 없이 달랑 튀긴 냉동감자와 닭가슴살뿐이었다. 닭가슴살은 덜 익어 피가 흘렀다. 웨이트리스에게 더 익혀달라고 요구하자, 잠시 후 그녀는 새카맣게 탄 고기를 털썩 내려놓고는 팁을 요구했다. 나는 천 원에 수프와 밥, 야채와 고기를 먹던 오타발로의 장터에서 온 인디오 할머니처럼 구시렁댔다.

"세상이 대체 어찌 돌아가는 건지, 원……."

칼라마에 도착한 것은 자정이 가까운 밤이었다. 여러 숙소의 문을 두드렸으나 의외로 방이 없었다. 눈에 잘 띄지 않는 위치의 여관을 찾아 간신히 체크인 했을 때, 일하는 남자는 키를 건네며 검은 털이 무성한 손으로 내 뺨을 쓱 어루만졌다. 이건 또 무신? 시시비비를 따지기에는 피곤했고 상황도 좋지 않았다. 침침하고 괴괴한 그 여관에는 다른 직원이나 손님의 인기척조차 없었기 때문이다. 남자와 충돌을 일으킨 후 단둘이 있고 싶지 않았고, 이제 다시 나가 방을 찾는 것도 불가능해보였다. 아이는 나보다 더 지쳐 있었다. 일단 인내하고 방문을 잠갔다.

잠시 후, 물을 사러 밖으로 나가는데 남자가 여관의 불을 모두 꺼놓은 채 어둠 속에서 컴퓨터 모니터를 들여다보고 있었다. 소리와 화면의 낌새가 이상해 '설마……' 하고 모니터를 살피니, 포르노였다. 이건 또 무신! 나는 도로 방으로 들어가 문을 잠그려다, 일부러 그에게로 다가갔다. 그리고 내가 유사한 상황에서 늘 하는 '그 거짓말'을 했다.

"내일 아침에 남편과 여기서 만나기로 했어요. 그는 산티아고(이 지명은 언제나 각 나라의 수도명으로 바뀐다)에서 일하는 경찰이에요. 그가 아침 일찍 올 테니, 우리가 묵는 방을 알려주세요."

방으로 돌아와 불을 켜놓고 잠이 들었다. 아침에 일어나보니, 여관은 정반대의 분위기였다. 남자는 퇴근했고, 상냥한 아주머니 두 분이 바지런히 여관 곳곳을 쓸고 닦는 중이었다. 테이블 위에는 직접 바느질하다 만 테이블보가 놓여 있었다. 바느질에 대한 그녀들의 애정은 대단한 듯, 냉장고 위에는 냉장고보가, 전화 수화기에는 수화기보가, 컴퓨터 모니터에는 모니터보가, 심지어 변기 뚜껑에도 변기보가 덮여 있었다. 창문마다 투명한 아침햇살이 쏟아져 들어왔다. 여인들은 내게 미소 지으며 십여 개의 화분에 일일이 물을 주었다. 그러니까 그곳의 진짜 정체는 털 많은 남자가 야동을 보는 곳이 아니라, 두 여인이 정성을 다해 아기자기하게 꾸려나가는 '스위트홈'이었던 것이다. 허탈한 웃음이 나왔다. 한 남자 때문에 같은 장소가 전혀 다르게 보이는, 그래서 픽 웃지 않을 수 없는 이런 상황을 혼자 여행하는 여성 여행자들은 자주 경험할 수밖에 없다.

칼라마는 아담한 사막도시이다. 높은 곳에서 외곽을 둘러보면 온통 금빛 사구뿐인데, 신기하게도 자그마한 도심에는 없는 게 없다. 중대형 쇼핑센터, 수목이 우거진 공원, 영화관까지. 수레마다 생과일주스가 넘쳤고 시장은 번화했다. 냉온수가 철철 흐르는 숙소에 있다보면, 창밖으로 보이는 모래언덕이 마치 홀로그램처럼 비현실적으로 다가왔다.

칼라마에 온 애초 목적대로 우리는 사막투어를 위한 준비에 들어갔다. 칠레에서 볼리비아로 들어가기 위해서는 기존의 볼리비아 비자를 연장해야 했다. 작은 도심을 가로질러 볼리비아 영사관을 찾았다. 구멍가게만 한 사무실이었다. 오, 가슴 아프구나. 우리가 사랑하는 볼리비아의 국력은 어찌이다지도 왜소한 것이냐. 사무실 문을 여니, 마치 다른 세계로 들어온 듯 사람들의 눈빛이 달라졌다. 소박하고 정 많은, 바로 볼리비아 눈빛이었다. 방문객들은 서로서로 문을 열어주고 인사하고 포옹하고 반겼다. 그 활기와 온정이 마치 시골 장터 같았다. 영사마저도 장터에서 비자를 파는 아저씨 얼굴을 하고 있었다. 칠레에서는 찾아볼 수 없는 차림, 그러니까 중절모를 쓰고 풍성한 주름치마를 입은 할머니가 생후 6일밖에 되지 않은 신생아를 원색 줄무늬 담요에 겹겹이 싸서 안고 있다가 자랑스럽게 내보였다. 오랜만에 볼리비아의 라파스에서 '살림을 차렸던' 추억들이 솔솔 솟아올랐다. 중빈도 그랬나보다. 내 귀에 대고 속삭인다.

"딱 볼리비아다!"

"맞아. 이래서 우리가 볼리비아를 좋아했지."

그러나 곧 전혀 예상치 못한 일이 벌어졌다. 내가 비자 연장 목적을 밝히자마자, 장터 아저씨처럼 훈훈하던 영사의 태도가 돌변했다. 그는 단호한 목소리로 아빠 허락 없이는 중빈의 비자를 연장시켜줄 수 없다고 했다. 그로서는 아녀자가 남자도 없이 홀로 자식을 데리고 저 춥고 황량한 사막으로 들어가겠다는 것을 이해할 수가 없었던 것이다. 문화적 차이 때문이기도 하려니와, 남미에서는 이혼 과정에서 아이를 데리고 도망가거나 유기하는 경우가 적잖게 있기 때문이기도 했다.

"아이 아빠는 한국에 있어요. 우리는 벌써 6개국째 남미를 여행하고 있고요."

"사막은 지금 엄청 추워요. 거기 남편도 없이 아이를 데리고 들어가려는 당신의 의도가 불순해서 나는 도저히 허락할 수 없습니다."

영사와 내가 각자의 의견을 피력하는 동안, 머리끝까지 흥분한 것은 중빈이었다.

"말도 안 돼!!! 이 사람은 내 엄마예요!!! 도대체! 왜! 엄마가 나를 사막에 버리겠어요???"

영사가 '이건 또 뭐야?' 하는 표정으로 눈을 휘둥그렇게 뜨고 중빈을 쳐다보았다.

"우리 엄마라니깐요!!! M, O, M!!! 'Mom'이 뭔지 모르세요???"

영사가 멈칫했다. 마침 그 자리에 있던 칠레인 사막투어 가이드가 나섰다. 그는 나 같은 외국인을 많이 상대했던 만큼 양쪽 문화의 특성을 모두 잘 알고 있었기에 적절한 중재자가 되어주었다. 그가 스페인어로 한 오 분쯤 막힘없이 떠들자, 영사가 대뜸 '안 된다'고 했던 것만큼이나 또 대뜸 '된다'고 허락해주었다. 다시 장터 분위기가 되었다. 영사는 비자를 파는 장터 아저씨 얼굴이 되었다. 어휴, 내가 이래서 순박한 볼리비아 사람들을 좋아하지 않을 수 없다니까. 비자를 연장하는 데에는 사진도 비용도 서류작성도 필요치 않았다. 여권과 비행기표 복사본만 제출하곤 끝이었다. 우리는 홀가분하게 칼라마 속의 작은 볼리비아를 빠져나왔다.

영사관 앞 사거리에서 PC방과 나란히 있는 식당으로 들어갔다. 우리가 식당을 선택하는 기준은 언제나 하나. 현지인들로 바글거릴 것. 그곳은 분식집처럼 작았지만 현지인들로 가득했다. 역시나, 상냥한 주인아저씨는 우리를 풍성한 남미식 풀코스로 대접했다. 소고기로 유명한 아르헨티나의 옆집답게 엔트라다는 큼지막한 소꼬리 한 덩이가 든 수프, 세군도는 밥과 닭바비큐, 디저트는 복숭아! 악몽 같았던 공항 음식의 4분의 1 가격이었다. 우리의 찬란한 리액션이 이어졌다.

"무이 리코!" (굉장히 맛있어요!)

내가 오른손 엄지를 추켜세웠다.

"무이 수페르!" (굉장히 훌륭해요!)

중빈이 양 엄지를 추켜세웠다.

그곳은 주로 남자들이 들어와 TV에 눈을 박아두고 조용히 밥만 먹다 나가는 곳이었으므로, 난데없이 끼어든 동양 여자와 어린이의 리액션은 상당히 남사스러운 것이었다. 그러나 위장이 감동을 먹어 파르르 떨릴 때 판단이 흐려진다. 상냥한 칠레 주인아저씨는 우리의 수선이 싫지는 않은 듯 줄곧 수줍게 미소를 지었다. 쿠스코에 이어 또 한 번, 사랑은 위장을 통해서 왔다. 그렇게 나의 칠레 사랑이 시작되었다.

다음으로 직행한 곳은 쇼핑센터와 재래시장. 촌스럽지 않으면서도 싼 물건이 가득해, 급하게 사막에 들어갈 채비를 하기에는 안성맞춤이었다. 중빈은 2,000페소500페소는 약 1달러에 그토록 염원하던 선글라스를 꼈다. 눈부신 소금사막 우유니에서 자연광에 맨눈을 노출하면 시력이 손상될 수 있기 때문이다. 중빈은 다시 여기에 2,000페소짜리 검은 야구모자를 더했다. 마음만큼은 이미 이팔청춘인 이분께서는 거울 앞에서 모자챙을 부러 비뚤게 돌려쓰더니, 새롭게 완성된 스타일이 마음에 들었는지 가게에 있는 기타를 집어들었다. 그리고 볼리비아에서부터 분신처럼 함께해온 상어 이빨 목걸이를 대롱대롱 흔들며 록스타 흉내를 냈다. 그렇게 중빈의 칠레 사랑이 시작되었다.

짐을 꾸려 칼라마 터미널로 향했다. 더 깊숙한 사막의 작은 마을 '산 페드로 데 아타카마'로 이동할 차례였다. 버스에 올라탄 뒤 까무룩 잠이 들었다가 눈을 떴을 때, 창밖에는 인간의 흔적이 사라졌다. '달의 계곡'이었다. 같은 이름으로 불리는 지구상의 몇몇 황량한 곳 가운데 가장 거대한 달의 계곡이 아닐까 싶은 풍경이었다. 조물주가 거대한 모래판을 벌려놓고, 기기묘묘한 형태의 모래작품들을 주조하며 놀다가 버려둔 곳에 한 세월 바람이 불고 퇴적과 침식이 반복된 풍경. 움푹 패어 모래 분지가 되거나 불쑥 솟아올라 거대한 모래 산이 되었거나. 나는 매캐한 모래먼지 때문에 재채기를 했다.

마을이 나타났다. 산 페드로 데 아타카마. 어도비* 형태의 집들이 대부분이었다. 흰 페인트칠을 한 어도비는 세련되었고, 붉은 흙을 바른 어도비는 자연스러웠고, 컬러풀하게 색칠한 어도비는 발랄하였다. 어도비들은 식당이거나 여행사이거나 아웃도어 용품점이거나 호텔이었다. 한마디로 아타카마는 사막투어를 시작하거나 마무리하는 마을로서의 기능에 충실한 곳이었다.

여행사 두어 곳에 들렀다. 두 군데 모두 하루에도 몇 차례씩 늘어놓았을 내용을 내게 청산유수로 프레젠테이션했다. 하지만 듣고 난 뒤 내린 결론은, 누가 더 영어 발음이 좋으냐 정도의 차이일 뿐 대부분 고만고만한 내용의 투어를 제공하고 있다는 것이었다. 그래서 내가 3박 4일 투어를 예약한 곳에서 대단한 서비스인 양 '마개형 고무 물주머니'를 빌려주었을 때, 나는 속으로 '애걔걔~' 하는 마음이 없지 않았다. 닥쳐올 사막의 무시무시한 추위 속에서 그것이 얼마나 중요한 역할을 할지는 알지 못하는 채로.

● 진흙에 모래와 짚 등을 섞어 만든 벽돌로 지은 건물. 이집트 시대부터 4,000년간이나 지속되어 온 건축법. 낮에는 볕이 강렬하고 밤에는 기온이 뚝 떨어지는 지역에서 효과적으로 온도조절을 해주는 기능을 한다.

새벽녘부터 일어나 가방을 꾸렸다. 산 페드로 데 아타카마의 호스텔에선 이불에도, 바닥에도, 어디에나 사막의 모래가 스며들었다. 모래와는 이제 친구가 되어야 할 것이다. 시계를 보았다. 곧 승합차가 우리를 데리러 올 시간이다. 침낭을 가방에 바짝 묶으며 중빈에게 말했다.

"히야, 두 달 반 넘게 줄기차게 매달고 다닌 침낭을 드디어 써보겠구나."

침낭 얘기를 좀 하고 넘어가야겠다. 사실 남미에 오면서 침낭을 나처럼 준비해서는 안 되는 거였다. 옥션에 들어가 제일 싼 오리털 침낭으로 대충 결제 꽝꽝, 이런 식으로다가. 그 침낭은 국내에서 1박 2일 캠핑을 갈 때에나 적당할, 아니, 1박 2일 캠핑이라 해도 적당히 깐깐한 사람이라면 절대 준비하지 않을 2만 원짜리 침낭이었다. 나는 제3세계를 여행할 때 절대 비싼 물건을 준비하지 않는다. 누구도 탐내지 않을 물건을 들고 가서, 도둑맞지 않고 적당히 쓰다가 떠날 때 현지인에게 주고 온다. 현지인에게 줄 때 본전 생각이 나는 물건이라면 아예 가져가지 말자는 주의다.

그러나 물건이 총알배송 되고 나서야 알았다. 싼 침낭은 엄청 크고 무겁다는 걸. 뭘 기대하겠는가. 나는 우노, 도스, 트레스만 익히고 남미에 온 사람인 걸. 그뿐인가. 비행기가 출발하는 날 부랴부랴 중빈의 배낭을 산 사람인 걸. 배낭을 사고 나서야 알았다. 이 싸구려 침낭의 커버에는, 배낭에 붙들어 맬 수 있는 끈이 없다는 것을. 대충 허리띠로 침낭을 배낭에 매달고 출발했다. 남미에 도착하자마자 침낭이 보란 듯이 미끄덩 허리띠를 빠져나와 길바닥을 구르기 시작했다. 내가 씩씩거리며 침낭을 도로 붙들어 맬 때마다, 그것은 내게 신세한탄이라도 하는 듯했다.

"얘, 대체 누가 2만 원짜리 침낭을 만들면서 그 용도를 남미로 생각하겠니? 너를 만나 시도 때도 없이 길바닥을 굴러야하는 내 팔자도 참 오지구나."

상황이 이렇다보니, 페루의 한 여관에서 테이프와 노끈 등 모든 가능한 수단을 동원해 침낭을 배낭에 '쩔꺽!' 붙인 후 절대 펴볼 엄두를 못 냈다. 사실 가볍고 부피도 적은 고급 기능성 침낭을 준비했다면 안데스의 추위가 기승을 부리는 밤마다 유용하게 펼치고 잤다가 아침에 도로 쏘옥 배낭에 집어넣고 따뜻한 여행을 할 수 있었을 것이다. 그러나 미련한 선택 덕분에 우리는 안 그래도 무거운 배낭에 무거운 침낭까지 얹고 이동하면서, 추위엔 추위대로 시달려야 했다. 그뿐인가. 파업으로 우유니가 마지막 여행지가 되어버리는 바람에, 마지막 3박 4일을 위해 3개월 내내 이 웬수를 매달고 다닌 울트라 슈퍼급 미련퉁이가 되고 말았다.

울트라 슈퍼급 미련퉁이들이 아타카마 호스텔 입구에 가방을 부려놓고 '드디어' 3박 4일 투어를 떠나려 하는 그 새벽에, 소파에 드러누워 있던 한 백인 여행자가 담배 연기를 길게 내뿜으며 느릿느릿 물었다.

"그게…… 당신들 침낭이에요?"

"네."

"영하 몇 도까지…… 견딜 수 있는 침낭이에요?"

그, 그런 게 있나? 침낭에 온도가? 오리털이면 되는 거 아니고?

"내가 보름 전에 우유니를 여행했을 때 영하 17도였어요. 난 우유니를 대비해서 영하 19도에서도 체온을 지켜주는 침낭을…… 이탈리아에서 준비해 와 괜찮긴 했죠. 내가 여행하기 한 달 전에는…… 영하 30도까지도 떨어졌던 지역이었죠. 실례가 될진 모르지만…… 아이를 데리고 계신 분 치고 침낭이…… 허술해 보여 걱정되네요."

할 말이 없었다. 내 침낭은 이탈리아 것이 아니라 옥션 것이었으니. 게다가 길바닥을 데굴데굴 구르는 이 미꾸라지 같은 녀석을 챙기는 동안 미운

정 고운 정이 담뿍 들어서, 이제 초야를 치르기 직전에 이 녀석을 버리고 새로 이탈리아 녀석을 잠자리에 들일 수는 없다는 사연을 구구하게 털어놓기에도 시간이 많지 않은 이 상황에서.

승합차가 도착했다. 옥션 녀석이든 이탈리아 녀석이든 트렁크에 짐을 올리고 사막으로 떠나야 했다. 울트라 슈퍼급 미련퉁이에겐 울트라 슈퍼급 생존무기가 있다. 그 어떤 미련한 상황에서도 자신을 잘 위로한다는 것. 괜찮아. 서양 애들은 언제나 물건에 요란을 떨잖아. 산에 올라갈 땐 트레킹화를 신고 화장실에선 슬리퍼를 신고 조깅할 땐 나이키 에어로 갈아 신으면서 말이야. 나는 조리 하나를 신고 정글에도 갔다가 박물관에도 갔다가 샤워도 하는 의지의 한국인이야. 발등에 개미 떼가 덮치걸랑 밤새 긁으면 되지. 울 어머니는 100포기씩 김장을 담갔고, 할머니는 한강에서 얼음을 깨고 빨래를 하셨잖아. 지닌 물건이 부실하다고 죽지는 않아. 이가 없으면 언제나 잇몸이 등장하더라고. 나는 침낭과 가방을 승합차 뒤에 올렸다.

나도 모르게 한 단어가 입에서 툭 굴러 떨어졌다.
"개미."
자신의 존재가 얼마나 미미한지 확인하려면,
사막보다 더 적나라한 장소가 없을 것이다.
광활함과 나와의 대면.
나는 어쩔 수 없이 점일 뿐이다.
개미일 뿐이다.
사막은 유한한 인간이 무한을 자각하기에
가장 완벽한 체험학습장일지도 모른다.

BOLIVIA

'유한'한 인간이
'무한'을 깨우치는 곳
Atacama Desert

아타카마는 사막 중에서도 가장 건조한 사막으로 알려져 있다. 사막이라 해도 척박한 환경에 적응해 살아가는 동식물이 있기 마련인데, 아타카마의 중심부는 미생물을 포함한 그 어떤 생명체조차 찾아볼 수 없을 만큼 극도로 건조하다. 때문에 세계에서 가장 오래되고 가장 잘 보존된 미라들 가운데에는 아타카마에서 발굴된 것들이 많다. 9,000년이나 된 것도 있다고 한다.

아타카마가 이토록 건조해진 데에는 무역풍이 한몫했다. 이는 우리나라의 높새바람과 비슷한 원리라고 할 수 있다. 동해안에서 습기를 몰고 온 구름이 태백산맥을 오르며 영동 지방에 비를 내리고 다시 태백산맥을 내려가면서 영서 지방에 고온건조한 높새바람이 되어 불 듯, 대서양에서 불어온

습윤한 바람이 안데스산맥을 오르며 동쪽인 아마존 정글에 엄청난 비를 내리고 다시 안데스를 내려가면서 고온건조한 바람이 되어 아타카마 일대를 사막화하는 것이다. 전 세계에서 가장 강우량이 많은 아마존과 가장 적은 아타카마가 나란히 맞붙어 있는 이유는 여기서 기인한다.

아타카마 사막은 서쪽 끝에서 태평양과 만나고 동쪽 끝에서 안데스와 만난다. 남미여행기 1권의 페루편을 보면, 피스코에서 로알드 아빠의 차로 남부 해안지역을 달리며 사막과 바다가 만나는 멋진 풍광에 대해 언급한 적이 있다. 그것이 바로 아타카마 사막의 북서부였다. 페루 남부 해안에서 새똥 때문에 벌어졌던 전쟁, 즉 구아노 전쟁에 대해서도 상세히 언급했었다. 당시 새똥이 어마어마한 세월 동안 비에 씻겨나가지도, 사람 손도 닿지도 않은 채 하염없이 쌓일 수 있었던 것 역시 사람조차 살지 않는 건조한 사막기후, 즉 아타카마 사막 북서부세추라 사막이라고도 불린다였기 때문이다.

구아노 전쟁에 뒤이은 남미 태평양 전쟁 역시 아타카마 사막과 관련되어 있다. 이곳에 풍부하게 매장된 초석에 욕심을 낸 칠레가 당시 페루와 볼리비아 영토였던 이곳에서 전쟁을 일으켰고 유럽의 도움으로 승리함으로써 아타카마 사막 일부를 차지하게 된 것이다. 우리가 국경을 넘기 전 달릴 칠레 쪽 사막영토가 바로 그 지역이다. 사막마을 산 페드로 데 아타카마와 사막도시 칼라마 역시 남미 태평양 전쟁 전에는 볼리비아 영토였다. 지금은 볼리비아가 구멍가게 같은 영사관 하나만 간신히 차지하고 있을 뿐이지만.

승합차들이 칠레와 볼리비아 접경지대에서 일제히 멈췄다. 여행자 전원이 차에서 내려 서류 절차를 밟고 가방 검사를 받은 뒤 국경을 넘었다. 볼리비아 쪽에서 칠레로 오는 이들과 칠레에서 볼리비아로 넘어가는 이들이 교차했다. 사막을 건너온 자들과 사막을 건너려는 자들. 건너온 자들의 푸석한 외양에서 사막 냄새가 흠씬 풍겼다. 건너려는 자들은 그들로부터 며칠 뒤 자신의 모습을 감지할 수 있었다.

승합차는 이제 볼리비아의 사막 속으로 들어갔다. 승합차 뒤로 붉은 먼지가 무자비하게 일었다. 돌들이 바퀴 아래서 탁탁 튀며 날았다. 저 멀리 황량한 민둥산이 있고 그 아래 같은 토질의 흙이 지평선 끝까지 펼쳐져 있다. 조그만 벽돌집 한 채가 나타났다. 여행자들은 집 안으로 인도되었다. 차와 주스, 빵과 햄 등 간단한 아침식사가 차려져 있었다. 처음 만난 여행자들이 좁은 공간에 빼곡하게 마주 서서 조금 어색하게 김이 모락모락 나는 차를 따르고 우물우물 빵을 씹었다. 중빈은 못 먹겠다며 곧장 밖으로 나갔다. 고도에 약한 아이는 속이 메슥거리는 모양이었다. 국경을 넘으며 이미 고도는 4,000미터를 훌쩍 넘겼다. 바야흐로 아타카마의 북동부, 혹은 '안데스의 평평한 지붕' 알티플라노라고 불리는 곳을 달리고 있는 것이다.

벽돌집에서 머지않은 곳에 신기하게도 버스 한 대가 있었다. 오래전 두 나라의 국경을 넘나들다가 고장이 나 사막에 방치된 채 세월의 풍화를 겪는 버스였다. 몸통이 희고 부리와 날개 끝이 검은 안데스갈매기 떼가 그 위를 날았다. 묘하구나, 사막에서 만나는 갈매기 떼라. 안데스갈매기는 해발 3,000미터 이상에서만 서식하는, 그러나 일단 3,000미터를 넘긴 곳이라면 강, 호수, 염분이 함유된 습지 등 닥치는 대로 서식하는 특이한 새이다. 식성 역시 곤충, 쓰레기 가리지 않고 왕성하다. 몸피가 50센티미터쯤 되는 큼직한 갈매기들이, 중빈이 버스 위로 빵 조각을 던질 때마다 경쟁적으로 덤벼들어 빵을 채갔다. 버스는 알티플라노 전체가 자신의 무덤인 양 날마다 조금씩 제 살과 뼛가루를 흙에 파묻는 중이었다. 왕성한 생명력을 자랑하는 안데스

갈매기들은 밤이 되면 저 버스 안으로 들어가 휴식을 취하리라.

지프차들이 도착했다. 지금부터는 승합차에서 지프차로 옮겨 타고 여행을 할 것이다. 지프차에는 운전석을 제외하고 여섯 좌석이 있다. 운전사들은 여행사별로 여행자들을 모은 뒤 6인 1조로 무리를 짓도록 했다. 우리 여행사에서 모집한 인원은 12명이어서 반으로 갈라 차를 나눠 타야 했다. 그러나 생전 처음 보는 사람들끼리 무엇을 기준으로 무리를 짓고 나누겠는가. 사람들은 멋쩍게 서로를 바라만 보았다. 나는 좋은 멤버들과 함께해야 좋은 여행이 된다는 생각도 없을뿐더러, 어린아이까지 달고 있는 처지이기에 무조건 남는 자리에 들어갈 생각이었다. 그런데 미국에서 온 나탈리가 적극적으로 사람들과 말문을 텄다. 그리고 직업이나 여행 동기 등을 물은 뒤 팀을 꾸렸다. 친구지간인 칠레 남성 알레한드로와 곤잘로, 나탈리와 그녀의 연인 제임스, 중빈과 내가 그녀가 꾸린 한 팀이었다.

나탈리는 내게 한 팀이 되어 여행을 할 수 있다면 기쁘겠다고 정중하게 청했다. 잘 알지도 못하는 내게 그렇게 말해주니 정말 영광이었지만, 내심 걱정도 되었다. 그녀와 제임스는 전형적으로 아이를 좋아하지 않는 사람들 같아 보였기 때문이다. 아무래도 아이를 키우다보니 사람들의 반응으로부터 그런 것을 금방 분류해내는 눈치가 생기게 된다. 어린이 특유의 천진난만함을 웃고 즐기는 사람들과 무시하고 짜증스러워 하는 사람들의 차이점을. 그런 눈치가 없다면 때때로 민폐가 된다. 그런데 뜻밖에도 나탈리가 한 팀이 되길 청한 것이다. 나탈리가 선택한 것은 아마 '중빈과 나'가 아니라, 세계 여러 곳을 다녀본 '나'인 것 같았다. 스페인 태생의 동시통역사로 워싱턴에서 일한다는 그녀는 여행하며 사는 삶을 동경한다고 했다. 그리고 우유니에서 점프하는 기념 컷을 찍을 때, 순간포착이 잘되는 내 카메라로 자신과 제임스를 찍어준다면 정말 고마울 거라고 했다. 나는 중빈을 덤으로 받아들여준 것을 고맙게 생각해야 할지, 서로의 자유를 위해 거절해야 할지 아주 잠깐 망설였다. 바로 그때 내 가방이 다른 가방과 뒤바뀌고, 나탈리가 전문가답게 스페인어와 영어를 유창하게 오가며 통역에 나서주었다. 상황이 이쯤 되었으니, 내 대답도 뻔해졌다.

"고마워, 나탈리. 일행으로 청해주어서."

"예스! 팀이 구성되었어!"

나탈리가 환호했다. 그녀는 지프차 앞에서 출발 기념촬영을 하고 제안했다. 여섯 명의 멤버가 모여 V자를 그리며 "치즈!"를 외쳤다. 시절이 시절인지라, 운전사가 6명 각자의 카메라를 순서대로 바꿔가며 똑같은 장면을 담아야 했다. 덕분에 우리는 그 발랄한 포즈를 취한 채로 잠시 정지동작으로 있었다. V자를 한 채로 문득 벽돌집 쪽을 바라보니, 12명 가운데 뜻하지 않게 '남겨진' 셈이 되어버린 여섯 명이 어정쩡하게 서 있다. 우리의 급조된 팀워크를 묘한 표정으로 바라보면서.

지프차는 운전사를 포함해서 2명씩 세 줄로 앉는 6인승이 적정인원일 것 같았다. 하지만 일인석보다 약간 넓은 조수석에 둘을 앉혀 7명을 태우고 달렸다. 곤잘로와 알레한드로가 맨 뒤에, 나탈리와 제임스가 가운데에, 엉덩이가 작은 중빈과 내가 조수석에 앉았다.

사막이라 하면 흔히 부드러운 모래를 떠올리지만, 사실 사막의 토질은 제각각이다. 사막의 정의는 토질로 내리는 게 아니라, 강수량으로 내리는 것이기 때문이다. 알티플라노는 붉은 흙에 가까운 토질이었다. 잘거나 굵은 돌들도 많았다. 순전한 평지도 아니었다. 크고 작은 붉은 산들이 곳곳에 솟아올랐다. 마치 지표를 가렸던 꺼풀을 모조리 뜯어내 지구의 벌건 근육이 드러난 것만 같다. 황량한 아름다움이다. 지프차는 앞서 달려간 차들이 오랜 시간에 걸쳐 파놓은 골과 골 사이를 오가며 울퉁불퉁 달렸다. 거대한 흙먼지가 뒷바퀴에서 솟아올라 날개처럼 펼쳐졌다.

　처음으로 지프차가 선 곳은 해발 4,350미터, '하얀 호수'라는 뜻의 '라구나 블랑카'였다. 차에서 내려 그 앞에 섰을 때, 나도 모르게 한 단어가 입에서 툭 굴러 떨어졌다.

　"개미."

　거대한 흰 호수가 펼쳐져 있었다. 길이 5.6킬로미터, 폭 3.5킬로미터. 이름 그대로 흰 우윳빛 물이 저 멀리 붉은 산맥까지 뻗쳐 닿아 있어, 아름다운 색채의 대조를 이뤘다. 시퍼런 하늘이 우윳빛 물에 퍼런 빛깔을 섞어 넣어 보려 하지만, 완강하게 거부하는 진한 우윳빛이었다. 다량의 광물이 함유되어 내는 빛깔이기 때문이었다. 안데스갈매기들이 물 위를 흩어져 날아다녔다.

　나는 사람들로부터 떨어져 걸었다. 일행은 지프차 근처에만 몰려 있었으므로 금세 완벽한 적막이 되었다. 이런 적막을 좋아한다. 깊은 산속의 다디단 옹달샘 물처럼, 현대사회에서는 더 이상 맛보기 힘들어진 귀한 적막. 적막 속에서만 포착이 되는 소리에 귀를 기울였다. 얼음이 바람에 녹아 흐르는 소리, 그리고 수표가 지면과 부딪혀 찰랑찰랑 흔들리는 소리. 나는 시간이 허락하는 한 가장 먼 곳까지 걸어가, 라구나 블랑카의 가장자리에 섰다. 다시 한 번 같은 단어가 입에서 튀어나왔다.

　"개미."

　자신의 존재가 얼마나 미미한지 확인하려면, 사막보다 더 적나라한 장소가 없을 것이다. 다른 곳에서는 나보다 크고 작은 생명체들이 뒤섞여 있어, 나는 절대적으로 작다는 느낌을 갖지 못한다. 여러 생명체 중에 섞여든 하나일 뿐이다. 사막에서는 다르다. 시야를 드나드는 비교 대상이 거의 없다. 그저 광활함과 나의 적나라한 대면이다. 상대가 되지 않는다. 핑계도 댈 수 없다. 나는 어쩔 수 없이 점일 뿐이다. 개미일 뿐이다. 저 바깥세상에서 억만장자이든, 전 국민을 사로잡는 유명인사든지 간에, 사막에 서면, 나는 그저 티끌일 뿐이다. 왜 여러 종교가 사막에서 발화하였겠는가. 사막에서는 누구라도 자신보다 크고 강한 존재를 떠올리고 고개를 조아리게 되기 때문이다. 고작 백 년도 못 채우면서 죽네 사네 징징대는 인간의 빈약한 시간과 달리, 신이 주무르는 시간은 수만 수억 년을 단위로 움직인다는 것을 깨닫게 되는 것이다. 그가 지층을 수수깡처럼 부러뜨려 단층을 만들어놓은 것을, 화산을 비눗방울처럼 터뜨려 옛 지층을 새 지층으로 덮어버린 것을 정면으로 마주하면서, 무한한 힘, 무한한 시간, 무한한 공간에 대해 누구라도 철학적인 고찰을 하지 않을 수 없다. 어쩌면 사막은 '유한'한 인간이 '무한'을 자각하기에 가장 완벽한 체험학습장일지도 모른다. 개미 인간은 고백하고야 만다. 나는 당신을 경외합니다. 나는 당신의 뜻을 결코 이해할 수 없는 존재입니다. 폭풍우가 나의 세간살이를 송두리째 뽑아가도, 사랑하는 이가 갑자기 목숨을 잃어도, 그래서 당신께 "왜?"라고 묻지 않습니다. 대신 무릎 꿇습니다······. 인간은 '당신'을 서로 다른 종교로 체계화하고 발전시켜왔다. 끝끝내 인간의 지력으로 이해할 수 없는 삶의 고난들은 그렇게 위로받았고, 인간은 다시 일어설 힘을 얻었다.

다시 달렸다. 운전사 디에고가 이번에 볼 것은 '푸른 호수'라는 뜻의 '라구나 베르데'라고 말해주었다. 일행은 조금 전 보았던 하얀 호수에 기초해서 푸른 호수를 상상하고 있었을 것이다. 라구나 베르데는 마치 커튼 뒤에 숨겨져 있는 무대처럼, 거대한 등마루 뒤에 숨어 있었다. 그래서 지프차가 커튼을 젖히듯 등마루를 에돌아 멈춰 섰을 때, 일행은 동시에 탄성을 질렀다. 자연은 언제나 인간을 앞지른다. 그것은 우리가 상상했던 그 어떤 푸른 빛깔도 능가하는 푸른빛이었다. 게다가 6,700미터 높이의 거대한 분화구 리칸카부르의 발치에 자리하고 있었다. 붉은 흙으로 빚어진 벌거숭이 분화구와 푸른 호수가 만들어내는 적록 대비는 가히 모두를 경탄에 빠뜨릴 만했다.

디에고가 알려주었다.

"이 호수엔 구리가 많아서 저런 물빛을 냅니다. 구리의 독성 때문에 어떤 생명체도 살지 않아요."

모두 설레는 마음으로 차에서 내렸다. 드물게 높은 분화구 때문인지, 호숫가에는 소원을 비는 돌탑들이 여러 개 쌓여 있었다. 사람들은 하나씩 돌을 보태 돌탑의 키를 높였다. 오랜 친구지간인 알레한드로와 곤잘로는 조용히 거닐었고, 에너지 넘치는 나탈리는 카메라 앞에서 돌탑과 다소 어울리지 않는 높은 점프를 선보였다. 중빈은 소원을 빌기 위해 매우 어려운 길을 택했다. 열 살 사내아이가 보기엔 영 시시껄렁한 돌멩이탑 대신 바위탑을 쌓는 것으로. 그리고는 영차영차 바위를 끌어모으기 시작했다. 애야, 이 고도에서 그렇게 용쓰다 병난다.

다음 정착지는 '달리의 바위'. 이름 그대로 달리의 초현실주의 화풍에 어울림직한 바위들이 흩어져 있는 곳이다. 바위의 형상 자체보다, 주변이 모두 모래인데 똑같은 풍화를 겪고도 아직 바위로 우뚝 남아 서 있다는 점이 더 경이로웠다. 바위들은 본래 같은 지층의 일부였을 것이다. 그런데 여리고 부드러운 부분이 먼저 깎여나가고, 강한 부분이 듬성듬성 남아 태양과 바람에 대적하며 남은 시간을 견디고 있는 것이다. 바위의 표면은 늙은이의 주름처럼 우글쭈글했다.

만 년을 단위로 만든 '시계', 아니, '세월계'가 있다면 바로 저런 바위의 모양을 하고 있으리라. 만 년이 지날 때마다 작은 바위부터 하나씩 사라지는, 그러니까 스스로 소멸함으로써 세월을 알리는 세월계가 될 터이다. 유능한 지질학자라면, 저 바위 세월계가 풍경 속에서 완전히 사라지는 그때를 가늠해낼 수도 있겠지.

사실 우리가 보았던 호수들도 마찬가지다. 일정량의 수증기가 증발해 사라지는 데 반해, 강수량은 거의 없기 때문에 점점 물이 줄어들어 염호가 되어가고 있었다. 그 아름다운 호수들도 결국은 하나의 세월계가 되어 지표에서 사라질 것이다. 우리가 알지 못하는 수많은 자연물들이 실은 그렇게 장대한 세월에 걸쳐 나타났다가 사라졌다. 인류도 결국 그러한 자연물 가운데 하나일 터이다. 인류를 대신해 등장할 자연물은 과연 어떤 것일까.

달리의 바위에서부터 사람들은 자연 화장실을 이용하기 시작했다. 차에서 멀리 떨어진 곳으로 걸어가 볼일을 보고 돌아오는 것이다. 일을 보는 사람은 알아서 적당한 자리를 찾았고, 일을 보지 않는 사람은 알아서 적당히 시선을 피했다. 여행을 다니다보면 화장실 상황은 천차만별이 된다. 하지만 새로운 화장실에 적응하는 데 필요한 요소는 언제나 한 가지뿐이다. 방광이 채워지는 데 걸리는 시간.

다음 방문지는 '내일의 태양'이란 멋진 이름을 지닌 곳이다. 오늘의 태양은 지금 저 하늘 위에 떠 있는데, 과연 내일의 태양은 어떻게 생겼을까? 차가 멈췄다. 동시에 유황냄새가 진동했다. 가장 높은 4,800미터 지점. 중빈은 잠깐 차에서 내려 유황냄새를 맡고는 곧바로 메슥거림과 두통을 호소하며 차로 돌아갔다. 사람들은 마치 폭발 직전의 분화구 사이를 걷듯, 조심조심 연기가 뿜어져 나오는 구덩이 사이를 걸었다. 디에고가 어떤 곳에 얼마만큼 다가갈 수 있는지, 혹은 다가가면 안 되는지를 알려주었다. 어떤 웅덩이에선 진흙이 끓어 넘쳤고, 어떤 깊은 틈에선 검은 연기가 솟아올랐다. 추운 날씨였지만, 곳곳이 뜨거웠다.

내일의 태양이란 탁월한 작명이 아닐 수 없다. 지금, 바로 여기, 아타카마의 땅속에서 부글부글 끓는 연기를 내뿜으며 비밀스럽게 주조해내고 있는 것, 그것이 바로 내일의 태양인 것이다. 언젠가 저 하늘의 태양이 명을 다하는 그날, 화성만큼이나 황량한 아타카마의 인큐베이터 속에서 강인하게 잉태된 '내일의 태양'이 홀연히 지표를 뚫고 하늘로 승천할 것이다.

뒤이어, 사막에선 기대하기 힘든 이벤트가 우리를 기다렸다. 바로 노천탕이었다. 디에고가 차를 세우고 유의사항을 공지했다.

"준비해온 수영복을 입고 들어가세요. 제한 시간은 20분입니다. 더 오래 머물 경우, 고도 때문에 혈압에 문제가 생길 수 있어요."

노천탕 자체는 시멘트로 둥글게 테두리를 세운 소박한 것이었다. 그러나 그 테두리를 찰랑찰랑 넘어 흘러나가는 온천수는 메마른 사막을 끝없이 적시고 있었다. 세상 그 어떤 칠성급 호텔도 이토록 장대한 배경의 노천탕을 지니진 못할 것이다. 지프차 한 대가 연이어 도착했다. 아까 갈라진 여섯 명이었다. 네 명의 유럽 아가씨들과 두 명의 브라질 커플로 구성되어 있었다. 그들은 우리와 같은 여행사 소속이므로 결국 같은 일정으로 움직일 모양이었다. 유럽 아가씨 세 명과 브라질 아가씨가 비키니 차림으로 탕에 뛰어들었다. 덕분에 사막의 노천탕이 화사해졌다. 날씨는 추웠지만 물은 부드럽고 따뜻했다. 앞으로 며칠간 씻지 못할 걸 감안한다면 여기서 꼭 몸을 담글 필요가 있었다. 건강이 시원찮은 몇 명만 빼고.

"애를 낳아봐. 이 날씨에 수영복으로 갈아입는 건 돈 주고 하래도 못해."

바로 나다. 냉기가 무서운 온돌 나라 출신 아줌마.

"난 평소에도 고혈압이야. 이 고도에서 물에 들어갔다 나오면 큰일 날 거야."

바로 알레한드로다. 칠레의 사회복지과 공무원.

"이런 사막에 온천이라니. 이상하잖아. 왜들 저렇게 좋아하는 거야."

바로 실비다. 옆 팀에서 언니와 여행 중인 덴마크 아가씨. 짐작했겠지만, 매우 불안정한 정신구조를 지녔음이 차차 드러나게 된다.

이십 분은 금방 지났다. 이제 숙소로 가서 짐을 풀고 저녁을 맞이할 차례. 알티플라노의 첫 밤은 어떨지 몹시 기대된다.

… 사막의 부엌 여신,
크리스티나

Atacama Desert

사막 한가운데에 우리의 로지가 있었다. 칙칙한 빛깔의, 모래를 뒤집어쓴 어도비였다. 대여섯 개의 방이 있었고, 두 개를 우리 일행이 차지했다. 남자들이 배려해준 덕분에 중빈과 나, 나탈리가 로지의 유일한 3인실에 짐을 풀었다. 나머지 방들은 6인실 이상의 도미토리였다.

  짐을 풀고 방을 나섰다. 화장실을 지나자 짧은 복도 끝에 텅 빈 식당이 있었다. 식당 바닥은 넓적한 돌들을 모자이크처럼 아귀를 맞춰 깔았다. 벽은 흙을 발라 마감했다. 흙벽에 큼지막하게 뚫린 창문으로 누렇게 사위어가는 오후의 햇살이 들어와 돌바닥을 덮혔다. 나는 홀린 듯 그리로 들어갔다. 식당 한가운데에는 참으로 오래된 철제난로가 있었다. 석탄을 집어넣는 문

짝이 찌그러진 난로였다. 탁자에는 하늘색 격자무늬 테이블보가 덮여 있었다. 격자마다 과일이 그려진 비닐 테이블보였다. 또 다른 테이블엔 우리 일행을 위한 식기가 세팅되어 있었다. 그 한가운데에 사막에서 어렵사리 찾아낸 귀중품인 양 2리터짜리 코카콜라 두 병이 우뚝 서 있었다. 나는 그 공간이 좋았다. 조야한 물건들이 사막의 외딴집에서 정성스러운 보살핌을 받아 만들어내는 아늑하고 숙연한 분위기. 매혹 당하며 안으로, 안으로 들어갔다.

식당 옆에 부엌이 있었다. 아가씨 한 명이 설거지를 하고 있었다. 예쁜 눈과 도톰한 입술을 지닌 인디오 아가씨였다. 길게 땋아 내린 머리에 털모자를 쓰고, 스웨터를 겹겹이 껴입고 앞치마를 둘렀다.

"난 소희야. 너는?"
"크리스티나."
"난 서른아홉 살이야. 너는?"
"스물여덟."
"난 한국인이야. 너는?"
"볼리비아."

수십 명의 여행자들을 치르기엔 좁은 부엌이었다. 부엌세간도 굉장히 적었다. 수없이 까맣게 탔지만 기어코 반짝반짝 닦아놓은 스텐 국자나 들통 같은 것들을, 그 모든 것들이 적재적소에 정갈하게 들어앉아 있는 것을, 나는 '달리의 바위'나 '라구나 베르데' 못지않게 감탄 어린 시선으로 바라보았다. 두툼한 철근조각을 용접해놓은 것처럼 생긴 가스레인지엔 불이 두 개뿐이었고, 바닥에 놓인 고무들통에는 방금 이곳을 떠난 사람들이 먹은 접시들이 수북했다. 수도꼭지는 물론, 한 개였다. 저녁이 준비될 때까지는 아마도 오래, 오래 기다려야 할 것이다.

"몇 명이 일해?"

"두 명."

"너랑 누구?"

"내 동생. 엘레나."

엘레나는 잠시 자리를 비웠다. 이렇게 비좁고 불편한 구조에서 단둘이 생산성을 극대화한다는 게 놀랍다. 크리스티나는 나의 관심이 놀라운 모양이었다.

"관광객 부엌 안 와."

"난 부엌 좋아해."

그녀가 양파를 자르며 깔깔 웃었다.

"한국에 내 부엌 있어. 이렇지 않아. 더러워."

다시 깔깔 웃었다. 나는 부엌과 관련된 모든 것을 잘해내는 이 '부엌 여신'에게 이미 감동받은 상태였고, 더 감동받을 모든 준비를 마친 상태였지만, 그것을 감안한다 하더라도 그녀의 양파 다지는 방식은 순전한 감동이었다. 어떻게 다지느냐고? 껍질 벗긴 양파를 도마 대신 손에 올려놓는다. 다른 손에 칼을 쥐고 둥근 케이크를 커팅할 때처럼 이등분, 사등분, 팔등분, 십육등분…… 양파를 가른다. 그러고 나서 양파 윗꼭지에서부터 가로로 자른다. 매우 작게 다져진 조각들이 접시에 쏟아진다.

크리스티나는 대파도 같은 방식으로 다졌다. 게으른 주부는 한국어로 소리쳤다.

"오, 이거 정말 대박이야. 도마를 안 닦아도 되잖아."

크리스티나가 수십 명의 설거지를 시작했을 때, 나는 아예 그녀 옆에 주저앉았다. 에콰도르 카카오 농장의 빅토리아처럼 물을 아끼기 위해 세 개의 고무들통을 준비한 뒤, 첫 번째 들통에서 세제를 쓰고 나머지 들통을 순서대로 거치며 헹궜다. 사막에서는 최선의 위생이었다.

"관광객 설거지 처음이야."

"기억해, 한국인이라는 거. 한국인은 잘 도와."

그녀는 이제 내가 말만 하면 웃었다.

"밤에 엘레나랑 둘만 있기도 해?"

"응."

"사막에 언제 왔어?"

"4년 전."

"안 무서워?"

"조용하고 좋아."

"행복해?"

"행복해."

볕이 조금 더 기울었다. 다른 여행자들이 도착한 모양이었다. 뿌옇게 김 서린 부엌 유리창으로 지프차 한 대가 늘어난 것과 거기서 운전사가 내리는 것이 보였다. 내가 계속 질문했다.

"여긴 사막이잖아. 남편감은 어디서 구해?"

방금 차에서 내린 운전사가 뒷문을 통해 부엌으로 들어오며 대답했다.

"남편감 여기 있잖아."

셋이 하하 웃었다. 크리스티나는 뺨을 붉히며 웃었지만, 동시에 완강하게 고개를 젓는 것을 잊지 않았다. 그래도 운전사는 방앗간에 드나드는 참새처럼 툭하면 부엌으로 들어와 크리스티나를 찾았다. 그때마다 내가 장난쳤다.

"크리스티나, 남편감 납셨다!"

그러면 어여쁜 사막 아가씨는 번번이 싫지 않은 미소와 함께 분명하게 고개를 저었다. 바쁘지만, 흥겹고 따뜻한 부엌이었다.

칠흑 같은 어둠이 내렸다. 밖은 매섭게 추웠다. 바람도 거셌다. 사막의 외딴집을 바람으로부터 보호해줄 것은 아무것도 없었다. 아침에 일어나면 모래 속에 파묻혀 있지 않기만을 바랄 뿐이다. 오늘밤 로지에 머무는 인원은 대략 40명. 낡은 철제난로는 벌겋게 석탄을 태우며 제 소임을 다하고 있었지만, 로지를 통틀어 난방기구라고는 그게 다였으므로 당연히 역부족이었다. 사람들은 추위 때문에 별달리 할 일도 머물 곳도 찾지 못한 채 난로가 있는 식당에 모여 앉아 이야기를 나누고 있었다. 어느 금요일 밤 아일랜드의 선술집을 연상시킬 만큼 식당은 정원초과로 비좁아졌고 훈훈해졌고 왁자해졌다. 영화에서처럼 창문 밖으로 줌아웃 하여 일대를 내려다본다면 재미있을 것 같았다. 인구밀도가 제로에 가까운 곳에서, 한 방에 어깨를 바투 붙이고 끼어 앉은 40명의 낯선 사람들.

가스레인지의 불은 두 개뿐이었으니 당연히 40인분의 음식은 더디게 준비되었다. 여행 중 이런 시간, 그러니까 어둠은 일찌감치 내리고 부엌에선 향긋한 음식 냄새가 진동을 하는데 달리 할 일이 없을 때, 여행자들은 개가 된다. 이야기를 하고 있긴 하지만, 실은 음식의 추이에 모든 감각이 동원되어 있는 것이다. 나는 부엌에 머물렀기에 먼저 저녁 메뉴를 알아내는 특권을 누렸다. 야채수프와 토마토 스파게티. 디저트는 통조림 복숭아였다. 개로 치자면, 나야말로 개 중에서도 상개. 혀를 길게 빼물고 저녁을 기다렸다. 부엌 여신의 손길이 닿았으니 무조건 맛있겠지.

맛있었다. 열악한 재료를 생각하면 그야말로 정성스러운 음식이었다. 나는 먹는 동안 일행과 이런저런 이야기를 주고받으며 서로를 알아갔지만, 음식을 식탁에 낼 때나, 빈 그릇을 부엌으로 옮길 때는 일어나서 도왔다. 그럴 수밖에 없는 것이, 그렇게라도 일손을 도와야 저녁을 빨리 먹고 치울 수 있었기 때문이다. 부엌일은 아가씨 둘이서 해내기에는 중노동에 가까웠다. 그녀들은 오후 내내 앉지도 먹지도 못했는데, 이제 새롭게 쌓인 40인분의 저녁 설거지까지 마치려면 밤늦도록 부엌을 떠날 수 없을 터였다. 거기다 내일 아침까지 준비해놓는다고 했다.

중빈은 지프차 안에서 일행에게 바이올린을 연주해주겠다고 약속했었다. 저녁상을 물린 뒤, 중빈이 약속대로 바이올린을 들고 난로 뒤쪽에 섰다.

"내가 이따 설거지 도와줄게. 잠깐 이리 와봐."

내가 부엌에서 크리스티나와 엘레나의 손을 잡아끌고 나왔다.

"음악 좋아해? 내 아들이야. 그리고 바이올린이야."

중빈과 내가 일어서니, 의자 두 개가 남았다. 거기에 그녀들을 앉혔다. 늘 부엌데기였을 두 아가씨는 생전 처음 여행자들 사이에서 어깨를 나란히 하며 몹시 어색해 했다. 내가 두 아가씨에게 말했다.

"괜찮아. 덕분에 잘 먹었어. 잠시만 쉬어."

중빈이 비발디를 연주했다. 어린 연주자를 바라보는 동안, 낯선 음악을 귀에 담는 동안, 자매의 얼굴은 발갛게 상기되었다. 안 그래도 예쁜 두 눈이 호기심으로 빛을 내니 더 아름다웠다. 반면, 크리스티나의 '불확실한' 미래 남편감은 낄낄거리며 연주를 들었다. 흠, 저 양반 아무래도 크리스티나에게 잘릴 확률이 높겠는 걸. 하지만 낄낄거림은 제3세계의 장난꾸러기들이 낯선 문화를 접할 때 보이는 자연스러운 반응이다. 중빈은 커다란 박수를 받았다.

연주가 끝난 뒤, 나는 자매들과 부엌으로 돌아가 감춰두었던 내 몫의 디저트를 꺼냈다. 우리는 복숭아를 나눠 먹으며 뭐가 그리 좋은지 박장대소를 했다. 어느덧 세 여자는 아주 뭉툭한 스페인어 몇 마디만으로도 신기할 만큼 자연스런 의사소통을 해내고 있었다. 다시 주저앉아 산더미 같은 설거지를 시작했다. 이번엔 따뜻한 물이라 한결 수월했다. 그때 중빈이 빠끔히 안을 들여다보더니 뭐가 뭔지 어리둥절한 표정을 지었다. 사실 몇몇 서양인들도 용건이 있어 부엌에 들를 때마다, 나와 눈이 마주치면 저런 표정을 지었다.

중빈이 한참 만에 할 말을 찾은 듯 크리스티나에게 물었다.

"울 엄마 착하죠?"

아이고, 멋쩍어라. 내가 대답했다.

"중빈아, 너도 엄마처럼 항상 부엌을 사수할 줄 알아야 돼. 먹을 게 있잖아."

나중에야 알았다. 세 개의 설거지 양동이 중 내가 맡은 양동이만 따뜻한 물이었다.

일행이 꽝꽝 얼어붙은 로지 밖으로 나가는 모험을 감행했다. 별을 보기 위해서였다. 셀 수 없이 많은 별들이 섬세한 그물망처럼 퍼져, 흘러내리는 어둠을 하늘에 붙들어 매고 있는 것만 같았다. 그러나 무지막지한 추위에 오그라들어 누구도 아름다운 밤하늘을 오 분 이상 감상하지 못했다. 나도 내 별자리인 전갈좌만 후딱 확인하고 들어왔다. 체온을 빼앗긴 뒤 옥션 침낭에 들어간다면 밤새 떨어야 할 것이다.

화장실은 인파로 붐볐는데, 차라리 천연 화장실이 낫지 싶을 만큼 더럽고 열악했다. 서양인들을 배려해 좌변기를 가져다놓은 것이 화근이었다. 물이 귀하고 인원은 많은 곳에서 좌변기처럼 비실용적인 물건도 찾아보기 힘들 것이다. 사막에선 차라리 구덩이를 파고 모래로 파묻는 것이 친환경적이고 위생적이다. 당연히 변기는 막혀서 넘쳤고 누구도 손댈 수 없을 지경이었다. 나는 기마자세로 간신히 오물에 오물을 보탠 뒤, 얼음 같이 차가운 물에 얼굴을 대충 문질러 닦았다. 양치질을 마치고 나오는데, 제임스가 머무는 방에서 우는 듯 칭얼대는 듯 나탈리의 목소리가 새나왔다. 짜증스럽게 응대하는 제임스의 목소리도.

"그만 좀 해! 그래서 어쩌란 말이야? 사막에서 별 다섯 개짜리 호텔을 기대할 수는 없잖아!"

사람, 뾰족하긴. 좀 받아주지. 사막이 힘들어 응석을 부리는 것뿐인데. 나탈리는 직업이 스페인어-영어 동시통역사인 만큼 여행 중 낯선 스페인어 어휘가 나올 때마다 디에고를 붙잡고 습득에 열을 올렸다. 그 옆에서 주로 꾸벅꾸벅 조는 제임스는 오래된 연인의 전형이었다. 연인에게 그다지 친절하지도 관심이 많지도 않았다. 계층적 거만함이 몸에 배어 있는 사람이기도 했다. 워싱턴에서 IT 업체의 대표로 있다는 그는 워싱턴의 자기 영역에서라면 그럭저럭 호응을 얻었을 관습적인 미국식 유머로 좌중을 사로잡으려 들었다. 그러나 그때마다 유럽 아가씨들의 냉담한 반응에 부딪혀 수포로 돌아가곤 했다. 소통의 기본은 아마도 차분하게 마주 앉아 상대방의 눈을 들여다보는 일일 것이다. 그런 뒤 상대가 내보내는 신호를 포착하고 이에 성의 있게 반응하는 일일 것이다. 거만한 사람일수록 이것이 어려워진다. 이미 자신을 거만하게 만들어준 재산이나 지력 같은 것으로 손쉽게 상대방의 마음을 차지하려 들기 때문이다. 그래서 사회적으로 성공했으나 겸손의 미덕을 지니지 못한 사람들이 '자기 영역을 떠나' 여행할 때면 종종 외톨이가 되는 경우를 본다. 특히 회장님이든, 할리우드 스타이든 결국 미미한 존재일 뿐임을 스스로 깨닫는 사막에서라면 더욱.

제임스가 나탈리에게 관심을 보일 때는, 그녀가 궁금해 하는 어휘를 디에고가 정확히 설명해주지 못할 때 (둘 사이의 학력차로부터, 당연히 이것은 빈번했다) 자신이 나서서 견해를 피력하는 순간이었다. 이것은 당연히 스페인어가 자기 전문분야라 여기는 나탈리의 심기를 건드렸고 종종 논쟁으로 번졌다. 알티플라노의 압도적인 풍경 속에서는 언어 자체가 필요 없어지는 순간이 많았는데, 고작 단어 하나의 뜻을 놓고 날을 세우는 이 커플에게는 확실히 좀 안타까운 구석이 있었다. 이구아수 폭포 앞에서 어제 본 드라마 줄거리를 놓고 갑론을박하는 격이랄까. 가슴보다 머리를 주로 사용하는 현대사회의 엘리트들은 습관적인 긴장과 승부근성에 사로잡혀, 교육수준이 낮은 대다수의 사람들보다도 순간을 향유하는 능력이 떨어질 때가 있다. 제임스는 점점 혼자 있는 시간이 많아졌다. 호수에 도착하면 나탈리는 다정한 성품을 지닌 알레한드로나 곤잘로를 찾았고 그들과 되도록 멀리까지 걷다가 돌아왔다.

방으로 돌아와 침대 위에 옥션 침낭을 폈다.

'드디어, 너랑 합궁하는구나. 잘 부탁한다. 우리, 가격에 연연하지 말고 그저 오리털임을 잊지 말자.'

그러나 이제 겨우 첫날밤일 뿐인데, 침낭은 이미 수십 년 쓴 것처럼 허연 오리털이 비죽비죽 튀어나와 있었다. 어찌나 드센 오리털이던지 몸이 침낭에 닿으면 따끔따끔 찔렸다.

'밤새 오리털임을 결코 잊을 수 없겠구나.'

중빈과 나는 추운 곳에서 하던 대로 있는 옷을 죄다 꺼내 입었다. 크리스티나에게 뜨거운 물을 부탁해, 여행사에서 서비스로 빌려준 고무주머니를 채운 뒤 중빈의 침낭 안에 넣어주었다. 중빈은 그것을 신줏단지처럼 꼭 끌어안고 나서야 눈을 감았다.

잠시 후 나탈리가 붉어진 눈을 하고 들어왔다. 그녀는 말없이 가방에서 파자마를 꺼내 갈아입고 취침용 양말을 신은 뒤 아주 고급스러워 보이는 침낭 안으로 들어갔다. 오, 좋겠다. 따뜻하겠다. 아들아, 미안. 오늘밤 우리 꼭 살아남자.

침낭 위에 로지에서 비치해둔 담요를 두 겹씩 덮었다. 랜턴을 끄자, 완벽한 어둠이었다. 완벽한 고요였다. 추위는 생각보다 견딜 만했다. 그보다 괴로운 건, 가슴에 맷돌을 얹어놓은 듯 제대로 숨을 쉴 수 없는 것이었다. 고도 때문이었다. 소화도 되지 않았고 머리도 띵했다. 세 명의 룸메이트는 밤새 얕은 잠 안팎을 넘나들며 고통스러워했다.

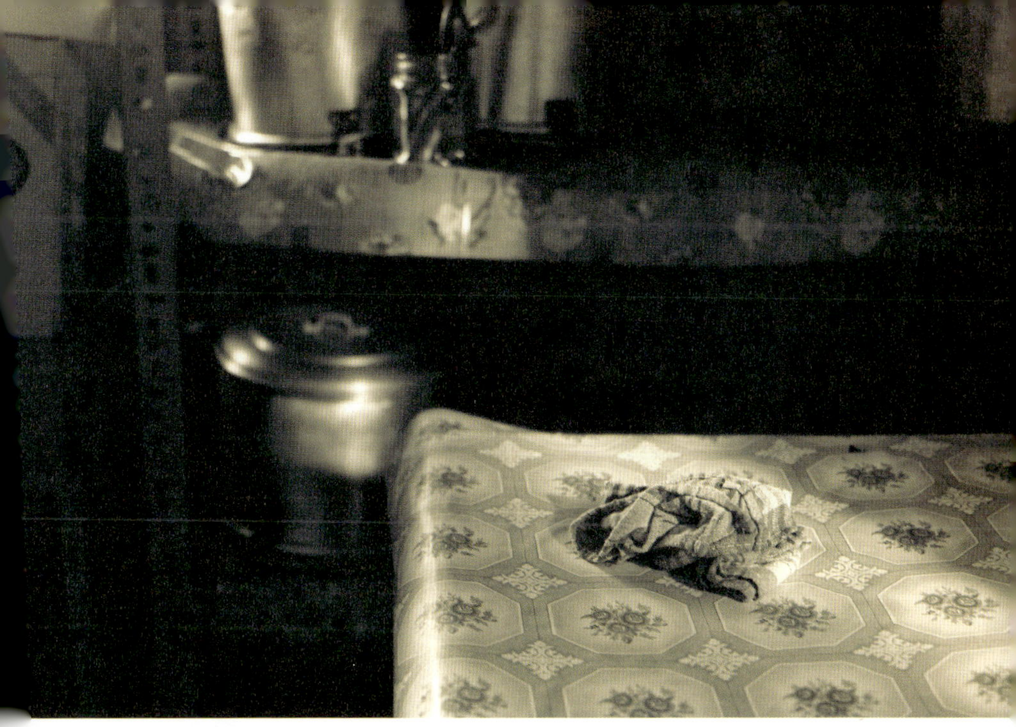

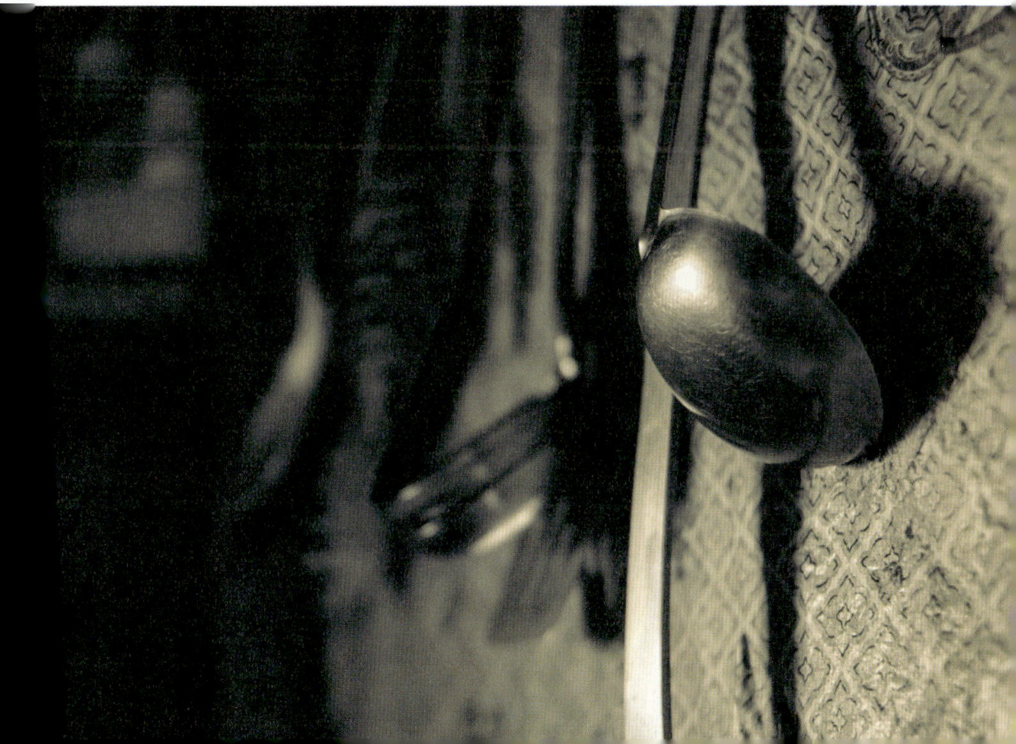

진흙 자국 같은,
인연의 따뜻한 흔적들

Bolivia Southern Desert

"굿모닝."

"굿모닝."

그러나 '좋지 않은' 아침이었다. 모두들 시체처럼 창백한 얼굴을 하고 식당을 향해 걸었다. 마른 빵과 팬케이크, 사과와 뜨거운 차가 테이블에 놓여 있었다. 다들 구세주라도 만난 듯 뜨거운 차에 매달렸다. 팬케이크는 어젯밤 크리스티나가 구워둔 것이었다. 팬케이크를 만들며 나눴던 대화가 생각났다.

"내 월급은 1,200볼_{약 20만 원}이야. 적어?"

"……."

"적어?"

볼리비아에선 월평균 소득이 100달러도 되지 않는 사람들이 수두룩하다.

"볼리비아에선 많은 월급이잖아. 그럼 된 거지."

"한국에선, 적어?"

집요하게 물었다. 그 목소리에 자부심이 담겨 있었다.

"아니. 한국 물가랑 볼리비아 물가 비교하면, 결코 적지 않아."

질문의 요지를 피해갔다. 크리스티나가 만족스럽게 생긋 웃었다.

"한국 사람들, 애들 몇 명 낳아?"

"둘이나 하나. 안 낳기도 해."

"왜?"

"…… 돈 때문에."

얼굴이 더워졌다. 하지만 현실이다. 교육비, 보육비 등 사회보장 없는 부모 노릇에 등이 휘고 그래서 젊은이들은 아이를 안 낳겠다고 한다. 크리스티나가 자부심을 갖는 월급은 한국의 초등학생 영어학원 한 달 수강료밖에 되지 않는다. 혹은 그것조차 되지 않는다. 한국에서 월급이 많건 적건 간에 자식을 키우며 자기 월급에 자부심을 가지는 이는 몇이나 될까?

사람들은 창백한 낯빛으로 차만 연거푸 마셨다.

"저쪽 테이블엔 요구르트를 줬는데, 우린 안 줬어."

실비가 이를 악물며 으르렁거렸다.

"저쪽엔 요구르트가 남는다고! 그런데 우린 아침부터 퍽퍽한 빵뿐이야!"

검은 머리를 뒤로 동여매고 있어, 실비의 계란형 얼굴과 아름다운 이목구비는 더욱 도드라졌다. 사실 '원더우먼'을 쏙 빼닮은 그녀의 미모는 불안정한 정서와 더욱 강렬한 대조를 이뤘다. 실비의 언니 샹탈은 금발에 온화한 얼굴을 지닌 여성으로서, 언제나 침착하게 언니로서의 역할을 수행했다.

"실비, 내 생각에 요구르트 같은 공산품은 로지에서 주는 게 아니라 여행사에서 준비하는 것 같아. 저쪽은 우리와 다른 여행사이니, 음식도 다르겠지."

"하지만 난 아침에 요구르트가 필요해!"

"알아. 하지만 여긴 사막이고 단 며칠일 뿐이니, 우리 조금만 참아보자."

샹탈이 실비를 달래는 동안, 고혈압 환자 알레한드로와 일 년 365일 먹는 것에 관심이 없는 중빈은 거의 드러눕듯 의자에 기대어 있었다. 사실 드러눕고 싶은 건 모두 마찬가지였다.

내가 말했다.

"오, 이 나약한 도시인들 같으니라고."

곤잘로가 말했다.

"더 웃긴 건, 우리가 이걸 위해 돈을 냈다는 거지."

알레한드로가 말했다.

"얼마나 약한지 확인하기 위해서."

모두 웃으며 자리에서 일어났다. 방으로 돌아가 침낭과 침대를 정리하고 차에 짐을 실었다. 중빈과 나는 서로의 옷에서 마흔 개가 넘는 오리털을 떼어냈다.

차가 출발하기 전, 나탈리가 자리를 바꾸자고 했다. 제임스와 조수석에 앉아 가겠다는 것이다.

"동시통역사인 내가 디에고에게 질문을 많이 해서 뒤로 전달해주면 모두에게 이득이 되지 않겠어?"

"얼마든지, 나탈리. 그런데 제임스와 네가 앉기엔 많이 좁을 텐데."

"괜찮아. 불편하면 다시 바꿔달라고 말할게."

덩치 큰 성인 두 명이 조수석에 끼어 앉아 힘겹게 문을 닫았다. 나탈리는 과연 타자마자 왕성하게 통역활동을 개시했다. 그러나 디에고는 사실 위키피디아를 한 번 클릭하는 것보다 나은 정보를 주지 못했다. 그녀가 쉬려고 떠난 여행에서 끊임없이 더 나은 여행을 만들려 고심하면서 쉬지 못하는 것이 조금 안쓰러웠다.

'라구나 콜로라다', 붉은 호수란 뜻이다. 오늘의 첫 번째 광활한 정거장. 이번에는 지프차가 약간 높은 곳에 섰다. 우리는 저 아래, 이른 아침햇살을 받아 미친 듯이 반짝거리는 거대한 붉은 호수를 향해 나아갔다. 역시 염호로서, 물빛이 붉은 것은 조류藻類의 색소 때문이었다. 사막 한가운데에 만개하여 일렁이는 붉은 꽃 한 송이만 같다.

사막의 바람은 거칠었다. 차가운 바람이 호수를 흔들면, 햇빛이 붉은 수면 위에서 은빛 가루가 되어 부서졌다. 드물게 바람이 멈추면, 붉은 수면이 매끈해지면서 거울처럼 하늘을 비춰 파랗게 변했다. 호수 가장자리에는 이끼와 억센 덤불이 자라고 있었고, 붕사硼砂, 붕산나트륨의 결정체가 새하얗게 지면을 덮어 마치 간밤에 눈이 내린 것 같았다. 붉은 물, 파란 하늘, 하얀 붕사, 그리고 은빛 반짝임……. 숨 막히는 색의 잔치 사이로, 분홍빛 제임스플라밍고가 숙련된 무희들처럼 한 줄로 나란히 서서 고개를 숙이고 아침식사를 하고 있었다. 개중 한 마리가 날아올라 호수를 건너자, 그 그림자가 수면 위를 나란히 달렸다.

왜 안데스에서 잉카인들이 태양신을 섬겼는지 알겠다. 춥고 척박한 곳일수록, 태양의 존재는 기적 그 자체처럼 느껴진다. 밤새 얼어붙었던 생명이 비로소 숨을 쉰다. 다시 온기가 돈다. 계속 삶이 이어진다. 그저 감사하고 은혜로울 뿐이다.

눈부신 아침햇살 때문이었을까? 라구나 콜로라다는 내게 아타카마 최고의 호수가 되었다. 보는 순간 매혹되어 떠나기 싫어지는 호수가 되었다. 무릇 사랑에 빠지는 순간이란 그렇지 않던가. 한 순간, 혹은 한 시절, 내게 결핍된 영양소, 생존이 갈망하는 요소를 당신이 지니고 있었기 때문에, 아낌없이 퍼주었기 때문에 사랑이 시작되는 것이다. 호숫가에 도착한 그 시각, 새 아침의 태양이 라구나 콜로라다에 아낌없이 빛을 베풀고 있어서 나는 빛나는 호수와 사랑에 빠졌다. 밤새 추위에 떨던 몸은 태양의 원기를 필요로 했고, 거기 그토록 아름다운 방식으로 태양이 작은 육신 가득히 빠져나간 에너지를 채워주었던 것이다. 한참 후에야 다른 이들을 돌아보았다. 그들도 비슷한 매혹 속에서 말없이 사진을 찍거나 연신 거닐고 있었다. 운전사가 다음 목적지를 재촉할 때까지.

차 안에서 알레한드로가 내 쪽으로 고개를 내밀었다.

"우리 할아버지는 한국인 친구가 있으셨어. 그래서 내가 태어났을 때 한국인 이름도 지어주셨지. '용'이란 이름이야. 어떤 뜻인지 알려줄래?"

그는 정확히 '용'이라고 발음했다.

"정말? 멋진걸. 그런데 용에는 여러 가지 뜻을 지닌 한자들이 있어. 드래곤도 있고, 용감하다는 뜻도 있고, 사용하다란 뜻도 있고, 또……."

"난 드래곤이 좋아. 그걸 한자로 써 줄래?"

흐음……. 대학입학과 함께 내려놓은 한자, 어언 20년이 되어간다. 여전히 읽을 줄은 알지만 쓰는 건 이제 자신 없다. 특히 용은 말이지……, 획이 많은데 말이지…… 눈에 선하긴 한데 말이지…… 갑자기 쓰려니까 말이지……. 알레한드로는 우정의 표시로 중빈의 모자를 쓰고 있었고, 중빈은 알레한드로의 모자를 쓰고 있었다. 나는 중빈의 모자를 들었다 놓으며 물었다.

"JB, 너 용용자 쓸 줄 알지?"

"아니."

뻔뻔한 녀석. 에미 아비가 열심히 벌어 가르쳐놨더니, 한 번쯤 늙은 에미를 지적知的 위기에서 구해주지 못한단 말인가. 녀석은 어제 저녁에도 나를 배신했다. 열두 명이 모여 앉은 로지의 식탁에서, 서양인들이 자신이 태어난 해의 띠 동물을 알고 싶어 한 것이다. 그들은 당연히 나를 쳐다보고 있었다. '너는 동양에서 왔잖아. 게다가 글을 쓰는 직업을 지녔다며. 그 정도 소양은 있겠지?' 하는 얼굴로. 그럼 그럼. 자축인묘진사오미신유술해! 잘 알고 말고. '자'는 쥐고 '축'은 소고 '인'은…… '인'은…… 그러니까 사람 '인'은 분명히 아닐 거고…… 그러고보니 '묘'도…… '묘'도…… 묘하네.

얼른 중빈을 툭 쳤다.

"너『열두 띠 동물 이야기』읽었지? 동화책 말이야."

"그건 유치원 때야."

"그러니까 몇 년 안 됐잖아."

"몇 년이나 됐잖아. 그걸 어떻게 기억해?"

나는 마침 테이블 끄트머리에 앉아 있었다. 중빈과 나를 뺀, 스무 개의 눈동자가 테이블 양편에서 일제히 나를 향해 묻고 있었다.

'정녕…… 모른단 말이야?'

대한민국은 너무 빨리 발전해서, 이제 더 이상 한자권이 아니라고 확 거짓말 해버릴까? 에잇, 솔직해지는 수밖에.

"미, 미안한데…… 지금 기억이 안 나네."

아, 쪽팔려. 역시 내 자리는 식당이 아니라 부엌인 겨…….

"자, 알레한드로. 아마 '드래곤 용'자는 이걸 거야. 한국 가서 내가 꼭 확인해보고 메일로 보내줄게."

다행히 알레한드로는 아주 행복한 미소를 지었다.

"고마워!"

그때부터 우리는 알레한드로를 '약한 용'이라고 불렀다. 고혈압 때문에 내내 힘이 없었던 그는 때로 차 문도 제대로 열지 못하곤 했던 것이다.

"약한 용, 힘내!"

그러면 그는 아주 약올라 했다. 그래서 번쩍 문을 열어버리기도 했다. 공무원인 그와 여행업에 종사하는 곤잘로는 조용하면서도 섬세한 정서를 지닌 게이들이었다. 마침 옆 팀에는 영국에서 온 레즈비언 커플이자 전직 초등학교 교사인 슈본과 레아가 있었는데, 그녀들처럼 커플이 아닌 친구지간이었다. 굳이 만인들에게 커밍아웃을 하지 않아도, 게이들에겐 게이들만의 특징이 있다. 부드러운 어투나 풍부한 감성, 때로는 걸음걸이까지. 한두 가지로 딱 꼬집어 말할 순 없지만, 곁에 있으면 감지되는 그런 특징들이다. 상대가 게이라는 걸 눈치챘을 때, 나는 순수하게 기쁘다. 남성들은 힘으로 상징되는 남성성으로 여성을 매료시킬 수 있다고 생각하지만, 사실 여성은 남성성 안에 숨어 있는 여성성에 더 큰 매력을 느낀다. 자잘한 것들을 함께 이야기하고, 관심사를 공유하며, 눈치껏 배려하는 남성에게 끌리는 것이다. 그리고 그 '힘'이 배제된 다정한 상태에서 긴장감 없이 안도한다.

라구나 베르데에서의 일이었다. 바람이 내 수첩에서 몇 페이지를 날려버렸다. 여행을 할 때 나는 작은 수첩을 주머니에 지니고 다니며 언제든 생각나는 것을 적곤 하는데, 라파스의 시장에서 산 그 수첩은 종이가 스스로 떨어져 나오는 문제아였다. 깨알 같은 글씨가 가득한 종이 세 장이 사막의 바람을 타고 인정사정없이 날아갔다. 곤잘로가 뛰기 시작했다. 억센 풀 사이에 숨은 것도, 진흙탕 안에서 젖은 것도, 잡을 만하면 데구르르 또 구르는 것도, 가만히 있어도 숨이 찬 고도에서 곤잘로는 사방으로 뛰어다니며 모두 주웠다. 그리고 진흙을 탈탈 털어 내밀며 말했다.

"네게 얼마나 소중한 것들인지 잘 알고 있어."

그 뒤로 수첩을 펼 때마다 진흙이 말라붙은 그 페이지가 튀어나오면 나는 따뜻해졌다. 돈을 들인 선물은 매번 마음을 덥히지 못하지만, 마음을 들인 선물은 예외 없이 마음을 덥히는 법. 풍요로운 삶이란, 결국 금으로 가득한 금고를 지니는 것이 아니라, 진흙 자국 같은, 인연의 따뜻한 흔적들로 가득한 앨범을 하나 지니는 일일 것이다. 그래서 그 앨범을 펼칠 때마다 행복해지는 삶일 것이다.

알레한드로와 곤잘로는 맨 뒤쪽 좌석에 앉아서, 정거장과 정거장 사이가 길어질 때마다 서비스를 제공했다. 단것이 생각날 즈음에는 귀신같이 알아서 초콜릿을 내밀었고, 출출할 즈음에는 견과류가 든 락앤락을 차 안에 돌렸다. 이 사랑스러운 센스쟁이들 같으니라고!

차가 기이한 형태의 바위 앞에 섰다. 이른바, '바위나무'. 아타카마라는 예술가가 빚어낸 작품 가운데 가장 정교한 소품을 꼽으라면 아마도 이것일 게다. 약 7미터 높이의 바위인 이것은 아래 밑동이 좁고 위로 가지를 쭉 펼친 나무의 형상을 하고 있다. 혹은 막 가느다란 다리를 땅에서 들어 올리며 부리를 앞으로 향하고 날개를 뒤로 펼친 새의 형상을 닮기도 했다. 해석은 보는 이의 몫. 그러나 경탄은 같다. 균형에 대한 경탄이라고나 할까? 주먹만 한 진흙덩어리를 세울 때에도 아래를 가늘게 하고 위에 덩어리를 얹으면 무너지기 십상인데, 사막의 풍화 속에서 아래쪽 약한 암질을 먼저 날리고, 좀 더 강한 암질로 구성된 위쪽을 들어 올리며 금메달을 따는 순간의 역도선수처럼 용케 버티고 서 있는 것이다. 아마 수없이 많은 바위들이, 바벨을 떨어 뜨리는 역도선수처럼, 이 과정에서 균형을 잃고 중력에 굴복하여 흙이 되었을 것이다. 바위나무 아래 서서, 나는 이것이 얼마나 귀한 기립인가를, 얼마나 귀하게 드리운 그늘인가를 새삼 깨달았다. 바람, 태양, 암석이 만나 오랜 세월 끈기 있게 빚어낸 콜라보레이션.

나는 바위나무 아래에서 키스하는 옆 팀의 브라질 커플을 카메라에 담았다. 실은 거의 모든 정거장에서 그들의 사진을 찍었다. 그들은 가는 곳마다 정열적으로 키스를 했는데, 키 작고 동글동글한 얼굴을 지닌 금발의 아리아네와 훤칠한 흑발의 안드레가 서로를 아끼고 사랑하는 모습은 퍽 예뻤다.

"나는 너희들의 파파라치야. 뽀뽀할 때마다 몰래몰래 찍을 테니 그런 줄 알아."

아리아네는 환하게 웃었다.

"오, 제발 그래줘! 그리고 한국 가면 꼭 보내주기야!"

지프차는 두 개의 호수를 더 거쳤다. 먼저, 깊은 호수란 뜻의 '라구나 온다'. 라구나 온다는 연한 하늘색이었다. 한 무리의 분홍색 플라밍고와 하늘색 물은 부드러운 파스텔 톤의 보색대비를 이루며, 온화한 풍경을 그려내고 있었다.

아타카마에는 모두 아홉 개의 호수가 있다고 한다. 이 호수들이 아름다운 건, 수질에 따라 저마다 다른 색을 보여주면서 채도가 일정한 주변의 황량함과 극적인 대비를 이루기 때문이다. 우리는 호수에 도착하기 전, 이번 엔 어떤 빛깔로 우리가 놀라게 될까 절로 기대하게 되었다. 그런데 마지막 호수는 이름이 '라구나 헤디온다'라고 했다.

디에고가 덧붙였다.

"냄새 고약한 호수란 뜻이에요."

일행은 웃었다. 참 단순하고 적나라한 작명법이로고. 스페인 식민지 시절 지도에도 같은 이름으로 등기되어 있다고 하니, 그곳에서 냄새가 난 지는 오래되었음이 틀림없다. 차에서 내리자, 정말로 물빛엔 이렇다 할 개성이 없는 반면 고린내를 닮은 유황냄새가 진했다. 아리아네와 안드레는 냄새에도 굴하지 않고 키스부터 했다. 당연히 파파라치는 찰칵!

사람들이 호숫가 한곳으로 몰려들었다. 날개가 부러진 플라밍고가 누워 죽음을 기다리고 있었다.

"엄마, 우리가 고쳐줄 수는 없을까?"

"어려울 것 같네. 누군가 치료해줄 수 있다 해도, 다리가 부러졌으니 한동안 데리고 있어야 할 거야."

"너무 불쌍하다. 데리고 가고 싶어."

"엄마도. 하지만 여기선 자연의 법칙에 맡기는 게 좋겠다. 균형 잡힌 먹이사슬 속에 놓여 있는 거니까. 플라밍고는 죽지만, 갈매기나 물속 조류들은 덕분에 더 번성하게 될 거야."

체념이 빠른 어른들은 점차 흩어져 걸었지만, 중빈은 오랫동안 플라밍고를 떠나지 않았다.

호수 옆에서 늦은 점심 샌드위치를 먹는 동안 디에고가 희소식을 전했다.

"오늘은 우유니 근처 소금호텔에서 잘 거예요. 어제 숙소보다는 훨씬 편한 곳입니다. 더 따뜻하고 온수도 있어서 샤워할 수 있죠."

일행은 환호했다. 식사 후에는 줄곧 달렸다. 오늘 최대한 우유니 사막에 다가가야, 내일 아침 우유니를 본 뒤 오후에 볼리비아를 더 여행할 사람과 다시 칠레로 돌아갈 사람으로 나뉘어 흩어질 수가 있는 것이다. 우리 팀에선 나와 중빈, 알레한드로와 곤잘로가 칠레로 돌아갈 사람들이고, 제임스와 나탈리는 볼리비아를 더 여행할 사람들로서 북쪽으로 올라갈 것이다. 칠레로 돌아가는 여정은 이것저것 구경하며 올 때와 달리 '무조건 달려' 돌아가는 여정이 될 것이다. 제아무리 달려도 중간에 하룻밤 묵어야 해서 총 3박 4일의 투어가 된다. 대개의 경우 나탈리와 제임스처럼 2박 3일 투어를 한다.

"여우예요!"

우유니로 가는 도중, 디에고가 소리쳤다. 내내 졸던 제임스가 눈을 번쩍 떴다. 누워 있던 '약한 용' 알레한드로도 일어나 앉았다. 모두 창문에 매달렸다. 사막의 여우라.

"오, 귀여워!"

"오, 세상에!"

여우는 그동안 심심찮게 차를 봐온 듯, 피하지 않았다. 다가오지도 않았다. 다만 그 거대한 사막에 횡단보도라도 그려둔 듯 우리를 쳐다보았다.

'나는 바로 여기서 길을 건너고 있었어. 다른 곳에서 건너는 건 불법이니 너희가 빨리 그 고철덩어리 좀 치워줘야겠어.'

대적하는 표정은 아니었지만, 주인의식이 강한 표정이었다. 그래, 이 사막은 3박 4일간 아이스박스에 음식을 싸들고 유흥하는 뜨내기들의 것이 아니지. 밤의 차가움과 낮의 뜨거움을 견디고 모래바람과 갈증에 굴복하지 않는 너의 것이지. 생텍쥐페리의 어린왕자가 사막에서 여우를 만나고 그 여우가 그토록 현명했던 건 지당한 일이란 생각이 든다. 사막은 그 광포함으로부터 그것을 견디는 자에게 지혜를 선사하는 곳이니까.

중빈도 나름 지혜를 얻은 듯했다.

"엄마, 그러니까 저 여우가 아까 그 다친 플라밍고를 먹는 거지? 그리고 저 여우는 다시 안데스의 사자가 먹고?"

"응? 으응."

안데스에 사자라니. 그러나 간만에 얻은 아이의 깨달음에 초를 치고 싶진 않았다.

"휴우, 이제 마음이 좀 편해져."

아이는 이제 날개가 부러진 플라밍고를 내려놓을 수 있었다.

어머니 지구의
눈물을 만나다
Salar de Uyuni

저녁 6시, 냄새 고약한 호수를 떠난 지 네 시간쯤 지난 후 사막마을 산 후안에 도착했다. 낡은 어도비 가옥 이십여 채가 전부인 척박한 곳이다. 늙은 여인이 물을 구하러 가는 듯 플라스틱 양동이 두 개를 들고 인적 드문 길을 걷고 있었다. 까맣게 그을린 얼굴에 두툼한 털모자와 판초를 걸쳤다. 그 뒤를 충직해 뵈는 누렁이가 따랐다. 우유니에 도착한 것이다. 보통은 우유니를 소금사막과 동의어로 사용하지만, 사실 볼리비아 포토시 주州에 우유니라는 지역이 있는 것이며 소금사막은 그 일부이다. 이제 우리는 내일 아침 일찍 눈처럼 흰 소금 벌판을 보게 될 것이다.

  마을 한쪽에 있는 소금호텔로 안내되었다.

"히야!!!"

안으로 들어서자마자 중빈이 흥분으로 뒤집어졌다. 소금벽돌을 쌓아 만든 소금벽, 소금지붕, 소금테이블, 소금의자, 소금침대까지! 온통 흰 실내에 강렬한 원색의 안데스 깔개와 방석이 포인트를 주고 있었다. 소금으로 지어진 집이라 포근하고 따뜻했다. 창으로 들어온 빛이 흰 실내에 반사되어 구석구석 부드러운 자연채광이 감돌았다. 걸을 때마다 발아래에서 와드득 소금이 부셔졌다. 과분한 감촉이 아닐 수 없다. 역사를 거슬러 올라가면 소금 때문에 전쟁이 일어나기도 했고, 소금이 돈처럼 교환의 매개로 사용되기도 했으니.

중빈은 꾸러기답게 벽에 혀를 대고 맛부터 보았다.

"애퉤퉤! 소금 맞아!"

정말로 모든 여건이 어제보다 좋았다. 사람들은 아늑한 2인실에 들었다. 방에 들어서면 소금이 소리를 빨아들이는지 방음시설마저 완벽해 고요했다. 저녁식사를 위해 미리 세팅된 테이블에는 와인이 한 병씩 놓여 있어, 유럽 아가씨들이 환호했다.

이제 사람들의 관심은 소금에서 온수로 옮아갔다. 화장실에는 변기 하나, 샤워기 하나가 있었는데, 디에고의 말에 의하면 태양열 패널로 덥힌 온수로 샤워를 할 수 있다는 것이다. 지독한 산성물이어서 머리를 감으면 덩어리째 엉킨다고 했지만, 그런 것에 신경 쓸 사람은 없었다. 제임스가 가장 먼저 샤워를 하러 들어갔다. 씻고 싶어 안달이 난 나머지 사람들이 화장실 밖에 줄을 섰다. 위아래가 뚫린 허름한 나무 문을 사이에 두고, 제임스와 먼지투성이 사람들이 대화를 나눴다.

"물 따뜻해?"

"오오, 따뜻해!"

"와~!"

먼지투성이들이 박수를 쳤다.

"으악, 차가워!"

"우우~"

먼지투성이들이 야유를 보냈다.

"오오, 다시 따뜻해!"

"와~!"

다시 박수.

"으악, 차거!"

"우우~!"

박수와 야유를 오가며 깔깔거리는 동안 조금씩 줄이 짧아졌다. 사막이었고, 물탱크는 하나였고, 도착 인원은 30명가량. 두말할 것 없이 물을 아껴 써야 했다. 찬물이든 뜨거운 물이든 3, 4분 안에 샴푸하고 헹구고 나와야 하는 상황이었다. 중빈에겐 쉽지 않은 일이라, 내가 중빈을 데리고 들어가 초스피드로 씻겨 내보낸 뒤 연속 샤워를 했다. 고맙게도 중빈 차례에서는 온수였다. 내 차례에서는 찬물이 쏟아졌지만, 이 초라한 화장실에서 내게 할애된 이 몇 분이 얼마나 호사로운 시간인가를 겸허하게 받아들여야 했다. 30인의 여행자들이 나눠 쓰는 물탱크 하나는 아마도 산 후안 마을 전체 주민의 물 사용량을 능가할 것이다. 디에고는 이 마을에 지하수 저장량이 '좋다'고 했다. 그러나 '좋다'는 개념은 다른 사막마을을 기준으로 하는 것일 뿐, 커다란 탱크 하나를 매일 새로 채우기 위해 대대로 산 후안에서 유지해오던 물 사용량에는 큰 변화가 있었을 것이다. 그런 추측이 가능하면서도 결국 이렇게 씻지 않고는 못 배기는 도시에서 온 얌체라니.

소금호텔에서는 제대로 디너 분위기를 연출해주었다. 하얀 소금테이블에 하얀 면 테이블보를 깔고 유리 와인 잔에 번쩍이는 포크와 나이프를 냈다. 우리는 샤워 후 깨끗한 옷으로 갈아입고, 실로 오랜만에 포크와 나이프를 양손에 쥐었다. 물론 거기까지가 우리가 기대할 수 있는 최대치였다. 스테이크로 나온 고기는 타이어처럼 질겼고, 그나마 다 새카맣게 태워버려서 먹을 수 있는 부위를 찾기가 어려웠다. 와인은, 음…… 어쨌든 와인이었다.
아름다운 실비가 살벌하게 특유의 정직함을 드러냈다.
"모두 타버렸잖아! 도저히 먹을 수가 없어! 이건 음식이 아니야!"
샹탈이 다시 인자하게 동생을 달래는 동안, 다른 사람들은 대체로 '맛'보다 '분위기'에 만족하고 있었다. 조금씩 취했고 그럴수록 몸도 따뜻해졌다. 어쨌든 와인이잖아? 어쨌든 근사한 분위기잖아? 농담이 오가고 웃음소리도 커졌다. 나는 유럽 아가씨들과 앉아 식사를 했다. 교사직을 그만두고 여행을 떠난 레즈비언 커플 슈본과 레아는 남태평양에서 크리스마스를 보낼 계획을 이야기했고, 샹탈은 안정된 직장생활에 대한 이야기를 하고 있었다. 소금의 자에 앉아 발밑의 소금을 느끼며 나누는 대화는 모두의 긴장을 풀어지게 했다. 추위와 고도, 천연 화장실을 견디며 마침내 우유니까지 온 것이다. 축하할 일이다.
그때 나탈리가 다가왔다.
"소희, 네 아들…… TJ가…… 아니, TB가…… 변기에 오렌지를 버려서 막아놨어. 네가 가서 뚫어야 할 것 같아."
중빈이 자신 몫의 오렌지 하나를 들고 내내 서성였던 걸 알고 있었다.

나는 사막에서 오렌지가 얼마나 귀한 음식인 줄 아느냐며 "먹어야 한다"고 했고, 끝끝내 먹기 싫었던 중빈이 쓰레기통에 버리겠다고 했을 때 "절대 쓰레기통에 버려선 안 된다"고 했다. 그랬더니, 이 아저씨가 '쓰레기통이 아닌' 버릴 곳을 찾아냈던 것이다. 바로 30명이 사용하는 변기.

마침 내게는 튼튼한 비닐봉지가 있었다. 나는 그것을 장갑처럼 끼고 온갖 오물로 뒤범벅이 된 오렌지를 꺼냈다. 기왕 오물을 만진 김에 막힌 것도 뚫었다. 아이를 키우다보면, 레스토랑에서 우아하게 칼질을 하다가 아무렇지도 않게 똥을 만지는 법을 배우게 된다. 깨끗하게 손을 씻고 돌아온 뒤엔 비위 좋게 나머지 음식을 칼질하는 법도. 30명이 한꺼번에 쓰는 변기는 형편없이 낮은 수압 때문에 오렌지가 아니었더라도 지금쯤 막혔을 것이고, 어차피 누군가 손을 넣어 뚫어야 한다면 이런 데 경험이 많은 사람이 하는 편이 낫다. 나는 중빈에게 여러 말을 하지 않는 대신, 한 개인의 생각 없는 행동이 단체에 어떤 불편을 끼치는가를 알려주기 위해 내가 오렌지를 꺼내는 것을 지켜보게 했다.

"엄마, 정말 미안해."

중빈이 울 것 같은 얼굴로 사과했다.

"사과 접수."

내가 괜찮은 표정을 지어보였다.

"엄마…… 진짜로 미안해."

그래도 울먹울먹.

"사과 접수되었다니까. 괜찮아. 자, 사과 기념으로 우리 악수나 할까?"

내가 비닐봉지 낀 손을 변기에서 꺼냈다.

"으악~! 아냐, 아냐! 악수 안 해도 돼! 정말, 정말, 괜찮아!"

우리는 변기 옆에서 한참 웃었다.

자리로 돌아오자 나탈리가 마음이 편치 않은 듯 말했다.

"소희, 식사를 방해해서 미안해. 아까는 어떻게 해야 할지를 몰라서. 여기 직원에게 말했어야 했는데……. 나는 TB가…… 아니, TJ가…….."

"변기에 오렌지를 버린 녀석 이름은 JB야."

나는 그녀와 제임스가 그동안 한 번도 아이의 이름을 부르지 않았다는 것, 이름을 부르긴커녕 아이가 말을 걸면 더러운 것을 피하듯 멀어졌다는 걸 잘 알고 있었지만, 되도록 담담히 말했다.

"그리고 괜찮아. 엄마가 된다는 건, 이런 부분도 포함하는 거야. 익숙한 일이야. 모두에게 피해가 되기 전에 알려줘서 고마워."

진심이었다.

나탈리는 서른이다. 나는 그녀에게서 가슴보다 머리가 비대했던 시절의 나를 본다. 그래서 이해할 수 있다. 새로운 어휘습득에 열을 올리면서도, 별로 이득이 될 것 없어 보이는 옆자리 어린 사람의 이름은 끝끝내 알려들지 않는 사람의 심리를. 그녀는 아직 알지 못한다. 머리에 집어넣을 수 있는 것에는 한계가 있지만, 가슴에 넣는 것에는 한계가 없다는 것을. 제아무리 머리에 쑤셔넣어도 결국은 공허해지지만, 가슴은 채워넣을수록 벅찬 인생을 살게 된다는 것을.

가슴으로 사는 법을 배우는 데에는 '여성'이라는 입지가 그야말로 유리하다. 자기 안의 모성을 발견하는 순간 절로 가슴으로 살게 되기 때문이다. 나 또한 늦된 사람이라, 어미가 되고서야 제대로 가슴 쓰는 법을 배웠다. 늦은 만큼 통렬히 배웠다. 젖꼭지가 너덜너덜해지도록 젖을 먹이면서, 자의식을 쓰레기통에 집어넣으면서, 오늘처럼 똥 묻은 오렌지를 주우면서.

생은 기본적으로 불공평하지만 나름 공평한 구석도 있으니, 그것은 바로 누구에게나 새로운 성장의 국면을 제공한다는 것이다. 결혼이나 출산처럼 '인류에게 보편적으로 주어지는' 성장의 국면 속에서, 나탈리는 어쩌면 자신도 한때 이득 될 것 없는 어린 사람이었으며, 세상의 너그러운 보호가 어린 자신을 돌보았다는, 그 아름답고 감사한 순환의 원리를 깨닫게 될 것이다. 그리고 나면 저절로 함께하는 모든 이들의 이름 하나하나를 소중히 챙기게 될 것이다. 마침 그녀는 가슴으로 사는 법을 깨치기에 유리한 여성이며, 그것도 영리한 여성이므로 잘해낼 것이다.

소금호텔의 부엌에는 인력이 많았다. 가족 모두가 동원되어 일하고 있어 어제와 달리 내가 끼어들 자리가 없었다. 대신 부엌이 한적해졌을 때 중빈이 들어가 바이올린을 연주하고 나왔다. 여자들은 언제나처럼 정성스럽게 들어주었고, 한 남자는 (크리스티나의 불확실한 남편감처럼) 낄낄대며 웃었다.

그런데 중빈이 잠자리에 들려할 때 그 남자가 방문을 두드렸다.

"다시 한 번 그걸 연주해줄 수 있겠니?"

뜻밖에도 그는 진지했다. 헤픈 중빈이 얼른 바이올린을 들고 부엌으로 갔다. 그 사이, 무슨 변화가 있었던 걸까? 남자는 중빈이 앙코르 연주를 하는 내내 눈을 빛내며 들었다. 그리고 연주가 끝나자, 두 팔 벌려 중빈을 끌어안았다.

부엌의 젊은 여인이 내게 물었다.

"아이 이름 뭐야?"

"JB."

낯선 이름인 것 같았다. 떠날 때까지, 그녀는 마주칠 때마다 다시 물었다.

"아이 이름 뭐야?"

나는 그것을 하루뿐이지만, 기억하고 싶다는 뜻으로, 마음에 담아두고 싶다는 뜻으로 여겼다. 고마웠다.

"굿모닝!"

오늘은 진짜 '굿' 모닝인 것 같았다. 따뜻하고 조용한 소금방에서 모두들 푹 자고 난 얼굴이었다. 중빈과 나는 오늘도 서로의 옷에서 수십 개의 오리털을 떼어내는 것으로 하루를 시작했다. 옥선아, 너와 함께할 날도 이제 하룻밤밖에 안 남았구나. 정말이지, 시원섭섭하다.

사실 오리털을 떼어내는 의식은 나쁘지 않았다. 다정하게 마주 보며 서로의 몸을 점검하는 일. 중빈은 이때 마음이 말랑말랑해져서 속마음을 털어놓곤 했다.

"엄마, 어제 실비가 맛없다고 남긴 고기 있잖아. 그 여우 줬으면 다 먹었을까?"

"당연하지. 인간만이 맛을 따지고 음식을 남기거나 버려."

"하지만 인간은 대단한 일도 하잖아? 잠수함으로 바다도 들어가고 비행기로 하늘도 날고."

"맞아. 음식 맛을 따지고 버린다는 건, '더 나은 걸' 원한다는 뜻이야. 인간에겐 그런 도전 욕구가 있지. 덕분에 많은 발전을 이룩해왔어."

"엄마, 어제 사막을 자전거로 달리는 형아들 보았지? 정말 대단하다고 생각해. 나는 사람으로 태어난 게 정말 좋아."

"어? 엄마는 어제 열 살 꼬마가 지프차를 타고 사막을 건너는 걸 보았는데? 그 아이야말로 대단하다고 생각했는데?"

"아이 참, 엄마는~!"

깃털을 다 떼어내면 우리는 서로를 꼭 끌어안고 뽀뽀로 확인도장을 찍었다. 도장을 찍을 때면, 나는 솜털이 가득한 아이 이마와 뺨을 포함, 벌름대는 콧구멍에까지 빠짐없이 찍었다.

아침식사를 마치고 지프차에 짐을 싣는 동안 동네 개가 등장해 아가씨들의 관심을 받았다. 그러나 둥글게 둘러섰을 뿐 선뜻 만지는 이는 없었다. 사람도 씻기 힘든 곳에서 자란 개란! 덥수룩한 털이 눈을 덮은 지 오래고, 똥인지 진흙인지 모를 덩어리가 온몸에 가득 굳어 있다. 딴에는 사람들의 관심을 반기며 발치에서 데굴데굴 애교를 떨었지만, 그럴수록 먼지바람에 사막을 데굴데굴 굴러다니는 회전초가을이 되면 줄기 밑동에서 떨어져 공 모양으로 바람에 날리는 잡초 같았다.

"오, 예쁜 강아지!"

중빈이 철퍼덕 주저앉아 개를 쓰다듬었다. 쓰다듬을 때마다 흙이 덩어리째 떨어졌다.

"어서 한번 만져봐요. 정말 귀여워요. 하하! 넌 정말 예쁜 강아지로구나."

실비가 그냥 넘어갈 리 없었다. 그녀만의 정직함을 발휘할 시간.

"너무 더러워! 역겨워! 이건 개가 아니야!"

이미 서로의 특징을 잘 파악하고 있는 일행은 웃음을 터뜨렸다. 샹탈도 그저 특유의 자애로운 미소를 지었다. 아마존에서와 마찬가지로, 아타카마에서도 고작 두 밤만으로 서로를 이해하고 받아들일 수가 있게 된 것이다. 역시, 여행이라는 특별한 '접착제'가 관계에 내린 축복이다.

나탈리는 이제 우유니에 다 왔으니, 도로 자리를 바꾸자고 했다.

"수고 많았어, 나탈리."

이제 그녀도 좀 쉴 수 있을 것이다.

디에고가 차에 점심이 든 아이스박스를 싣고 운전대를 잡았을 때, 우리는 소금사막이 어떤 식으로 등장할지 두근거렸다. 디에고가 힌트를 주었다.

"저 멀리 섬이 보이면 그게 우유니에요."

무슨 말인고 하니, 소금이 빛을 반사시키기 때문에 일대가 물처럼 보이고 우유니에 있는 산이 섬처럼 보인다는 뜻이었다. 그때부터 우리는 열심히 섬을 찾아냈다.

"디에고, 저기! 섬이 있어요!"

그러면 디에고가 담담히 말했다.

"저건 신기루예요."

우리는 몇 번이나 더 속았다. 본격적으로 길이 울퉁불퉁했다. 디에고가 우리의 기다림을 달래듯 우유니의 전설을 들려주었다.

"우유니에는 투누파라는 큰 휴화산이 있어요. 이건 여자 산이죠. 그 옆에 작은 남자 산이 있어요. 이 두 산이 서로 사랑에 빠졌는데, 투누파가 아기를 낳자 남자 산이 데리고 가버렸어요. 투누파는 아기를 그리워할 때마다 눈물과 젖을 흘렸죠. 그 눈물과 흰 젖이 소금이 되어 우유니가 생긴 겁니다."

젖이 소금이 되었다는 대목에서 다들 웃었다. 그러나 소금이 오늘날 관광자원으로나 광물자원으로서 사람들을 먹여 살리고 있으니 '젖'과 '소금'은 틀린 등치가 아닌 셈이다.

드디어, 진짜 섬이 나타났다. 얼음판처럼 번쩍거리는 거대한 빛의 광채 속에 투누파가 섬이 되어 떠 있었다. 눈부신 하얀 벌판으로 들어갔다. 길이 없어졌다. 얼음판을 제멋대로 달리는 스케이터처럼, 디에고는 내키는 대로 지프차를 몰았다. 좌로, 우로, 지그재그로, 원형으로, 저속으로, 고속으로.

이렇게 제멋대로 달려도 거칠 것 없는 곳이 있구나. 눈이 멀 것 같은 빛 속에서 선글라스를 낀 채로, 우리는 디에고의 마구잡이 운전을 따라 끼악 함성을 질렀다.

차에서 내리자 우유니 세레모니가 시작되었다. 먼저 하늘 높이 점프하기. 찍새는 나다. 모두 배꼽이 나오도록 높이 뛰었다. 대충 뛰어도 높이 뛰는 것처럼 보인다. 완벽한 평지인데다 새하얀 바닥에 까만 그림자가 리얼하게 잡히기 때문이다. 그러고 나서는 원근감 놀이. 도화지처럼 온통 하얘서 원근감이 무시되는 이 공간에서는, 저 멀리 지프차를 두고 카메라 앞에 서서 발을 들어 올리면 마치 거인이 되어 차를 밟는 듯 한 광경이 연출된다. 그런 식으로 거인이 소인을 밟는 연출, 거대한 신발을 소인들이 낑낑대며 미는 연출, 과자 위에 올라선 연출 등등 장난이 끝이 없었다. 흔히들 우유니는 우기에 와야 절정이라고들 한다. 찰랑찰랑 물이 차오른 우유니는 파란 하늘을 고스란히 비춰 어디가 진짜 하늘인지 알 수 없는 천상의 장관을 연출한다. 그러나 순백의 도화지 같은 건기의 우유니 역시 모두를 행복하게 했다.

나는 중간에 빠져나와 멀리 걸었다. 시간이 허락하는 한 오래 걸었다. 투누파 산은 저만치서 마치 공중부양을 즐기고 있는 도인 같았다. 나는 줄곧 그것을 향했는데, 공중과 소금의 경계가 애매한 지점까지 걸어가면 반드시 공중은 소금으로 뒤바뀌었다. 빛이 부리는 마법이었다. 일단 마법에 익숙해지면 경계 따윈 아랑곳 않고 걷게 되었다. 눈을 감고 걸어도 자유로웠다. 뒤로 걸어도 자유로웠다. 내가 발걸음을 이끄는 것이 아니라, 향방 없는 발걸음이 나를 이끌었다. 무리와 멀어질수록 고요가 꽉 차오르기 시작했다. 오랜 시간 응고와 용해를 반복한 소금결정들이 운동화 아래에서 자박자박 으깨지는 소리, 그것만이 고요에 끼어드는 유일한 소리였다.

12,000제곱킬로미터가 넘는 범위, 3,720미터의 고도, 100억 톤가량의 소금. 우유니는 약 2만 년 전 지각변동으로 올라온 바다가 호수가 되었고 그 물이 증발하면서 소금으로 남은 것이다. 바다는 모든 생명의 근원적인 젖줄이다. 인간은 그 젖줄 위에 눈물로 문명을 건설했다. 우유니의 전설 속에 젖과 눈물이라는 두 단어가 담긴 것은 우연이 아닐 것이다. 전설이란 사물의 특징들을 오랜 시간 관찰하여 만들어낸 직관적인 이야기이므로. 과학은 그 관찰과 직관의 그늘 아래서 태어났다.

　나는 지금 산보다 높은, 한때 바다의 바닥이었던 곳을 걷는다. 고래처럼 무거운 침묵 속을 걷는다. 태양의 반사가 극대화된 곳. 눈으로는 가장 '뜨거운' 빛을 보면서, 발아래로는 얼음이 깨질 때와 꼭 같은 '차가운' 소리를 듣는다. 두 감각의 대조가 잡히지 않는 신기루처럼 신비롭고 또 허허롭다.

　무릇 사막이란 빛을 견뎌야 하는 공간이지만, 그중에서도 눈을 멀게 할 만큼 격렬한 빛을 견뎌야 하는 사막을 걷기 때문일까. 문득, 지구는 어떻게 태양을 견뎌왔을까 하는 생각이 들었다. 자신보다 무자비하게 거대하고 뜨거운 항성 주위를 빙빙 돌면서도, 빛과 어둠의 균형을 잡고 생명체들을 품어 살린 '어머니' 지구. 어쩌면 이곳은, 디에고의 화법을 빌려 말하자면, 지구라는 여자별이 태양이라는 남자별 곁을 맴돌며 숨겨온 눈물을 마음껏 흘린 외딴 방인지도 모르겠다. 그 눈물의 짜디짠 결정들이 세월의 침윤 속에서 뼛가루처럼 하얗게 쌓인 곳인지도.

　소금벌판을 조금 더 달려 도착한 다음 정거장은 선인장이 가득한 동산이었다. 선인장 섬 혹은 어부의 섬이라 불리는 이곳은 본래 거대한 산호였다고 한다. 지각변동 때 올라와 현무암으로 뒤덮이면서 이렇게 소금사막의 섬이 되었다. 일행은 선인장 사이로 흩어져 작은 섬을 한 바퀴 돌았다. 정상에서 내려다보니, 끝없이 하얀 바다에 둘러싸인 검은 현무암 덩어리가 절절하게 고독하다. 나는 섬이 진짜 산호로서 바닷속에서 오색찬란하게 빛났을 시절을 상상해보았다. 거대한 원시상어들이 그 곁을 헤엄쳐 다녔겠지. 그러다 결국 과거와 현재가 혼재된 한 폭의 초현실 화풍 그림 속에 서 있게 되었다. 선인장이 가득한 산호, 하늘을 날아다니는 원시물고기들, 물고기들을 낚아채는 안데스갈매기, 하얀 소금 파도, 파도를 타는 분홍플라밍고, 우뚝 선 바위 나무, 바위 나무 아래 횡단보도를 그리는 사막 여우…….

참으로 어렵게도 왔다. 라파스에서 처음 버스 파업 소식을 들었을 때는, 여섯 나라를 거쳐 마지막으로 이곳에 오게 되리라곤 짐작조차 하지 못했었다. 그런데, 마침내 돌고 돌아 이곳에 왔다. 남미는 그 어떤 대륙보다 '꿈과 모험'으로 가득한 곳이지만, 우유니는 그중에서도 대미를 장식하기에 참으로 적절한 곳인 것 같다.

선인장 섬에서 내려오니 디에고가 피크닉 테이블을 펼치고 있었다. 뒤로는 선인장 섬, 앞으로는 소금벌판, 환상적인 피크닉 장소로구나. 디에고가 점심을 준비하는 동안, 중빈은 브라질 아가씨 아리아네에게서 선물 받은 나무 부메랑을 던지며 놀았다. 이제 고도 같은 것은 아무렇지도 않은가보다.

"엄마도 해봐! 아무 데나 던져도 돼!"

끝없이 평평한 하얀 벌판. 부메랑 던지기에 이보다 자유로운 장소는 없겠구나. 축구선수이자 전직 초등학교 체육교사인 슈본이 중빈에게 동참했다. 아름다운 여자의 용모를 하고 있지만, 일행 중 그 어떤 남자보다도 상남자인 슈본을 파트너 레아는 언제나처럼 부드러운 미소로 지켜보았다. 나는 이 찰떡궁합 커플에게 '스파이와 본드걸'이란 별명을 붙여주었다. 특히 레아가 그 별명을 마음에 들어 했다.

점차 부메랑 던지는 인원이 늘어났다. 선인장 섬에서 내려온 사람들 전부가 한 번씩은 부메랑을 잡았다 놓은 것 같다. 중빈은 내가 열 번쯤 부른 후에야 못 이기는 척 점심을 먹으러 왔다. 아이가 신발을 벗어버리니, 양말이 땀으로 흥건하다. 신발 바닥도 물기로 흥건하다. 세상에, 이 녀석 우유니에서 소금이 녹도록 뛰어다녔구먼.

우유니 시내의 한 여행사 사무실에서 디에고와 작별했다. 볼리비아를 여행할 사람들과도 작별할 시간이었다.

"자주 생각날 것 같아."

슈본과 레아가 차례대로 포옹하고 사라졌다.

"넌 정말 훌륭한 언니고, 멋진 여성이야."

내가 샹탈을 포옹하며 말했다.

"너 같은 엄마가 되고 싶어."

샹탈이 내게 말했다.

"백배는 더 좋은 엄마가 될 텐데."

진심이었다.

"난 포옹 같은 거 싫어!"

실비가 말했다.

"좋아, 우리 절대 포옹 같은 건 하지 말자."

내가 포옹 대신 악수를 청했다.

"실비, 네 그랜드슬램급 솔직함이 그리울 거야."

나탈리와 제임스 차례였다.

"소희, 정말 즐거웠어. TB와 칠레로 안전하게 돌아가기 바라."

"그대들도 볼리비아에서 잘 살아남길! 나는 침대벌레만 빼곤 볼리비아의 모든 게 좋더라."

나와 중빈, 곤잘로와 알레한드로, 브라질 커플 아리아네와 안드레는 칠레로 돌아갈 것이다. 그런데 이별 포옹을 하던 곤잘로가 무언가 맺혔던 것이 터진 듯, 눈물을 멈추지 못했다. 알레한드로는 친구의 그런 특성을 잘 알고 있는 듯 말없이, 그러나 마음엔 들지 않는다는 듯 고개를 절레절레 흔들며 여행사 사무실 밖으로 나가버렸다.

곤잘로는 지금 여행 사업을 구상 중이다. 이 여행에서 종종 영감을 얻는 것 같기도 했다. 여행이 대단원의 막을 내렸을 때, 예민하고 감수성이 풍부한 그가 어떤 소회에 사로잡혔는지는 알 길이 없다. 다만, 이것을 안다. 어른들의 울음 끝이 길어질 때는 결국 사는 게 퍽퍽해서다. 그리고 퍽퍽함 가운데 놓인 자신이 딱해서다. 그러므로 남은 눈물이 있다면 다 흘려버리는 게 좋다. 자신을 충분히 위무해주고 나면 다시 일어설 힘이 날 터이므로.

곤잘로가 실컷 울 수 있도록 나도 밖으로 나왔다. 우유니 시내는 작고 단순했다. 사막투어를 알선하는 소규모 여행사들이 많았고, 한글로 된 추천사를 문에 붙여놓은 곳도 눈에 띄었다. 떠나는 자들을 위한 장광설의 추천사를 읽노라니, 그제야 여행을 마친 자의 피로가 몰려왔다. 따뜻한 물과 따뜻한 침대가 간절해졌다.

정말로 숨 막히는 반전이 아직 우리를 기다리고 있다는 것을, 그때는 전혀 알지 못했다.

천국의 밤, 지옥의 밤
Bolivia Southern Desert

디에고는 우리를 뒤로 하면서, 칠레로 데려다줄 지프차가 30분 뒤면 온다고 했다. 그러나 볼리비아의 모든 약속들처럼 30분은 기어이 두 시간을 채웠다. 볕이 서쪽에서 힘을 잃어갈 때에야 빨간 토요타 한 대가 도착했다. 칠레에서 출발할 때 탔던 지프차보다 심하게 낡았는데, 그 정도가 딱 칠레와 볼리비아의 경제력 차이만큼이었다. 여섯 명이 짐을 싣고 시계를 보았다. 디에고는 저녁식사 때쯤 숙소에 도착할 거라 했지만, 지금 출발한다면 한밤중에야 숙소에 도착할 것이다.

새로운 운전사는 볼리비아인 페드로였다. 페드로는 1박 2일 동안 줄곧 운전만 하게 될 것이다. 한마디로 관광업 종사자가 아닌 운송업 종사자인 것이다. 칠레 측 여행사에서는 학력과 임금이 낮은 볼리비아 운전사를 고용해 조금이라도 이윤을 더 남기려드는 것인데, 사실 사막이라는 고립된 장소에서 이것은 여행자에게 크고 작은 불편과 위험을 야기할 수 있다.

페드로는 활달하게 인사를 건넸다. 우리나라 뽕짝과 매우 흡사한 볼리비아 대중가요를 크게 틀어놓고서 흥얼흥얼 노래를 불렀다. 시끄러운 페드로 덕분에, 우리도 긴장을 풀고 볼리비아의 시장판처럼 왁자지껄 떠들어댔다.

출발한 지 10분 만에 차가 고장 났다. 페드로는 멋쩍은 표정을 지으며 바퀴 근처의 나사를 조이고 돌아왔다. 차는 거짓말처럼 다시 움직였다. 나는 알레한드로와 눈이 마주쳤다. 같은 질문을 하고 있었다.

'이 차로 과연 사막을 건널 수 있을까?'

노구의 차 한 대를 사기 위해 페드로는 집안의 돈을 있는 대로 긁어모았을 것이다. 적잖이 빚도 졌을 것이다. 그러므로 이 늙은 차는 그의 모든 것일 터다. 그는 손바닥처럼 샅샅이 차를 읽을 수 있으리라. 그래서 우리는 질문을 말로 꺼내진 않았다. 이후 페드로는 정확한 간격으로 차를 세운 뒤 뒷바퀴로 가 나사를 조이고 왔다. 빨간 토요타는 '그의 손길'이라는 부품이 더해질 때에만 비로소 완벽한 차가 되어 달릴 수 있는 것 같았다.

돌아가는 길은 지름길이었다. 관광객들이 찾지 않는 덜 아름다운 사막. 드물게 집들이 보이는가 하면, 가시덤불들이 동글동글 들판을 뒤덮었다. 라마의 먹이가 되기도 하는 페루깃털잔디였다. 저무는 햇살이 동그란 페루깃털잔디의 그림자를 엿가락처럼 길게 잡아 늘였다. 이제 고원의 밝은 부위는 점점 길어지는 그림자에게 먹혀 들어갔다.

타이어에 펑크가 났다. 곤잘로가 자청하여 페드로의 조수가 되었다. 페드로는 뚝딱 갈아치웠고, 조수는 손을 더럽힌 장난꾸러기처럼 두 손을 들고 활짝 웃었다. 알레한드로는 이 장면을 촬영하고 "이 사진 제목은 '더러운 손을 한 곤잘로'야"라며 낄낄거렸다. 그도 그럴 것이, 이 멋쟁이 게이들은 사막에서도 매일매일 새 옷으로 갈아입는 패셔니스타들이었던 것이다. 둘째 날 알레한드로가 화이트진을 입고 로지의 먼지투성이 식당에 나타났을 때, 나는 페루에서 줄리아나가 힐을 신고 와이나픽추에 오르던 장면만큼이나 신선한 충격을 받았었다.

천천히 노을이 내렸다. 사구 뒤로 해가 넘어갔다. 누군가 하늘의 불을 끄고 지평선에 핑크색 페인트통을 엎어버린 듯, 어두워진 하늘에 핑크빛 띠가 번졌다. 모두 창밖에 시선을 고정시켰다. 말이 없어졌다. 동편의 산봉우리 꼭대기에만 남은 볕이 닿아 암벽이 하얗게 빛을 발했다. 영험한 광경이었다. 핑크빛이 자줏빛으로 바뀌어갔다. 다시, 자줏빛이 청남빛으로 바뀌어갔다. 이렇게 색깔의 이름을 나열할 뿐일 때, 언어란 얼마나 진부한가. 그저 언어를 넘어서는 '축복'이라고밖에 표현할 수 없는 시간이 있는 것이다.

동서남북 사방에 시야를 가리는 것이 단 하나도 없었다. 우리는 완벽한 노을을 시작부터 끝까지 감상했다. 실오라기조차 걸치지 않은 노을의 탄생과 죽음을, 어쩌면 태어나서 처음으로. 어쩌면 태어나서 마지막으로.

나는 뒷좌석의 알레한드로에게 속삭였다.

"이건 내가 생에 꼭 한 번 가져보고 싶었던 완벽한 순간이야."

알레한드로가 내 어깨에 손을 올렸다.

"그래⋯⋯. 나도 그래⋯⋯."

손에 움켜쥔 모래가 한 톨 한 톨 빠져나가듯 빛이 빠져나갔다. 그러고는 어둠이었다. 너무나 갑자기, 너무나 삼엄한 어둠이어서 마치 어둠의 습격이라도 받은 듯 당황스러웠다. 하늘엔 별들이 깨알같이 흩어져 있었지만,

땅 위엔 한 점 빛도 남아 있지 않았다. 바퀴의 감촉으로부터, 헤드라이트가 비추는 부분으로부터, 암흑에 가려진 일대를 짐작할 뿐이었다. 낡은 토요타가 그르렁그르렁 거칠게 신음하며 간신히 물을 건넜다. 좁은 골짜기가 나타난다 싶더니 이내 낭떠러지였다. 모두 긴장하기 시작했다. 페드로도 긴장한 탓인지 언젠가부터 입을 꾹 다물고 있었다. 페드로는 입을 꾹 다물면 화가 난 사람처럼 보였다. 내가 농담을 던졌다.

"이거, 점점 너무 심하게 드라마틱해지는데."

다들 웃었다. 페드로만 빼고.

완벽한 어둠 속에 빛을 내는 것이 있었다. 랜턴이었다. 누군가 랜턴을 들고 승합차의 보닛 안을 들여다보고 있었다. 승합차의 헤드라이트는 꺼져 있었다. 고장 난 것 같았다. 우리는 점점 승합차에 가까이 갔다. 마침내 페드로가 승합차 옆에 토요타를 세웠다. 그리고 잘 아는 사이인 듯, 곧장 승합차 운전사에게로 갔다. 어두워 제대로 보이진 않았지만, 그쪽에는 운전사 말고도 작업복 차림의 남자들이 몇몇 서성였다.

잠시 후 페드로가 돌아왔다.

"내 동생이야. 도와줘야 해."

우리는 흔쾌히 "Si"라고 했다. 페드로는 차를 승합차 방향으로 돌려세워, 헤드라이트로 승합차 쪽을 밝힐 수 있도록 했다. 우리는 차 안에서 기다렸다. 단순한 잔고장이 아닌 듯, 시간이 많이 걸렸다.

아리아네가 곤혹스러운 목소리로 말했다.

"화장실에 가고 싶어."

안드레가 함께 차에서 내려 그녀를 어둠 속으로 에스코트했다. 중빈과 곤잘로, 알레한드로도 일을 보겠다며 자리에서 일어섰다. 알레한드로가 뒤 돌아보며 당부했다.

"소희, 너는 차 안에 있는 게 좋겠어. 한 사람쯤은 안전을 위해서."

가방을 지키란 뜻이다. 가난한 나라, 볼리비아의 사막에서 탈탈 털리고 심지어 발가벗겨진 채 버림받은 여행객의 피해사례를 그도 들었던 것이다. 입 밖으로 말을 내진 않았으나, 한밤중에 사막에서 동생을 만날 흔치 않은 우연에 대해 그 또한 경각심을 늦추지 않고 있었다.

제3세계를 여행하는 사람들은 흔히 접한다. 택시를 탔는데 운전기사가 '가족'을 합승시켰다가 나중에 2인조 강도로 돌변했다는 이야기. 고장을 핑계로 외딴곳에 차를 세워두고 미리 기다리던 '친구들'과 승객을 약탈한 이야기……. 지금 우리는 범죄의 관점에서 매우 '전형적인' 상황에 처해 있다. 한편, 지금 이 상황은 사막의 관점에서도 매우 전형적인 상황이다. 이들은 누구나 낡은 차를 몬다. 당연히 고장은 빈번하다. 게다가 사막에서 살아가는 이들은 대대로 서로를 도왔다. 척박한 곳에서의 생존방법이다. 그러므로 우리는 아직 뭐라 판단할 수가 없었다. 일단 믿고 지켜볼 수밖에.

작업복 차림의 남자들은 여전히 승합차 보닛 앞에서 무언가를 하고 있다. 소변을 보고 돌아온 일행들은 머쓱하게 앉아 기다렸다. 곤잘로가 분위기 전환을 위해 제안했다.

"누구 노래 잘하는 사람?"

물론, 헤픈 중빈이 가장 먼저 노래를 시작했다. '넬라 판타지아'. 다음은 나. 고상하신 아드님과 달리 인순이의 '밤이면 밤마다'. 어쩐지 그 상황과 어울리는 가사 같았기 때문이다. 희미한 전등불 밑에서 내 모습 초라한 것 같아~! 일행들이 흥겹게 어깨춤을 추기 시작했고, 중빈은 춤을 추다 좌석에서 굴러떨어졌다. 왁자하게 웃으며 아리아네가 바통을 받았다. 브라질 아가씨가 부른 노래는 당연히 '이파네마에서 온 소녀'. 이 유명한 곡은 결국 합창이 되었다.

페드로가 돌아왔다.

"운전사를 바꿀 거야. 내가 길을 잘 알기 때문에 앞에서 운전해야 해. 그런데 동생 차는 헤드라이트가 나갔어. 그래서 이 차가 뒤따라와야 해. 뒤에서 불을 비추면서."

동생이 토요타를 운전한다는 뜻이었다. 일방적인 통보였다. 이미 한 시간 가까이 지난 시각이었다. 아홉 시가 넘었다. 우리는 춥고 배고팠다. 그러나 추위와 배고픔은 아무것도 아니었다. 믿음이 문제였다. 통역을 맡고 있던 건 곤잘로였다. 부드러운 성격의 그는 페드로의 단호함에 이끌려 "Si"라고 할 태세였다. 내가 막았다. 이 정체가 애매모호한 상황을 좀 더 파악할 필요가 있었다.

"여기서 로지까지는 얼마나 걸리는지 물어봐."

"40분이래."

"고작 40분이라고? 그렇다면 처음부터 우리를 데려다주고 와서 마저 수리를 해도 되었잖아. 이 차는 페드로가 아닌 사람이 운전하면 위험해. 여기엔 여자와 아이도 있는데 40분 거리를 되돌아오기 싫어서 모두를 위험에 빠뜨리겠다는 거야?"

곤잘로가 내 말을 통역했다. 그때 페드로가 모두를 경악에 빠뜨렸다. 들고 있던 스패너를 마구 흔들며 소리를 질렀던 것이다.

"동생이 곤경에 빠졌는데 모른 척할 수 없대."

페드로의 반응은, 문명세계에서라면 명백히 협박이었다. 사막에서라면, 글쎄…… 자연을 대적하며 살아가는 남자의 거친 태도쯤? 그러나 중요한 것은 우리가 여전히 그를 신뢰해도 좋을지조차 알지 못하는 상황 속에 있었다는 것이다. 급기야 아리아네가, 실은 아까부터 우리 모두 내심 궁금해하고 있던 것을 말로 내뱉었다.

"저 차가 고장 난 게 맞기는 해? 진짜 동생이래? 우리는 정말 로지로 가는 거야?"

이제 문제는 페드로가 동생을 돕느냐 마느냐 하는 것이 아니었다. 신뢰와 안전에 대한 것이었다. 더는 그의 판단을 신뢰하며 우리의 안전을 맡길 수가 없었다. 스패너는 없지만, 어쨌든 이쪽에도 '빽'이 있다는 것을 보여줄 필요가 있었다.

"동생을 모른 척하라는 게 아니라 안전하게 하자는 거잖아. 페드로는 동생뿐 아니라 우리의 안전에도 책임이 있어. 자꾸 이런 식으로 시간을 끌면 계약 위반으로 여행사에 말하겠다고 해."

여행사 이야기가 나오자, 페드로는 다시 스패너를 흔들며 소리소리 질렀다. 그러고는 문을 쾅 닫고 나가버렸다.

"뭐야? 어떻게 되는 거야?"

내가 물었다.

"모르겠어."

곤잘로가 대답했다.

"무서워……."

아리아네가 흐느끼기 시작했다.

"엄마, 저 아저씨 왜 그래? 좋은 사람 아니었어? 나쁜 사람이야?"

나는 중빈의 어깨를 꼭 끌어안았다.

천국을 닮은 노을을 본 지 불과 몇 시간 뒤, 사막은 지옥이 되었다. 토요타의 헤드라이트가 아니면 빠져나갈 수 없는 지옥. 그 지옥을 빠져나가는 길은 오직 한 명만이 알고 있었으나, 그는 우리에게 스패너를 흔드는 사람이다. 게다가 그에게는 여러 명의 남성 일행이 있다. 헤드라이트 앞으로 그들의 흙 묻은 작업복이 오락가락했다. 잠시 후, 낯선 남자가 운전석에 올라탔다. 페드로의 동생인 듯했다. 아니, 그조차 알 수 없었다. 분명한 것은 우리 의견이 묵살 당했다는 것이다.

승합차가 앞에서 출발했다. 토요타가 바짝 뒤따르며 헤드라이트로 길을 밝혀주었다. 사막의 흙먼지는 실로 엄청났다. 이런 곳에서는 반드시 수십 미터 이상 차간거리를 유지해야 한다. 그런데 승합차 바로 뒤를 쫓고 있다니. 당연히 한 치 앞도 보이지 않았다. 구멍과 웅덩이, 심지어 낭떠러지까지 있는 곳에서 우리는 눈가리개를 한 채 나아가고 있는 것이다. 믿을 수가 없다. 이건 자살행위다.

실내에 먼지가 가득 찼다. 밭은기침을 하며, 알레한드로가 중얼거렸다.

"이건 좋지 않아……. 정말 좋지 않아……. 결국 둘 다 앞을 못 보며 나아가는 거잖아."

두 차 모두 굼벵이처럼 움직여야 했다. 40분은커녕 서너 배의 시간이 걸릴 듯했다. 다행인지 불행인지 그래도 한 가지는 확실해졌다. 승합차는 고장 난 것이 맞다는 것. 적어도 납치는 아니라는 것. 페드로는 거짓말쟁이가 아니라 무모한 판단을 독단적으로 내리는 사람이라는 것. 그러므로 우리의 안전은 우리 스스로 챙겨야 한다는 것. 그런데 이렇게 볼모처럼 시키는 대로 하고 있다니.

승합차가 물을 건넜다. 이제 토요타 차례. 물 덕분에 일시적으로 먼지가 사라지고 시야가 확보되었지만, 산 너머 산이라고, 차가 여기 처박히면 짐도 못 꺼내겠구나. 짐은커녕 젖은 채 오들오들 떨다가 얼어 죽기 딱 좋겠구나. 한눈에 보기에도 페드로의 동생은 형보다 운전이 미숙한 사람이었다. 그가 물속에서 격렬하게 기어를 바꾸며, 싸한 차 안 분위기를 바꿔보려는 듯 조수석의 안드레에게 물었다.

"코모 에스타?" (How are you?)

그것은 내가 3개월간 남미를 여행하면서 들어본 수백 번의 코모 에스타 중에 가장 부적절한 순간의 코모 에스타였다. 안드레는 보기 드물게 점잖고 예의 바른 청년이었다. 여자 일행들은 아리아네에게 "너는 봉 잡았어"라고 부러워하곤 했다. 그런 안드레마저 긴장으로 목이 잠겨 대답 대신 침묵을 지켰다.

드디어 예상하던 일이 벌어지고 말했다. 토요타가 멈춰 선 것이다. 다행히 물을 빠져나온 직후였다. 아리아네가 절망적으로 신음했다.

"운전사를 바꾸지 말았어야 했어. 페드로만이 이 차를 알아. 오, 하느님!"

승합차는 계속 멀어졌다. 토요타가 멈춘 것을 모르는 것 같았다. 혹은 알면서도 그냥 가는 것 같았다. 이미 신뢰는 땅에 떨어졌다. 알레한드로가 불길하게 말했다.

"페드로는 서지 않을 거야. 저 차는 방전되었던 거라 한 번 멈추면 못 달리니까."

내가 다급하게 외쳤다.

"곤잘로, 어서 신호를 보내라고 해! 더 멀어지기 전에!"

페드로의 동생이 라이트로 신호를 보냈다. 승합차가 멈췄다. 손전등을 든 이가 다가왔다. 누굴까? 이 상황에서 또 어떤 무모한 일들이 벌어질까?

페드로였다.

"페드로에게 직접 운전하라고 해! 빨리! 이렇게 움직이는 건 미친 짓이라고 말해!"

동생이 내리고 페드로가 운전석에 앉았다. 그런데 꺼진 시동을 살리자마자, 도로 내려버리는 게 아닌가! 우리는 완전히 패닉상태가 되었다.

"뭐야, 운전사를 안 바꾸겠다는 거야? 기어이 이대로 가겠다는 거야?"

"저 사람 제정신이 아냐!"

어떻게 해야 하나? 어떻게 하면 이 어둠 속에서 그의 계속되는 오판을 멈추게 할 수 있을까? 그냥 내려버릴까? 말을 안 듣는다고 스패너로 후려치면 어떡하지? 그때 다시 운전석문이 벌컥 열리더니, 남자가 올라탔다. 그는 한 마디 말도 없이, 뒤도 돌아보지 않고, 미친 듯이 엑셀을 밟기 시작했다. 유리창이 떨어져나갈 듯 덜덜거리고 거친 땅이 따닥따 총알처럼 돌을 퉁겼다.

"누, 누구야?"

내가 물었다.

"페드로 맞아."

중빈이 속삭였다.

"정말? 너무 깜깜해서 잘 모르겠어."

"엄마, 저 모자, 페드로 거야."

알레한드로가 속삭였다.

"우린 이제 이 사람 손에 있어. 자극하지 않는 게 좋아. 어쨌든 다시 운전대를 잡았으니 두고 보자."

나도 같은 생각이었다. 페드로는 분노에 휩싸여 있었다. 이 모든 소동이 우리 탓인 양. 그래서 분풀이하듯 미친 황소처럼 질주했다. 목소리인지

콧소리인지 알 수 없는 "힉! 힉!" 소리를 내면서. 험악한 분위기 속에 우리는 긴장해서 앞만 쳐다보았다. 등받이에 등을 대고 앉은 사람은 아무도 없었다. 중빈마저 목을 빳빳이 세우고 침을 꼴딱 삼켰다. 페드로가 음악 볼륨을 높였다. 아까처럼 뽕짝을 닮은 대중가요가 흘러나왔다. 그러나 이제 음악은 더 이상 흥겹지 않았다. 아군과 적군 사이를 가르며 차갑게 흐르는 긴장 이상도 이하도 아니었다.

저 멀리 어둠 속에서 불빛이 보이기 시작했다. 로지였다! 페드로는 액션배우가 추격 장면에서 자동차를 세울 때처럼 끼이익 로지에 들어와 차를 세우고, 일행의 가방을 땅바닥에 내던졌다. 그리고 공지사항을 날렸다.

"내일 다섯 시 출발이야. 아홉 시에 국경에 도착해서 아침을 먹을 거야."

신기하게도 처음처럼 멀쩡한 얼굴에 멀쩡한 어투였다. 그러고는 다시 액션배우처럼 곧장 사막으로 차를 몰았다. 우리는 어안이 벙벙해서, 페드로가 떨궈놓은 그대로 한동안 서 있었다.

인디오 아가씨가 우리를 식당으로 안내했다. 로지는 조립식 패널로 지은 가건물이었다. 자정이 가까운 시각, 아가씨는 뒤늦게 도착한 손님들에게 저녁을 내기 위해 부지런히 음식을 데웠다. 식당에는 소박한 나무의자들이 여럿 있었고, 평범한 액자 하나가 덩그러니 벽에 걸려 있었다. 그럼에도 그곳은 우리에게 완벽한 피난처이자 쉼터처럼 다가왔다. 불이 있는 식당은 따뜻했고 음식 향기는 눈물이 쏙 나올 만큼 반가웠다.

알레한드로가 누가 들을세라 식당 문을 닫으며 말했다.

"오오오오오, 끝났어. 다 끝났어. 여기 왔으니 다 끝난 거야. 우린 살았어. 이제 안전해. 저녁은 10분 뒤에 준비된대. 자, 다들 걱정하지 말고 마음을 편하게 갖자."

말은 그렇게 하고 있었지만, 사실 알레한드로의 눈은 여느 때보다 훨씬 컸다. 목소리도 파르르 떨렸다. 알레한드로만 그런 것이 아니었다. 모두 다 맥이 풀린 듯 의자에 털썩 주저앉았다.

아리아네가 높은 톤으로 말했다.

"난 정말 춥고 무섭고 죽는 줄 알았어! 그 사람 완전 사이코야!"

안드레가 아리아네의 어깨를 끌어안으며 이마에 입을 맞췄다.

"오늘은 안드레와 만난 지 4주년 기념일이야. 출발할 때만 해도, 오늘 밤 어떻게 축하를 할까 생각하고 있었는데…… 세상에 이렇게 삶과 죽음을 오락가락하는 밤을 보내게 될 줄이야!"

알레한드로가 약간 진정된 듯, 사건을 정리했다.

"사막에서 사는 사람들은 서로 도우며 살잖아. 그렇게 하지 않으면 살아갈 수 없는 환경이었으니까. 오늘 페드로도 그랬던 것뿐인데, 그가 대화를 이끌어가거나 정보를 전달하는 면이 부족해서 오해가 생겼던 것 같아."

내가 크게 고개를 끄덕였다.

"나 역시 오면서 많은 생각을 했어. 사막에서 어려움에 처한 사람을 돕는 건 너무 당연한데, 먼저 로지로 오겠다고 한 우리가 이기적인 외국인으로 비춰졌겠구나 하고. 하지만 한꺼번에 차 두 대를 가져오려는 건 처음부터 불가능한 선택이었어. 페드로가 기름값 때문에 어떻게든 한 번에 오려 했다는 건 알아. 하지만 돈 때문에 안전을 무시하다가 사고라도 생기면, 그래서 사막에서 다치거나 밤을 지새워야 한다면, 우리 같은 도시인은 이 추위에 얼어 죽고 말 거야."

곤잘로도 생각이 복잡한 듯 띄엄띄엄 말을 이었다.

"그래…… 절대로…… 돕지 않겠다는 게 아니었잖아…… 서로 다른 문화적 차이를 인정하고…… 합리적인 방법을 찾아야만 했던 거지. 페드로가…… 대화로 그 방법을 같이 찾았으면 좋았을 텐데…….."

아리아네가 숟가락을 흔들며 페드로 흉내를 냈다.

"대체 그 스패너는 뭐냐고요!"

우리는 그 대목에서 비로소 긴장을 풀고 폭소했다. 알레한드로가 고개를 설레설레 흔들었다.

"완전 한 편의 영화 같았다니까!"

내가 말했다.

"호러 무비였지."

중빈이 익살스런 표정을 지어보였다.

"그러니까. 내가 호러 무비를 얼마나 싫어하는데!"

다들 웃었다. 진중한 안드레가 마지막으로 덧붙였다.

"난 모두가 최선을 다했다고 생각해요. 정말로 위험한 상황이었고, 다른 선택의 여지는 없었어요."

고개를 끄덕이면서, 우리는 잠시 말없이 그대로 있었다. 페드로는 곧 동생을 데려올 것이다. 그가 침착하게 잘 해내기를 바랄 뿐이다.

인디오 아가씨가 옥수수 수프와 으깬 감자, 소시지를 내왔다. 꽁꽁 언 얼굴에 확 끼치는 수프의 따스한 김이 모두에게 잊고 있던 감각을 되찾아주었다. 배고파라.

중빈이 기뻐했다.

"아, 내가 좋아하는 옥수수 수프다. 소시지도!"

내 몫의 소시지를 아이 접시에 옮겨주고, 꼬옥 안아주었다. 산전수전다 겪었기 때문일까. 아니면 영웅과 악당 이야기를 좋아하는 사내아이이기 때문일까. 아이는 이렇게 극적인 상황에서 대범함과 빠른 회복력을 보여준다. 대견하고 고마운 일이다.

알레한드로가 음식 덕분에 힘을 되찾았는지, 먹다 말고 벌떡 일어나 장난을 쳤다. 뒤돌아 소변보는 시늉을 하면서.

"소희! 너는 차 안에 있는 게 좋겠어. 한 사람쯤은 안전을 위해!"

모두들 뒤집어졌다.

그러나 잠시 후 아리아네가 아쉬운 듯 중얼거렸다.

"4주년 기념 밤에 우린 으깬 감자와 소시지를 먹는구나······."

안드레가 아리아네의 손을 잡았다. 곤잘로가 위로했다.

"4주년 선물로 특별한 추억을 갖게 됐잖아."

나도 거들었다.

"이제 너희는 결혼해야 할 지도 몰라. 생사의 고비를 함께 했잖아."

곤잘로가 주례사로 장단을 맞췄다.

"기쁠 때나 슬플 때나, 아플 때나 건강할 때나······."

내가 받았다.

"사막을 건널 때나 고장 난 차를 만났을 때나······."

아리아네가 깔깔거렸다.

"이 호러 무비의 제목은 뭘까?"

"도시인과 사막인."

"천국과 지옥."

"소통의 부재."

"그래서 우리는 결혼했다."

다시 왁자하게 웃었다.

"저 그림 좀 봐."

아리아네가 벽에 걸린 액자를 가리켰다. 거기엔 한 평범한 하얀 집 그림이 담겨 있었다. 뾰족한 지붕, 반듯반듯한 창문과 중앙의 현관, 울타리와 초록 잔디. 전 세계 어느 시골에 가든 한 점쯤 걸려 있을 법한 특색도 개성도 없는 집 그림이었다. 그러나 패널로 지은 사막의 로지에 비하면 호화롭다고 밖에 할 수 없는 집이기도 했다. 아리아네는 꿈을 꾸듯 그 집을 바라보았다.

"오늘 우리가 간절히 오고 싶었던 이곳이…… 나는 저 그림 속 집처럼 느껴져……."

우리는 그 말에 깊이 공감했다. 그래서 식사를 마친 뒤에는, 도로 높아진 고도 4,500미터의 로지에서 얼음물을 깨 양치질을 하고 외풍이 숭숭 들어오는 방 안에 침낭을 펴면서도 그저 감사한 마음뿐이었다.

고무팩에 물을 채우기 위해 부엌으로 가는데 빨간 토요타가 보였다. 인디오 아가씨에게 물었다.

"페드로 왔어?"

"응."

"혼자?"

"여럿이. 내일 차 가지러 간대. 해가 뜨면."

그러니까 페드로와 그 일행은 토요타를 타고 안전하게 도착했던 것이다. 아무래도 어둠 속에서 두 차를 움직이기는 불가능하다는 걸 깨달았던 것 같다. 우리가 스스로를 돌아보고 생각을 정리하는 사이, 페드로도 그러했던 걸까. 어쨌든 반가운 소식이다.

아가씨는 귀한 뜨거운 물을 꾹꾹 눌러 담아주었다.

"정말 고마워. 그런데 침낭 필요해?"

아가씨가 의아한 표정을 지었다.

"내일 아침 일찍 우리가 떠나면, 침낭 두 개가 방에 있을 거야. 네가 가져."

그녀는 반신반의하면서 미소 지었다. 아침이 되면 무슨 뜻인지 알 것이다.

다시금 엄청난 별들이 어둠을 떠받드는 밤이었다. 나는 침낭 속 아이에게 고무팩을 내밀며 작고 차가운 코끝에 뽀뽀를 했다.

"우리 강아지, 고생 많네……."

그런데 '그림 속 하얀 집'에 들어와 있기는 아이도 마찬가지인 듯했다. 고무팩을 소중하게 끌어안으며 이렇게 웅얼거리는 것이 아닌가.

"아…… 따뜻하다…… 이게 어디야……."

나는 모든 욕망이 빠져나간
순정한 상태로 칼라마에 머물렀다.
늦게까지 자고, 걷고,
길가의 벤치에 앉아 볕을 쬐고,
배가 고프지 않을 정도로만 허름한 음식을 먹었다.
내게는 그 어떤 의도도 목적도 없었다.
이제 곧 돌아가 다시 이어갈 '어른들'의 삶에 대해서도
가능하면 생각하지 않으려 했다.
아니, 저절로 떠오르지 않았다.

CHILE

● 칼라마

그래서
떠남이 소중해진다
Santiago

사막여행이 끝난 뒤 우리는 칼라마로 돌아와서 터미널 근처의 '아이마라'라는 소박한 숙소에 들었다. 우리가 머문 방에는 더블베드와 그 머리맡에 작은 창문이 하나 있었다. 그게 다였다. 그러나 작은 창문으로는 충분한 볕과 아이들 뛰어노는 소리가 기분 좋게 흘러들었다. 투숙객은 우리 외에 거의 없었다. 문을 열 때마다 마주치는 것은, 밤낮으로 청소를 하고 또 청소하는 아주머니의 성실한 얼굴이었다. 아주머니 덕분에 공용화장실에는 얼룩 한 점 없었다. 샤워기를 틀어놓으면 뜨거운 물이 펑펑 쏟아졌다. 문이 잠기지 않아 누군가 들어올까, 밖에서 여러 명이 기다릴까, 뜨거운 물이 찬물로 바뀌지 않을까, 혹은 갑자기 물이 안 나오지 않을까…… 하는 근심 없이 청결한 화장실을 홀로 차지하고 샤워를 할 때면, 불과 며칠 전 30명이 함께 쓰던 변기에서 오렌지를 꺼냈던 기억은 참으로 멀게 느껴졌다.

아침식사를 할 때도 마찬가지였다. 아이마라의 비좁고 아늑한 식당에는 TV가 있었는데, 우리는 일요일을 맞이한 어린이들처럼 느긋하게 아침 뉴스를 보며 갓 구운 토스트에 홈메이드 과일잼을 발라 먹곤 했다. 주인아주머니는 일요일을 맞은 어린이들을 위해 크고 두툼한 머그잔에 뜨거운 우유와 커피를 찰랑거리도록 채워주곤 했다. TV에서는 서른세 명의 칠레 광부들이 코피아포의 갱도에 갇혀 전 세계의 이목을 집중시키고 있었다. 우리가 있던 곳에서 불과 500여 킬로미터 떨어진 곳에서 벌어지는 일이었다. 우리는 잘 알아듣지도 못하는 그 뉴스에 열심히 귀를 기울이다가 아침을 다 먹고 나면 도로 방으로 돌아가 침대를 파고들었다. 생각보다 여독은 깊었다.

아이마라에서 방으로 들어갈 때마다, 나는 이상한 감동에 사로잡히곤 했다. 방문을 열면 창문에서 변함없이 환한 빛이 쏟아져 들어오고 있었고 침대 곁에는 더러운 여행가방이 놓여 있었는데, 그러면 '되었다'는 느낌이 들었던 것이다. 넘치는 것도 모자란 것도 없이, 나의 생은 거기 그대로 멈춰도 좋을 것만 같았다. 한 사람의 생에 꼭 필요한 소지품을 담은 가방 하나와 몸을 누이고 쉴 공간 외에 정작 더 무엇이 필요할까. 마치 한 자릿수 셈밖에 하지 못하는 초등 일학년생처럼 나의 셈은 단순하고 편안해졌다. 더 넓고, 더 화려하고, 더 복잡한 기능들을 지닌 공간이나 삶이 왜 필요한지, 나는 순수하게 알지 못했다. '되었다'는 느낌은 방문을 열 때마다 반복되었다. 나는 그 낯선 세계가 주는 감동 때문에 잠시 그대로 서 있곤 했다. 바닥을 솔로 박박 문지르던 청소부 아주머니가 선뜻 방으로 들어서지 못하는 나를 의아한 얼굴로 쳐다보며 한 번씩 땀을 닦았다.

처음으로 알았다. 가장 이상적인 공간이라는 것은 결국 수도자의 방처럼 검박하고 단순한 얼굴을 하고 있다는 것을. 침대 하나와 가방 하나, 그리고 세상과 통하는 창문 하나. 그 방에 들어서서 한쪽 구석에 낡을 대로 낡은 운동화를 벗어놓으면, 그늘로 얼룩진 '어른들'의 삶에는 좀처럼 들어오지 않는 단어, '진정성'이란 단어가 뜨거운 찻물처럼 가슴에 스며들었다. 나는 모든 욕망이 빠져나간 순정한 상태로 칼라마에 머물렀다. 늦게까지 자고, 걷고, 길가의 벤치에 앉아 볕을 쬐고, 배가 고프지 않을 정도로만 허름한 음식을 먹었다. 그리고 또 아이마라로 돌아와 낡은 운동화를 벗어놓고 일찍 잠자리에 들었다. 아이 또한 쉼이 필요했던지라 내내 별다른 요구 없이 뒹굴뒹굴 책을 읽었다. 내게는 그 어떤 의도도 목적도 없었다. 이제 곧 돌아가 다시 이어갈 '어른들'의 삶에 대해서도 가능하면 생각하지 않으려 했다. 아니, 저절로 떠오르지 않았다.

가끔씩 소식을 주고받던 수녀님께서 메일을 보내오셨다. 정적인 삶을 숙명으로 끌어안고 사시는 그분의 메일 마지막 줄에는 새처럼 훨훨 날아다니는 나의 삶에 대한 동경이 담겨 있었다. 나는 수녀님께 답메일을 썼다.

    수녀님,
    새처럼 훨훨 날아 도착한 지금 이곳은 감히 수녀님이 계신 그곳과 닮아 있습니다. 사막의 어디쯤에서인가, 저는 저도 모르게 정화되었던 것 같습니다…….

칠레에서의 마지막 날은 곤잘로와 알레한드로와 보내기로 했다. 중빈과 나는 아침 일찍 칠레의 수도 산티아고 중심가에서 그들을 만났다. 그들은 내가 별 볼 일 없는 칼라마에서 여행의 금쪽같은 마지막 시간을 다 보내느라 칠레의 다른 곳을 둘러보지 못했다는 것을 믿기 어려워했다. 특히, 산티아고로 오는 비행기 날짜까지 놓쳐버릴 만큼 뭉그적거렸다는 소식에는 어안이 벙벙해지는 모양이었다.

"그래서 어떻게 왔어?"

"란LAN 항공사 직원에게 아주아주 불쌍한 표정을 짓고 사정사정해서 다른 비행기를 얻어 탔어."

"어휴, 소희. 정말 운이 좋았어. 란 항공사 애들은 그런 걸 절대 해주지 않아."

나는 바보나 덜렁이의 중간쯤 되는 미소로 얼버무릴 수밖에 없었다. "정화되어서 비행기를 놓쳤어"라고 말할 수는 없지 않은가.

마침 일요일이었다. 차량과 인파가 빠져나간 산티아고 시내는 한적했다. 덕분에 건물마다 흐릿하게 남아 있는 유럽풍 색채를 고스란히 느낄 수 있었다. 마침 광장에서 인디오들의 권익 향상을 위한 모임이 한창이어서 안데스의 색채도 고스란히 느낄 수 있었다. 곤잘로와 알레한드로는 분위기 좋은 카페로 우리를 안내했다. 우리는 키 큰 가로수들이 늘어선 구시가지를 내다보며 브런치를 먹었다. 신선한 아보카도를 으깨 얹은 빵과 진한 커피는 잘 어울렸다. 중빈은 초콜릿 덩어리를 녹여서 숟가락으로 떠먹는 이루 말할 수 없이 달고 느끼한 음료를 맛보았다.

우리는 산티아고의 여러 곳을 걸었다. 대통령궁 앞 경비병 사이에 서서 차렷 자세를 취하기도 했고, 공원에서 피에로와 어깨동무를 하기도 했다. 알레한드로는 중빈과 손을 잡고 걸으며 사막에서처럼 모자를 바꿔 쓰고 다시 돌려주는 장난을 쳤다. 곤잘로는 때때로 산티아고의 지형과 역사에 대해

나긋한 목소리로 이야기를 들려주었다. 식사를 한 뒤에는 서로 계산을 하겠다고 우겨 작은 다툼이 일었다. 알레한드로가 이겼다. 그날 저녁 한국으로 돌아오는 비행기를 타야 했다. 하지만 누가 먼저랄 것도 없이, 우리는 최소한의 탑승 수속 시간만을 남겨두고, 최대한의 시간을 함께 보내기 위해 애썼다. 영화관을 지나고 미술관도 지났다. 남은 아쉬움을 길 위에 털어내려는 듯 걷고 또 걸었다. 뭐랄까. 두 손을 호주머니에 넣고 걸을 때조차, 서로의 간격 사이로 애틋한 가족애 같은 것이 흘렀다. 이 가족은 매우 특별한 가족이다. 집을 떠나서야 만날 수 있는 가족. 진하게 만나고 곧 헤어져버리는 가족. 그런데 이 가족들은 지구 어디에서나 서로 다른 인종의 얼굴을 하고, 서로 다른 언어를 사용하면서 숱하게 만날 수가 있다. 그래서 한 번의 떠남이 소중하고, 한 명의 사람이 소중하고, 한 번의 만남이 소중해진다. 떠남을 계속하는 것이 소중해진다.

방대한 '지구 대가족' 목록에 중빈은 마지막으로 알레한드로 삼촌과 곤잘로 삼촌을 넣었다. 모든 가족과의 이별이 다 애틋하지만, 이곳 가족들이 다른 곳에서 만난 가족들보다 더 애틋한 건 한국과 남미가 너무 멀기 때문일 것이다. 어쩌면 다시 만나지 못할 것 같은 예감 속에서, 우리는 함께 있으면서도 이미 서로를 그리워하는 걸음걸음을 느릿느릿 내디뎠다.

마지막 이별을 할 때, 나는 곤잘로의 뺨을 두 손으로 감싸고 정수리에 입을 맞췄다. 좀처럼 남자에게는 하지 않는 인사였다. 곤잘로의 눈시울이 붉어졌다. 그가 다시 울음을 터뜨릴까봐, 집 떠나는 누나가 동생에게 막내를 부탁하듯, 먼저 말했다.

"알레한드로, 곤잘로를 잘 돌봐줘."

알레한드로는 오랜 친구의 눈물을 멈추게 하는 법을 알고 있었다.

"싫어! 절대! 다른 사람은 몰라도 곤잘로는 감당 안 돼!"
우리는 모두 크게 웃었다. 남반구의 화창한 봄날 오후였다.

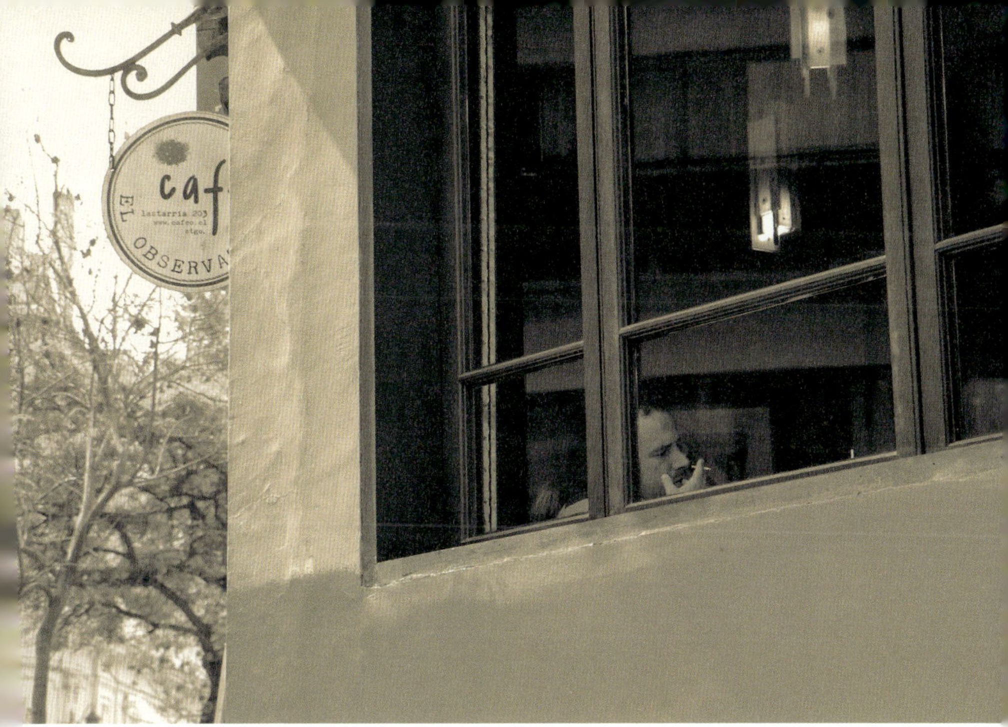
caf
lastarria 203
www.cafeo.cl
stgo.
EL OBSERVA

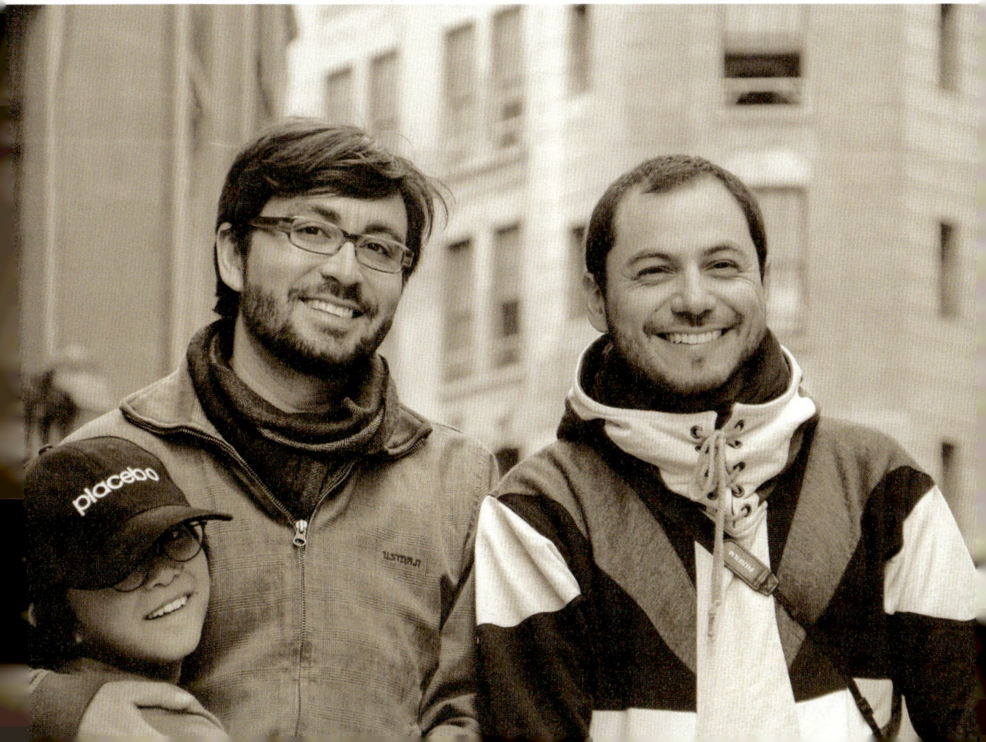
placebo

아디오스, 순수!

북반구는 가을이었다. 세 달 만에 귀국하는 아내와 아들을 위해 남편이 인천 국제공항으로 마중을 나왔다. 아이와 나는 동시에 놀랐다. 주말마다 혼자서 삼겹살을 구워 먹은 남편의 뱃살이 엄청 부풀어 있었기 때문이다. 그리고 또 한 가지. 우리가 '고물차'라고 불렀던 열 살 먹은 쭈글쭈글 차가 새것처럼 크고 좋아보였기 때문이다.

"우와, 우리 차가 이렇게 좋았어?!"

차 안에 타고 나서도 우리는 감탄했다.

"믿을 수가 없어. 이렇게 넓은 공간에 셋만 타다니!"

남편은 어이가 없다는 듯 고개를 저으며 말했다.

"우리 집은 재테크를 따로 할 필요가 없다니까. 이렇게 여행만 한 번 다녀오면 모든 게 좋다고 하니 말이야."

아이가 세 달 만에 가장 먹고 싶어 한 한식은 돼지갈비였다. 대충 들어간 식당에서 남편이 형편없는 고기 맛에 대해 투덜거렸다. 아이와 나는 눈을 동그랗게 뜨고 남편을 쳐다보았다. 남미에서 음식 주문은 언제나 모험이었다. 스페인어가 형편없었으므로 예상과 빗나가거나 엉뚱한 음식이 나오기

다반사였다. 하지만 어떻게든 먹었다. 우리의 입은 겸손해졌다. 그래서 동시에 남편에게 말했다.

"괜찮아. 주문한 음식이 제대로 나왔잖아!"

중빈은 학교로 돌아가 빼먹은 수업과 우정을 보충하느라 분주했다. 아이들은 교실 책꽂이에 꽂힌 중빈의 여행기를 돌려 읽으며, 함께 남미를 여행했다. 여행기는 다음과 같이 끝을 맺었다.

여행이 끝나간다. 지금까지 중에서 제일 길고, 재밌고, 새롭고, 환상적인 여행이었다. 새로운 경험과, 친구들과, 장소가 지금 내 머릿속에서 떠오르고 폭탄처럼 터지기도 한다. [……] 이런 저런 느낌이 너무 많아서 다 표현할 수 없다. 금 7톤으로 코팅된 교회에 앉아 있을 때는 잠이 확 깨며 바로 옆에 번개가 친 것 같았다. 이구아수 폭포 옆에서는 전기가 물에서 쏟아져 나오는 것 같았다. 나한테 바이올린을 배우는 애들을 보며 자랑스러웠다.

나도 세상을 보고 기억으로 가져가지만, 나도 세상에게 줄 수 있는 게 있어서 좋다.

중빈은 여행 중 다짐했던 것처럼 스페인어도 배우기 시작했다. 스페인어 선생님이 중빈에게 스페인어 이름을 정하라고 했을 때, 중빈은 주저하지 않고 대답했다.

"알레한드로."

나는 한동안 집이 어색했다. 값비싼 물건은 없는 공간이었지만, 꼭 필요하지도 않은 물건이 중복되어 있다는 것 자체가 사치처럼 여겨졌다. 비슷한 제목의 책, 비슷한 크기의 그릇…… 어수선한 욕망과 채집 욕구가 집안 구석구석 고스란히 배어 있어 부끄러웠다. 줄 서서 들어갈 필요가 없는 화장실은 물론 거의 비어 있었고, 그 또한 묘한 죄의식을 불러일으켰다. 핸드폰은 오래전 방전되었지만 충전하고 싶지 않았다. 핸드폰이 없고 차가 없고 가방 하나 정도의 짐으로 충분했던 시간들. 공간을 나눠 쓰고 소유하지 않던 시간들. 내가 핸드폰을 버리고, 차도 팔 것이며, 집을 원룸으로 옮기겠다고 하자, 남편은 입을 조금 벌리고 나를 쳐다만 볼 뿐 아무 말도 하지 않았다. 그는 알고 있다. 내가 긴 여행에서, 특히 제3세계를 여행하고 돌아온 때면 언제나 같은 단계를 밟아, 천천히 일상에 합류한다는 것을.

아마도 곧 핸드폰을 충전할 것이다. 차도 필요해지겠지. 뜨거운 물 같은 건 너무나 당연해서 콸콸 쏟아진다고 감동을 받거나 하진 않을 것이다. 주문한 고기의 맛에 대해서도 가차 없이 불평을 할 것이다. 게걸스럽게 더 많은 소유를 찾아 눈을 돌릴 것이다.

그래서, 지금, 세 달 간의 거친 여행으로 담금질된 순수와 담백의 흰 옷을 입은 채, 나는 망설인다. 핸드폰 충전기를 찾고 옷을 갈아입어야 하는 순간을 맞아, '가진 게 너무 많은' 옷장 앞에서 순수와 담백의 흰 옷을 대신할 옷을 골라내지 못 하여 한숨을 쉰다. 그 더럽거나 깨끗했던 화장실과, 맛있거나 맛없었던 음식들과, 비좁거나 널찍했던 방들. 그 안팎에서 무조건적으로 포옹하고 입 맞췄던 사람들, 사람들, 사람들……. 단언하건대, 내가 지닌 것이 가방 하나뿐이어서 나는 그렇게나 많이 끌어안고 입 맞출 수 있었다.

아디오스,
가방 하나에 가득했던
순수.

EPILOGUE

그해 겨울 크리스마스이브, 히로는 약속을 지켰다.
성공적으로 일본 순회공연을 바친 뒤 한국의 우리 집을 방문한 것이다.
그토록 그리워하던 부모님을 모시고서.
히로는 또 한 번 한밤의 연주회를 열어주었다.
그가 노래할 때면 거실 천장이 쩌렁쩌렁 울렸다.
히로의 부모님께서도 아들의 기타 반주에 맞춰 노래를 부르셨다.
우리 세 식구도 얼결에 '창밖을 보라'를 불렀다.
중빈은 라파스에서 연습했던 곡을 히로와 힘차게 합주했다.
내 생애 가장 근사한 크리스마스 선물이었다.

그리고

이듬해 어느 봄,
중빈은 하굣길에 종이상자를 들고 집으로 돌아왔다.
상자 안에는 어미 잃은 아기 고양이가 야옹야옹 울고 있었다.
우연인 듯 운명인 듯, 콜롬비아의 그 아기 고양이를 꼭 닮은 고양이었다.
우리는 사랑스러운 새 식구에게 '가토'라는 이름을 지어주었다.

그리고 또 한참 뒤

4인조였던 진과 연락이 닿았다.
진과 철은 세계 일주를 마치고 돌아와
여행 막바지에 생긴 아기를 낳았다.
철을 쏙 빼닮은 아들이라고 했다.
세계 일주보다 더 장대한 '엄마 여행'이 시작된 것이다.
"엄마 노릇은 참 좋은데… 참 힘들어…."
그녀의 목소리에는 참여행자의 노곤한 행복이 고스란히 담겨 있었다.

그 길에서 만난 사람들

우이안
(산힐에서 만난 콜롬비아 소년)

바리차라의 아이들

에디슨&마테오
(산토도밍고에서 만난 친구들)

세바스티앙
(산토도밍고에서 만난 소년)

알렉스
(커피농장 매니저)

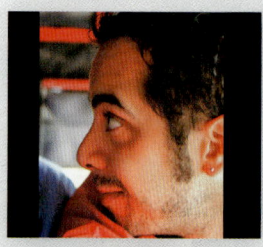
로드리고
(아르헨티나에서 온 바리스타)

라스 라하스 성당의 아이들

이피알레스의 젊은 부부와 아기

에일린
(수크레에서 만난 국제활동가)

윌리
(전직 저널리스트, 캐서린의 남편)

캐서린
(수크레의 매니저)

제임스
(수크레에서 만난 작곡가)

페르난도
(스페인어 선생님)

콘도르 공원의 조련사

디아니
(카스카다 학교의 영어 선생님)

루이스
(카스카다 학교의 음악 선생님)

카스카다 학교의 아이들

중빈의 남자 제자

중빈의 여자 제자

마이크
(기타신동)

캐롤린

캐롤린의 동생들

누스트라

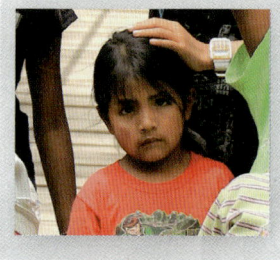
초링

기예르모
(카카오 농장 주인)

빅토리아
(카카오 농장 안주인)

니콜
(기예르모의 딸)

안더슨
(기예르모의 아들)

곤잘로

알레한드로

제임스

나탈리

슈본

레아

샹탈

실비

아리아네와 안드레

크리스티나
(아타카마의 부엌 여신)

페드로
(빨간 토요타 운전사)

그 외에 마음과 눈빛을 나눈 사람들······

남미여행기 1부
안아라, 내일은 없는 것처럼
페루, 볼리비아, 브라질, 콜롬비아편

"세상을 향한 깊고 아름다운 시선!"
여행작가 오소희의 '사람 여행'.

그러므로 떠남은 언제나 옳다
ⓒ 오소희 2013

1판 1쇄   2013년 1월 9일
1판 4쇄   2019년 5월 21일

지은이   오소희
펴낸이   김정순
책임편집   한아름
디자인   김덕오
사진편집   방병상
마케팅   전선경 김보미 임정진

펴낸곳   (주)북하우스퍼블리셔스
출판등록   1997년 9월 23일 제406-2003-055호
주소   04043 서울특별시 마포구 양화로 12길 16-9(서교동 북앤빌딩)
전자우편   editor@bookhouse.co.kr
홈페이지   www.bookhouse.co.kr
전화번호   02-3144-3123
팩스   02-3144-3121

ISBN 978-89-5605-623-4 13810
     978-89-5605-621-0 13810(set)